中国新闻业年度观察报告
（2020）

Annual Report of Chinese Journalism
（2020）

张志安　徐桂权⊙主编

人民日报出版社
北京

图书在版编目（CIP）数据

中国新闻业年度观察报告．2020 ／ 张志安，徐桂权
主编．-- 北京：人民日报出版社，2020.11
　ISBN 978-7-5115-6570-9

　Ⅰ．①中… Ⅱ．①张… ②徐… Ⅲ．①新闻事业—调查报告—中国— 2020 Ⅳ．① G219.2

中国版本图书馆 CIP 数据核字（2020）第 184256 号

书　　名：	中国新闻业年度观察报告（2020）
	ZHONGGUO XINWENYE NIANDUGUANCHA BAOGAO（2020）
主　　编：	张志安　徐桂权
出 版 人：	刘华新
责任编辑：	张炜煜　白新月
装帧设计：	阮全勇
出版发行：	人民日报出版社
社　　址：	北京金台西路2号
邮政编码：	100733
发行热线：	（010）65369527　65369512　65369509　65369510
邮购热线：	（010）65369530
编辑热线：	（010）65369509　65369533
网　　址：	www.peopledailypress.com
经　　销：	新华书店
印　　刷：	涞水建良印刷有限公司
法律顾问：	北京科宇律师事务所 010-83622312
开　　本：	710mm×1000mm　　1/16
字　　数：	300千字
印　　张：	20.5
版　　次：	2020年11月第1版
印　　次：	2020年11月第1次印刷
书　　号：	ISBN 978-7-5115-6570-9
定　　价：	56.00元

主办机构

中山大学传播与设计学院

中山大学全媒体研究院

编辑顾问委员会（按姓氏笔画排名）

冯建三	台湾政治大学
杜骏飞	浙江大学
杨国斌	美国宾夕法尼亚大学
李金铨	台湾政治大学
李良荣	复旦大学
吴　飞	浙江大学
陈韬文	香港中文大学
陈昌凤	清华大学
陈卫星	中国传媒大学
胡　泳	北京大学
赵月枝	加拿大西门菲莎大学
夏倩芳	南京大学
唐绪军	中国社会科学院
展　江	北京外国语大学
黄　煜	香港浸会大学
喻国明	北京师范大学
潘忠党	美国威斯康星大学

主编

张志安	中山大学传播与设计学院

副主编

李艳红	中山大学传播与设计学院
徐桂权	中山大学传播与设计学院

特约编辑

王辰瑶	南京大学
白红义	复旦大学
刘海龙	中国人民大学
刘　鹏	《新闻记者》
朱鸿军	中国社会科学院
李立峰	香港中文大学
李红涛	浙江大学
沈　菲	香港城市大学
张洪忠	北京师范大学
张毓强	中国传媒大学
周葆华	复旦大学
胡翼青	南京大学
黄顺铭	四川大学
童静蓉	伦敦布鲁内尔大学
Marina Svensson	瑞典隆德大学

前　言

《中国新闻业年度观察报告》是由中山大学传播与设计学院、中山大学全媒体研究院主办的新闻传播学学术辑刊，自2014年起由人民日报出版社出版。本报告遵循"独立、原创、可信"的理念，旨在观察中国传媒业一年一度的最新变化、事件、话题和趋势，关注重大问题，把握变化逻辑，进行理论阐释。《中国新闻业年度观察报告（2020）》包括年度专访、年度专题、年度观察、年度调查、研究述评五个部分。

第一辑年度专访邀请到宾夕法尼亚大学安纳伯格传播学院杨国斌教授就数字文化、数字新闻业等话题分享了观点。杨教授认为，数字文化研究应该具有历史的眼光，对数字文化与社会之间复杂多变的关系进行动态的、多维的考察。数字文化也对新闻业产生了巨大的冲击，关于新闻的观念、新闻叙事的方法、新闻的受众、算法和人工智能在新闻生产中的作用都是数字新闻业研究值得关注的话题。

第二辑的年度专题是"互联网平台、视觉生产与时间性变化"。张志安和冉桢的《互联网平台的运作机制及其对新闻业的影响》基于荷兰学者José van Dijck提出的"平台社会"概念，引介和评析互联网平台具有的数据化、商品化与选择性等三个运作机制，进而基于中外新闻业的实践阐述这三个机制对新闻业的显著影响。文章指出，研究互联网平台嵌入社会的复杂逻辑和不同影响，要立足中西方不同社会语境，考察国家、市场和公民等变量与平台新闻业之间的关系。

刘颂杰和龚彦方的两篇文章则从不同角度对短视频平台的新闻生产进行了考察。刘颂杰的《新闻资讯类短视频的发展现状、趋势及核心议题》从传媒转型的视角出发,在比较国内外新闻资讯类短视频行业发展现状的基础上,重点分析国内在这一领域发展进程中呈现出来的特点,进而思考国内新闻资讯类短视频需要进一步厘清的若干核心议题,包括:如何平衡短视频与长视频的关系;与互联网平台的关系;与业外资本的关系;业务是否聚焦;业务流程是否重构;如何商业变现。龚彦方的《网络新闻直播:报业媒介融合的蓝海战术?》则探讨了纸媒通过自建平台或借用平台等进行网络新闻直播的实践方式,包括即时资讯直播、全景式直播及策划类直播三大实践类型。文章还指出网络新闻直播中存在的问题:由于同质化而造成的"信息冗余"与新闻专业性的结构失衡的认知盲点以及来自"断言式新闻"对新闻客观性和新闻伦理的多重挑战。

互联网平台对新闻业带来巨大的冲击,其中一个变化就是时间的加快。王海燕的《加速的新闻》一文认为,当下媒体新闻实践的时间性变化主要表现为加速的时间、提前的时间、拉长的时间、冲突的时间四个典型特征,这些特征交叉投射在历时、顺序、韵律、频率、协调五个时间性维度上,而每一种变化都切实影响着新闻的工作常规、编辑部文化及记者编辑的工作状态,带来"24小时不打烊"编辑部的出现,永动机式的新闻工作模式,焦虑的新闻工作室文化等,在导致人的异化的同时,使新闻权威和社会合法性遭遇挑战。

第三辑是中国新闻业的年度观察。这组文章延续了往年的写作思路,既包括以"平台媒体驱动下的视觉生产与技术调适"为主题的中国新闻业总体趋势分析,及2019年的重大传媒事件回顾,也包括传媒伦理问题、数据新闻、新闻摄影、新闻评论、公益新闻与公益媒体等具体领域的回顾和分析,着力把握这些领域的最新特点与变化趋势。

第四辑年度调查收入了多篇媒体的调查报告。周葆华的《算法推荐类APP的使用及其影响:基于全国受众调查的实证分析》一文,基于2019年完成的全国随机抽样调查数据,选择五个主要的算法推荐类APP(今日头条、天天快报、趣头条、抖音、快手),实证分析其使用状况、影响使用的因素,以及它们对新闻信息获取渠道的多样性、新闻信息的积极处理、公民参与（包括公共事务知识、意见表达、社会参与三个维度）的影响。年度调查还收入了《2020亚太区企业传播报告：挑战、多元化渠道与新闻偏好》和《2019澳门公众新媒体使用报告》，相信能给读者提供区域比较的数据和启发。

第五辑是中外新闻业的研究述评。常江的《数字新闻学：一种理论体系的想象与建构》认为，数字新闻学在四个方面对传统新闻学体系实现了范式性突破：技术在新闻业态中日趋扮演生态性角色；数字新闻从业者的技工化；基于情感网络的新闻业的成型；价值极化和价值虚无成为新闻业的持续性危机。上述突破使得"数字新闻学"作为一个新的理论体系具有了经验和逻辑基础。文章进而从价值内核、核心概念、研究实践和批判理论四个方面，尝试建构数字新闻学理论体系的具体维度。方可成、贾宸琰的《2019年全球新闻业研究趋势：深度拓展之年》认为2019年全球新闻业研究呈现出学术上的深度拓展，包括：媒介效果研究再次迎来一波热潮；学者们对算法和人工智能的研究及批判更为深入；学者们对于数字时代下的新闻业研究，也进行了追根溯源的深度反思，重新思考新闻业和科技的关系、新闻业与变革的关系等。徐桂权和罗琴芝的《2019中国新闻业研究十佳论文观点述评》则从"新媒介与新闻机构""新媒介与新闻工作""新媒介与新闻从业者"三个主题对本刊编辑部发起的"2019中国新闻业研究十佳论文"评选活动的获奖论文的新观点进行了述评。

作为《中国新闻业年度观察报告》连续出版的第七部，我们相信本书对中国新闻业的实践者与研究者都有重要的参考价值。我们也期望，通过我们持续的努力，《中国新闻业年度观察报告》能够凝聚国内新闻研究学者的智慧，观察新闻业、研究新闻业、服务新闻业，使之成为中国传媒研究的新标杆。

目 录

前　言 …………………………………………………………… 1

第一辑　年度专访

数字文化研究的开放视野与问题意识
　　——宾夕法尼亚大学安纳伯格传播学院杨国斌教授访谈 … 徐桂权 / 3

第二辑　年度专题：互联网平台、视觉生产与时间性变化

互联网平台的运作机制及其对新闻业的影响 ……… 张志安　冉　桢 / 19
新闻资讯类短视频的发展现状、趋势及核心议题
　　………………………………………………… 刘颂杰　曹博晨 / 36
网络新闻直播：报业媒介融合的蓝海战术？ ……… 龚彦方　原　凤 / 54
加速的新闻
　　——数字化环境下新闻工作的时间性变化及影响 ……… 王海燕 / 62

第三辑　年度观察

平台媒体驱动下的视觉生产与技术调适
　　——2019年中国新闻业年度观察报告············ 张志安　龙雅丽 / 93
2019年重大传媒事件 ················· 范以锦　聂　浩 / 107
2019年传媒伦理问题研究报告
················《新闻记者》年度传媒伦理研究课题组 / 117
2019中国数据新闻年度观察 ············ 戴　玉　李唯嘉 / 147
2019中国新闻摄影年度观察 ·········· 杜　江　于月新　招凤仪 / 162
2019中国新闻评论年度观察 ····················· 陈　敏 / 183
2019中国公益新闻与公益媒体年度观察 ········ 周如南　袁雅晴 / 195

第四辑　年度调查

算法推荐类APP的使用及其影响：基于全国受众调查的实证分析
··· 周葆华 / 211
2020亚太区企业传播报告：挑战、多元化渠道与新闻偏好
··· 美通社 / 231
2019澳门公众新媒体使用报告
················ 张志安　聂　鑫　周方正　程　曦 / 249
2019年电视新闻节目收视回顾 ·················· 张广彦 / 258

第五辑　研究述评

数字新闻学：一种理论体系的想象与建构 …………… 常　江 / 275
2019年全球新闻业研究趋势：深度拓展之年
　　………………………………… 方可成　贾宸琰 / 291
2019年中国新闻业研究十佳论文观点述评
　　………………………………… 徐桂权　罗琴芝 / 303

附录：2019年中国新闻业研究十佳论文评选结果 …………… / 312

第一辑

中国新闻业年度观察报告（2020）

年度专访

数字文化研究的开放视野与问题意识

——宾夕法尼亚大学安纳伯格传播学院杨国斌教授访谈

徐桂权

杨国斌教授简介：

杨国斌教授现任宾夕法尼亚大学安纳伯格传播学院和社会学系Grace Lee Boggs传播学和社会学讲座教授、数字文化与社会研究中心主任、当代中国研究中心副主任；1993年获北京外国语大学英美文学专业（文学翻译）博士，2000年获纽约大学社会学博士；曾任教于夏威夷大学和哥伦比亚大学巴纳德学院。

杨国斌教授的研究重点是数字媒体和社会理论，社会运动，在线行动主义，全球传播，环境行动主义，文化社会学以及中国的媒体和政治。著有《连线力：中国网民在行动》（2009年）、《红卫兵世代与中国政治行动主义》（2016年）及《文心雕龙英译》（2003年，大中华文库版，2卷本）。

杨国斌教授主编的著作包括《数字时代的媒体行动主义》（与Victor Pickard合编，2017年）、《争锋中国互联网》（2015年）、《互联网、社交媒体和变化的中国》（与Jacques deLisle 和Avery Goldstein合编，2016年）以及《重新审视中国革命：中国改革时期集体记忆的政治学和诗学》（与李静君合编，2007年）。

2020年1月，杨国斌教授在宾夕法尼亚大学安纳伯格传播学院接受了中山大学传播与设计学院副教授、哥伦比亚大学新闻学院访问学者徐桂权的专访。

一、数字文化与社会：开放的领域与理论视野

徐桂权（以下简称徐）：宾夕法尼亚大学传播学院2019年新成立了数字文化与社会中心（Center on Digital Culture and Society），您担任中心主任。这个中心成立的目的是什么？它将开展哪些学术活动？

杨国斌（以下简称杨）：当时中心起名的时候，我们想名字中间用"for"还是"on"。如果用"for"，有点提倡数字文化的意思；如果用"on"，就是研究数字文化与社会。我们决定用"on"，因为我们本意是批判性地研究数字文化与社会。之所以成立这个中心，首先是因为数字文化是个重要话题，很多学生对这个领域感兴趣，有些博士生的研究与这个领域相关。传播学院有很多同事做数字文化研究，社会学系也有同事做数字劳工的研究。成立这个中心，希望把传播学院和社会学系做这方面研究的老师和学生凝聚起来，更好地提升宾夕法尼亚大学在这个领域的研究力量。现在美国和欧洲也有大学成立了类似的数字文化研究中心，我们虽然不领先，但也不能落后，因为这已经是很重要的研究方向了。

关于开展的活动，我们目前是第一年，主要靠博士生和博士后，他们一方面做自己的数字文化方面的研究，另一方面帮助中心组织活动。中心

现在开展的一个项目是做一个网刊The Digital Radical，邀请"数字激进主义者"来讲述自己或别人在数字时代里生存的故事。什么算是数字生活中的"激进主义"，我们没有给出答案，而是请作者谈自己的看法。我们的目标是在批判现有的数字文化的基础上，能够探索新的愿景。现在的数字文化有很多问题，比如很多人都在批判人工智能。我们希望能够探讨更理想的数字时代的生活方式。这是The Digital Radical希望探讨的问题。现在已经在网上发表四篇，只要有好稿子，就会不断更新。其中一篇是我们学校的本科生写的，他不用智能手机，因为他特别看重自己的隐私。另一篇是一位社会学教授写的纽约地铁站的MetroCard地铁卡的故事。MetroCard内的存储数据，跟国内乘车卡的一样，我们一般人是看不到的，必须用特制的机器读码。纽约的地铁卡被废弃后，通过特别的方法可以再用一次，有人就钻这个空子，拿废弃的卡在地铁入口处帮人刷卡，换一点钱。这是违法行为，会被抓起来。这个教授就为这些穷人说话，说地铁卡里的信息一般人看不到，那么这能成为判刑的法律依据吗？这些数字激进主义的故事，希望将来能结集编一本书。下一步我们还希望在网站上刊登一些书评、数字文化研究的资讯，等等。中心还将每年办一场数字文化研究的年会，今年的论坛定于4月3日召开，包括四个主题：数字劳工，数字行动主义、算法批判、性别、种族和技术。另外，每年还要举办若干次学术讲座。我们希望通过这些学术活动，为数字文化研究提供一个平台，当然也希望能通过研究，推动该领域理论和方法的新探索。

徐：您在《国际新闻界》2018年第7期发表的《转向数字文化研究》中谈到"新媒体"这个概念存在问题："新"与"旧"对立，"媒体"概念也过窄。那么您认为"数字媒介"的概念如何？是不是比"新媒体"更加准确？

杨：概念没有哪个好哪个坏。概念只是个工具，只要大家有个大致共识就可以使用。但是很多概念没有共识，比如"新媒体"的概念，国外早就在讨论这个概念是不是有问题，因为新是相对旧而言的，但新的媒体很快就会变旧。10年前的新媒体还算新吗？20年前的呢？另外国内讲"新媒体"，通常想到的是新的"媒体"，比如新闻媒体。但是"媒介"的概念更加广泛，比如U盘、软件，都属于"媒介"。所以，用"数字媒介"或"数字文化"的概念也许会拓宽研究的范围。就"数字文化研究"来说，它包括两个意思：一方面指关于"数字文化"的研究，包括关于互联网、社交媒体、智能手机等新技术文化的研究，范围很广；另一方面"数字文化研究"也是关于数字的"文化研究"，即运用"文化"的理论和方法研究数字文化。"数字媒介"或"数字文化"的概念都只是个工具，并不特别重要，只要大家有共识就可以。

徐：谈到数字媒介，现在传播学界兴起了一股媒介理论的热潮，从媒介环境学、媒介学、媒介化研究到媒介地理学、媒介考古学，等等。您认为数字媒介或数字文化研究需要怎样的理论观照？

杨：说到这个问题，我的第一反应是：对理论要保持警惕。理论是非常重要的，但我们常常有一种对理论的崇拜，这是很危险的。我在2018年ICA的主题发言里谈过这个话题。从前理论没现在这么热。比如文学研究讲究作品的欣赏和深读，历史学要会讲故事。当然不是没有理论。但好的理论，如同神龙见首不见尾，蕴含在内，而不必像招牌一样挂在门前。记不得谁打过一个通俗的比喻，说好的理论像内裤，穿在里面，不要外露才好。

20世纪60年代以来，欧洲的思潮，包括福柯、阿尔都塞等人的一大批结构主义、后结构主义理论，对学界的影响特别大。理论研究成为显学，叫作"high theory"，看谁能把文章写得更抽象更难懂，谁就显得更深奥更博学。

但是经过1968年学运之后，有一些学者开始反思理论的弊端。英国的新马克思主义者E.P.汤普森有一本书，叫作《理论的贫困》，谈过这个问题。法国的学者雅克·朗西埃（Jacques Rancière）也做过深刻反省。他们开始看到，很多理论，虽说对社会现象做了分析和批判，但实际上对改变社会不平等毫无用处，其主要用处是某些理论家建立权威的文化资本，实际作用是对社会不平等的再生产。我做红卫兵研究的时候发现，红卫兵的暴力也都是打着理论的旗号，那时候有些年轻人，都梦想做理论家。但是理论上非常美好的图景，一旦脱离历史环境，盲目地付诸行动，就会出现很多的问题。

总之，理论可以指导行动，也可以产生危害。理论是一种象征资本、文化资本，不能盲目崇拜。所以近些年我常说，不如先把现象、故事讲清楚，再来上升到理论。这也受到现在学术体制的影响，学术期刊要求上来就谈理论。对这种理论的潮流，我觉得还是要保持冷静的头脑。

但做研究也不能没有理论。无论研究文化、社会还是媒介，特别要有一种历史观。比如现在有人说互联网不能促进民主和公民参与，十年前大家对互联网的看法太过乐观。这就是没有历史观的表现。我们要分析为什么十年前大家认为互联网可以促进公民参与，当时的历史条件是什么，现在互联网发生了什么变化，受到了什么限制。一切都是在变动中，我们研究一个东西一定看它是怎么变过来的。所以这些年我讲得比较多的话题就是互联网的历史观。以历史的眼光来研究互联网，就是一种理论旨趣。迈克尔·舒德森（Michael Schudson）早些年也说过传播学研究缺少历史观。大家追逐时髦的题目的时候，就没有工夫深究历史。所以说到理论观照，我认为需要有一种历史观。

徐：您说的历史观，是否指从一种结构性的框架中看待历史的变迁？那么这种框架是否仍包含着理论？

杨：我说的反对"理论崇拜"，指的是反对崇拜一种理论，我们要的是多元的理论和视角。数字媒介和数字文化的研究，也需要从各种各样的视角来展开。有的理论是有标签的，比如政治经济学、文化研究。有的理论不一定有明确的标签，比如研究数字媒介，既要看到技术的方面，也要看到文化的、政治的、经济的、社会的等各个方面。这就是不同的理论观照了。如果光从一个理论角度去看，就是盲人摸象。所以我认为需要多元的理论，任何理论一统天下的时候，对学术都没有很好的作用。这又涉及知识论的问题。

有的人想建构可以解释一切的理论体系，这种做法已经受到很多批判。没有任何一个理论体系可以解释一切，这是一种理论霸权。因为社会现象具有复杂性，可能一个理论擅长解释某个方面，另一个理论可以看到另一个方面。多种理论观照就可以看到多个方面。

而且任何理论都不是一成不变的，应该具有开放性。我以前搞比较文学，做《文心雕龙》的翻译研究，发现中西诗学有很大的差别。中国古代诗学有一个优点，就是开放性。比如古代的文学评论有"诗话""批注"，像金圣叹评《水浒》，是一种三言两语的感悟。按照现在的观点，这有点不成系统。但相对于一种理论霸权来说，中国古代的诗评、画评、评注等，不追求建立大的体系，反而更看重持续不断的对话，后人可以补充前人所未发。这就是一种开放的诗学，蕴含了一种开放的、对话式的知识论。所以理论有不同的方式，不一定要建立或者去维护庞大的体系。每个人从不同的角度来谈，就会对现象有比较好的解释。

徐：正如您的《连线力》一书，就是从多个角度来分析互联网的，而不仅是一个理论框架。

杨：对，我写《连线力》的时候有这么个想法，但那时候的想法不如现在反思得更多一些。当时，我对互联网的研究状况不太满意，大家容易提出简单化的模式，或套用传统的理论，我希望把问题考虑得全面一些。同时也有特定的读者对象，即西方读者。那时西方讲中国互联网，讲网络管制多，而互联网的真正活力没有展现出来。我希望展现它的活力。所以我那本书采用的是比较开放的框架。某个因素在不同时代的作用可能不一样。具体分析则要考虑国家、市场、文化、全球化等诸多因素的互动中，哪个元素在什么条件下对网络行动主义有更大的作用。这就要进入历史的视野来看每个元素的变化和组合。

徐：您曾经在中国人民大学的"文化社会学"讲座里讲述过您从哈贝马

斯的公共领域的概念到威廉斯为代表的文化研究的兴趣转变。您现在是否在延续文化研究的路子，还是说更多的理论工具都可以灵活地采纳？

杨：我对理论有很多思考，一言难尽。我在纽约大学读博士的时候，帮导师克雷格·卡尔霍恩(Craig Calhoun)编辑美国社会学学会的会刊 *Sociological Theory*，曾经很热衷于理论。卡尔霍恩主编了一本很有影响力的书 *Habermas and the Public Sphere*，较早向英语世界介绍哈贝马斯的公共领域理论。我当时也很喜欢读哈贝马斯的书，也在纽约大学听过哈氏的课。他的公共领域理论受到的批评已经很多，他也在对自己的理论进行修正。主要的一个问题是比较理想主义，他设想的理想的公共领域难以实现。即使在他描写的17—18世纪的公共领域，女性主义学者也批评它是把女性排除在外的。这种理想的模型不太现实。但是他也说了，公共领域的概念可以作为一个理想类型。

我写《连线力》的时候曾经考虑用公共领域和公民社会作为分析的核心概念。我写那本书之前发表的文章，用"公民社会""公共领域"的概念比较多。本来这本书是要写成"公民社会与互联网"的研究，但是考虑到这两个概念都比较西方化，是根据西方的现代性提炼出来的概念，有一定的局限性，最后我就没有把它们作为核心的概念。而网络行动主义（online activism）是比较中性的概念，用起来没有那么多的思想包袱。

后来在人大那次系列讲座，我讲到理论兴趣向威廉斯转化。《连线力》用威廉斯的理论比较多。其实我的分析框架也是受威廉斯影响的。我的框架强调各个方面的关系。威廉斯的主要观点是：文化是一整套的生活方式，要理解文化就要理解社会各个方面的关系。比如文学，要理解18世纪的英国文学或戏剧，就要理解它与当时社会、政治、经济各方面的关系，才能充分理解当时文学或戏剧的意义。所以他的思路是看重诸种关系的（relational)。我对网络行动主义的分析，在理论旨趣上受到他的启发。他有本小书《电视：科技与文化形式》，经常被忽视，我当时觉得很有启发，他对于媒介的观点在这本书里讲得比较清楚。他说一个物质的媒介，已经包含了一套社会的价值、观念。这个很有道理，对媒介的理解就丰富了。当时关于互联网的研究，缺少这样的思考。

直到现在，我还是很喜欢威廉斯，但是他的特别精彩之处学不来，很难模仿。他的思路、学术精神有启发，但写出他那样的东西比较难。他的思想框架很大，具体分析却很细微。当然威廉斯的著作也有弱点。另一位新左翼的旗手人物E.P.汤普森曾经评论威廉斯的《文化与社会》和《漫长的革命》。汤普森先总体上肯定了威廉斯的贡献，但是指出威廉斯的书有种特别的"绅士腔调"，常常忽略了当时的阶级矛盾和冲突的历史背景。威廉斯曾说"文化是整套的生活方式"。汤普森反驳说，照他看来，文化应该是"整套的冲突方式"。汤普森是非常尖锐的，他是正统的马克思主义者，讲阶级矛盾。他认为威廉斯的书少了点火药味。我觉得他俩都是进步的新左翼的理论家，但风格不同：一种是绅士的风格，一种是激进的、充满战斗力的风格。我自己研究社会运动，感觉写文章像威廉斯那样有点味道不够，而且我也学不来绅士口吻。写得像汤普森又太激进了。我想能否寻找一种中庸的风格。

后来，我又去读巴赫金。我在《连线力》里也用了巴赫金的理论。他其实也有一套公共领域的理论，只不过没有用"公共领域"的概念罢了。他的理论跟哈贝马斯的很不一样。哈贝马斯的公共领域的原型是咖啡馆，巴赫金的公共领域的原型是集市。集市上唱的、跳的、闹的，什么都有。他写法国文艺复兴时期作家拉伯雷的书就非常精彩。这样的公共领域更像一个舞台，舞台上有肉身，有欲望，有人的声音和味道。舞台上的交流和表达，都是情感的表达。所以巴赫金弥补了哈贝马斯崇尚理性的思想，而把人的感性的、身体的表达都容纳进去。巴赫金的理论非常丰富，对叙事、表演理论都有影响。我在文章里也用了这些理论。如果说我后来走的是什么路子，大概可以说是从哈贝马斯转向威廉斯，再转向巴赫金的路子吧。

徐：研究中心用了"数字文化与社会"的名字，是否还是受到威廉斯的影响？

杨：对，我的理想还是借用威廉斯的《文化与社会》的思路，研究数字文化要看到各个方面的关系，而不仅是看到一点。威廉斯的思路不是机械的，他认为社会总是在变动之中。如果我们只研究制度、结构，就只能看到凝固的东西，看不到动态，看不到懵懵懂懂、不即不离、游移不定的状态。所以他说要研究"情感结构"，这是一种变动中的、尚未成型的结构，这个更有活力。这种思考的方法，可以慢慢体会和领悟，对研究数字文化与媒介有启发，但落到学术写作的实处，比较难。有时候有一种可意会而不可言传的无奈。

徐：您认为从数字文化的视野来看，数字新闻业研究有哪些值得探索的话题？或者说数字文化研究对数字新闻业研究有怎样的启发？

杨：新闻业研究不是我的专长。但我觉得，数字文化对新闻业的影响是个重要话题。首先是重新考虑在数字时代什么是新闻。传统的新闻是专业的新闻记者生产新闻，现在老百姓都可以生产新闻，社交媒体把传统的新闻生产方式全部颠覆了，所以要重新思考什么是新闻、什么是新闻业。

其次是新闻叙事方法的变化。因为传统新闻业是有把关人的，现在的媒体也还有把关人，但新闻生产更加开放，有很多信息源和形式，使新闻的叙事方法更加开放、多样，这个很值得研究。比如美国媒体的报道里有很多链接，嵌入很多内容。

再次是受众的研究。国内网站早期网民的跟帖、评论很多。现在评论依然重要，比如对春晚边看边评，这是一种解构。数字化时代，受众在新闻生产和流通中的作用，应该是个有趣的话题。甚至"受众"这个概念本身，也需要重新思考。

最后是对算法、人工智能在新闻生产中的作用的研究，国外对这方面的研究大都以批判的态度来做，国内也开始有一些研究。还有平台研究，也跟算法相关，主要批判新自由主义的资本逻辑对生活的渗透，比如社交媒体平台对隐私的影响。美国这边的平台主要是市场主导的，国内的话，政府还是有很大的作用。

二、学术心路历程：以"文化"作为问题意识

徐：请您谈谈您的学术经历吧。您早年在北京外国语学院获得英美文学博士学位后，又到美国纽约大学攻读社会学博士，完成了关于红卫兵运动的博士论文。为什么会有这个学术转向？

杨：我20世纪80年代末90年代初在北京外国语学院的时候做《文心雕龙》的翻译研究。那时候在精神上，长时期想象着刘勰时代的文学和生活。后来嘛，对中国的现实问题产生了浓厚兴趣，开始关心中国的现代化、现代性问题。当时卡尔霍恩在北京外国语学院给研究生讲批判社会学理论的课。后来做完《文心雕龙》英译的博士论文，看着周围的朋友都出国深造去了，我也就又随他去美国读了社会学博士。他是做社会学理论的，我当时也想做理论，因为原来研究比较文学和翻译理论，有不少相通之处。不过美国社会学的博士论文，极少纯粹做理论的，需要做实证研究。我的社会学博士论文，选了文化和历史社会学的研究路径，研究红卫兵运动和"文革"社会学。

但我没有放弃文学研究，文学理论可以弥补社会学理论的不足。这种理论兴趣一直贯穿下来。我有意识地想要做些跨界研究，不愿被学科的界限所束缚，想努力打破一些界限。我后来做社会运动的时候，用风格、情感等概念，是从文学研究来的。所以从文学到社会学，不能说是一个彻底的学术转向，有些东西是一以贯之的。

徐：博士毕业后，您开始做互联网研究，也从事过环保NGO（Non-Goverment Organizations，非政府组织）的研究，以及互联网与公民社会之间的互动研究，为什么对这些话题感兴趣？

杨：其实我对互联网的研究从博士论文写作后期就开始了，我的博士论文最后一章是关于知青的。1999年的时候我就发现知青在网上建社区，寻找

当年下乡插队的"插友"。我觉得很有意思,便开始对互联网的社会意义感兴趣。博士论文完成后,我一边做互联网的研究,一边又注意到环保NGO的发展。早期的NGO对互联网也充满憧憬,通过建网站来展示自己的存在。我利用一个暑假,访问了北京的一些环保NGO,交了些朋友,开始研究NGO在中国的发展。互联网和NGO在当时都是新鲜事物。而这两者从一开始,就像一种天然的组合。所以我在早期研究互联网的文章里,提出了互联网与公民社会共同演进(co-evolution)的观点。关于互联网和NGO的研究不算是转向,应该说是一次拓展吧。从理论上来说,我的思路一直都是差不多的,都是关注一个大的理论问题,只是从研究革命和社会运动拓展到互联网、NGO等不同的领域,而这些领域其实关系都很密切,涉及的理论问题是相通的。

徐:这个大的理论问题是什么?

杨:就是"文化"的问题。早期对"文化"的兴趣,是因为对《文心雕龙》的研究。《文心雕龙》第一章"原道",刘勰就引用《易经》的话来讲语言的重要性:"鼓天下之动者,存乎辞。"语言是推动社会的动力啊。后来研究"文革",也是文化的思路。具体来说是用表演理论来解释红卫兵的激进行为。分析了在当时特定的冷战历史环境下,红卫兵一代如何按照他们从中国的政治文化中学到的剧码,上演了一场想象的革命。

后来我研究互联网,虽然《连线力》这本书里分析了影响网络行动主义产生和发展的诸种因素,但核心思路还是文化,主要是技术文化和抗争文化。近两年我讲得比较多的表演、展演、叙事、风格,都属于文化的范畴。

所以连接这些不同议题的核心范畴就是"文",或者"文化",即文化对于社会、政治及人的行为的影响。我觉得社会科学做这方面的研究比较薄弱,虽然后来也有所谓"文化的转向",但文化研究还是值得大力提倡。

徐:谈到文化社会学,我想起社会学家杰弗里·亚历山大(Jeffrey Alexander)曾经提出了"文化的社会学"(the sociology of culture)和"文社会学"（cultural sociology）的区分。

杨：对，我更接近于cultural sociology 吧。他有一篇文章提出了"文化社会学"作为强范式（strong program），强调文化有它独立的作用，这一点我是认同的。但是社会学里有时候把文化作为一个变量，分析它对另一个变量的影响，这种操作容易简单化。

还是威廉斯的思路更复杂、分析因果关系也更丰满。文化如何影响人的思想、行为、制度，不仅是发现某种机制就能说明问题。在历史社会条件下，各种因素之间的关系总是交叉变动的。比如同样五个因素对互联网的影响，这五个因素总是在变动，一旦固化就简单化了，所以一定要把当时的历史条件讲清楚。

徐：所以您的研究确实是有明确的问题意识，一以贯之的。对于我们年轻的学者，您是否觉得我们的研究要找到自己的焦点，不要盲目追逐热点？

杨：是的，不必追热点。传播学领域总是有很多新的、有趣的议题出现，让人跃跃欲试去研究，这我很理解，我自己也常经不住诱惑去追热点。但要知道，研究新东西并不一定思想就有新意。而研究旧东西又未必没有新意。旧的现象也可以不断用新眼光来看，历史学家就是从历史中发现新意。所以研究不一定要追新逐异。当然也不是说不要研究新东西。

这种追新逐异的潮流跟学术制度有关，因为制度鼓励赶发论文。如果赶着写文章、发文章，还没等深刻思考、充分挖掘，就发表出来，其实挺遗憾。我觉得文章要多改，改多了，思考就会更深刻。改过几稿后文章深度就不一样了，发出来的质量就更高。但学术界的考核制度如此，也颇无奈。

徐：您于2012年离开哥伦比亚大学巴纳德学院的亚洲与中东文化系和社会学系，加盟宾夕法尼亚大学安纳伯格传播学院，为什么做出这样的选择？

杨：我出了《连线力》那本书后，跟传播学的学者来往多了，就有了这样的机会。更重要的是我喜欢变换生活方式，喜欢有更多的人生体验。我在美国换了好几个学校，在夏威夷大学5年，在哥伦比亚大学7年。在好几个城市有长期生活的经历，每个城市都不一样，我觉得这样挺好。费城有自己的风格特色，我很喜欢。

徐：您在宾夕法尼亚大学传播学院的教授头衔前面冠了Grace Lee Boggs（陈玉平）的名字，为什么会选择这样一个名字？

杨：这个名字是我自己选的。安纳伯格传播学院讲座教授的冠名可以自己选。你看看美国大学的冠名教授，很少冠华裔的名字。所以我在考虑冠名的时候，希望选一位杰出的华裔人物。Grace Lee Boggs是华裔，父母是广东台山人，辛亥革命那年移民到美国，Grace本人1915年出生于罗德岛的州府Providence，2015年过世，享年百岁。她毕生从事民权运动，是底特律市民运动的领袖，在20世纪美国民权运动历史上影响很大。她还是社会运动理论家，出了很多书。与丈夫James Boggs早年都信奉马克思主义，1967年底特律黑人暴动后，她开始反思革命运动，提出了渐进式革命的新理论。她本科毕业于我曾经任教的哥伦比亚大学女子学院巴纳德学院，后来在费城的布林莫尔女子学院读哲学博士，论文是研究米德的实用主义哲学。所以不论是种族背景、教育背景、政治倾向，还是在学术渊源上，各方面我都很认同。同事和学生知道我的选择之后，也都觉得很恰当，符合我的学术理念。后来我们院方征得她的信托基金会的书面同意，就可以用了。

徐：您于2018年成为安纳伯格传播学院的副院长，负责研究生的管理。您认为宾夕法尼亚大学传播学院的研究生（博士生）培养，具有什么样的特点？

杨：宾夕法尼亚大学传播学院的一个特点在于它相当于研究生院，重点是培养博士生，所以对博士生的培养比较细致。他们的必修课比较少，选修课较多，所以学生可以根据自己的兴趣来发展，也可以到别的学院去选课，比如政治学、社会学的课。学院给他们提供各种机会去参会、发表，所以他们的论文产量都挺高。

另一个特点是从研究领域来说，宾夕法尼亚大学传播学院集中在几个核心领域，比较强，做得很深，比如政治传播、健康传播、文化与传播、全球传播。有些领域，比如人际传播，我们没有。从老师来说，做定量、定性、批判的都有。

徐：您同时还是宾夕法尼亚大学社会学系的教授。从社会学家的眼光来看，您觉得传播学领域有怎样的问题、机遇或挑战？

杨：社会学算是比较老的学科，学科的起源与现代性同步，经典理论家如马克思、韦伯、涂尔干等的名著，都是对现代性和现代社会的分析。他们研究大问题，有广博的历史视野，对现代社会的变迁做了深刻的批判。这些都是值得当代社会科学者学习的。也许因为学科成型较早，社会学对新东西反应比较慢。现在美国的社会学系也有博士生做互联网和信息技术方面的研究，但总的来说还不多，大家还是研究传统的话题比较多。

传播学领域新的热点比较多，大家都研究新问题，这当然比较有意思，但是也容易因追热点而积淀不够。传播学领域的优点是比较包容、开放，像我的同事里面，博士学位除了传播学的，还有政治学、心理学、人类学、社会学的，等等，这就更有利于多学科对话。有了这样开放的学科体系，又适逢信息技术飞跃发展、社会大变革的时代，传播学的前景很不错。

（该访谈首发于《新闻记者》2020年第4期，本版本有所扩充）

↙ **第二辑**
中国新闻业年度观察报告（2020）

年度专题：
互联网平台、视觉生产与时间性变化

互联网平台的运作机制及其对新闻业的影响

张志安　冉　桢

【摘要】

互联网平台的崛起已经成为影响新闻业转型的关键要素。本文基于荷兰学者José van Dijck提出的"平台社会"（platform society）概念，分析平台、平台生态系统的概念内涵和平台社会与公共价值的关系，引介和评析互联网平台具有的数据化、商品化与选择性等三个运作机制，进而基于中外新闻业的实践阐述这三个机制对新闻业的显著影响。文章指出，研究互联网平台嵌入社会的复杂逻辑和不同影响，要立足中西方不同社会语境，考察国家、市场和公民等变量与平台新闻业之间的关系。

【关键词】

平台　新闻业　数据化　商品化　选择性

在网络化社会与转型期社会的双重语境下，新闻业变迁及其影响是社会发展与国家治理面临的重大问题之一。一方面技术的深度嵌入引发了两个后果：专业媒体的不断衰落与社交平台的日益崛起[1]；另一方面专业媒体又通过在社交媒体等平台开设账号、吸引用户和扩大影响。以短视频平台为例，2019年抖音的日活跃用户数量已经突破4亿，还成为中国最大的知识、艺术和非遗传播平台[2]；快手的日活跃用户量则在2019年上半年突破2亿[3]，入驻

---

[1] 白红义. 重构传播的权力：平台新闻业的崛起、挑战与省思 [J]. 南京社会科学, 2018(02):95-104.
[2] 抖音短视频APP. 2019抖音数据报告 [R]. 北京. 2020-01-06: 3.
[3] 快手大数据研究院. 生活即风格：2019快手内容生态报告 [R]. 北京. 2019-09-17:3.

MCN机构600余家①。截至2018年12月已有1344家媒体开设认证抖音号,播出短视频15余万条。以人民日报为例,当年9月入驻抖音,4个月就凭160条作品获得1.6亿个点赞。②

当下,微博、微信、今日头条等互联网平台媒体,已深度渗透进人们的日常生活,成为移动阅读、即时社交、在线消费等数字生活不可或缺的基础设施。自2009年微博、2011年微信和2012年今日头条的相继推出,加上移动互联用户规模快速增长、移动通信网络速度不断提高,主流媒体的内容分发渠道逐渐被互联网平台媒体所主导,依托人工编辑进行的新闻把关模式也被算法推荐等精准分发模式所取代。

近年来,以快手、抖音为代表的短视频平台崛起,既加速了专业媒体内容视觉化的进程,又为专业媒体拓展收入来源提供了新的传播场景。仅以2020年卫视跨年晚会为例,社交、视频、消费、知识等各类平台媒体与各大卫视开展紧密合作,湖南卫视跨年晚会的赞助商为拼多多,东方卫视跨年晚会的赞助商为快手,江苏卫视跨年晚会的赞助商为抖音,腾讯视频则在其平台同步直播多家卫视的跨年晚会。③

此外,在近期进行的抗击新型冠状病毒肺炎疫情的工作中,专业媒体主要发挥正面报道、舆论监督等大众媒体的社会功能,平台媒体则发挥了内容整合传播、公众爆料求助、用户行为分析、信息聚合查询、网络联合辟谣等多元功能:微博、微信等平台开设了疫情相关的专栏,聚合了相关新闻和资讯,方便用户检索和查询;国务院办公厅通过微信城市服务提供"疫情督察"入口,欢迎公众举报抗击疫情工作中防控不力、推诿扯皮、敷衍塞责等问题线索及意见建议;腾讯"较真"查证平台围绕疫情防控中出现的各类谣言进行核实与辟谣;百度、阿里巴巴等针对用户搜索、交易、迁移等大数据进行智能分析,协助政府科学决策,指引公众防护措施;垂直类专业机构媒

---

① 快手大数据研究院.快手MCN发展报告[R].北京.2019-06-26:5.
② 林功成,张志安,郑亦楠.媒体抖音号的现状、特征和发展策略[J].新闻与写作,2019(03):46-54.
③ 张小强.2020传媒第一问:新媒体成为卫视跨年晚会赞助主角说明什么?[EB/OL].(2020-01-01)[2020-01-05]. http://www.sohu.com/a/36405359_826614.

体丁香园等，依靠微博、微信平台普及医学知识、实时发布信息……当各种类型的互联网平台媒体越来越深刻影响新闻业的生态结构、传播模式和社会功能时，研究者必然进行更加深入的学术探讨和理论追问：作为数字生活基础架构的互联网平台或平台媒体，其内在的运作机制具有哪些根本特征？这些运作机制对新闻业产生怎样的影响？继而又会对社会的整体结构与权力运作发挥怎样的作用？

放眼全球，美国的互联网平台公司占据了世界网民生活的枢纽地位，以谷歌（Google)为代表的搜索互联网平台、以脸书（Facebook）为代表的社交互联网平台、以亚马逊（Amazon）为代表的消费互联网平台建立起各自领域的垄断优势。立足中国，本土互联网平台公司也成为公众"数字化生存"不可或缺的必需品和基础设施：以百度为代表的搜索平台，以淘宝、京东、拼多多为代表的电商平台，以微博、微信等为代表的社交平台，以抖音、快手等为代表的短视频平台均在不同行业占据领先优势。

基于互联网平台公司的用户规模和强大影响，其不仅集成和组织了公众线上生活的各个方面，也实现了线上与线下生活的有机结合。世界各国的学者也越来越多地从政治、经济、技术、社会和文化等多个维度，来深入研究平台与社会的关系，提出了平台型媒体、平台经济、平台资本主义、平台社会等学术概念。本文集中引介荷兰学者José van Dijck等人的研究成果，并从中国社会的语境出发，探讨互联网平台的运作机制及其对新闻业的影响，以及平台新闻业的研究路径。

一、平台、平台生态系统和平台社会与公共价值

1.平台

荷兰学者José van Dijck等对平台（platform）的理解经历了从"单一平台"到"平台社会"逐步扩展的过程。就单一平台而言，平台主要指一种可编程的数字体系结构，旨在组织用户之间的交互，其用户包括个人、企业以及公共机构。就一般性的内部结构而言，互联网平台都以数据为支撑

（fueled by data），经由算法与界面进行自动运转与组织（automated and organized by algorism and interfaces），通过商业模式驱动的所有权关系得以确立（formalized by ownership relationship），并由用户服务条款进行规制（governed by user agreements）。这些要素构成了平台要素的技术、经济、社会与法律层面。①对平台的上述要素进行区分，有利于我们通过单一要素或组合要素的方式来理解平台的内涵与特征。

需要指出的是，尽管互联网平台在数字生活中扮演着基础设施的角色，但平台的运作机制依然置于更为宏大的社会系统中进行。在美国、欧洲和中国等不同的政经文化结构中，其受到的外部复杂因素的规制和影响是有所差异的，因此把握平台特征需要兼顾内部的组织要素和外部的社会要素，并且具有跨文化比较的视野。

2.平台生态系统

自2000年左右网络在全世界迅速普及以来，互联网平台的集中化发展趋势不断凸显。在欧美社会，苹果、亚马逊、谷歌、脸书与微软成为控制信息传输节点最重要的五大平台。这五大科技公司提供的产品与服务，几乎全面覆盖了公众数字生活的各个层面：基础操作、搜索、社交与消费，且经由各自的技术架构与服务条款型塑了用户数字生活的基本方式。

José van Dijck将这种经由五大科技公司组织起来的数字生活称为"平台生态系统"（platform ecosystem），并认为"平台生态系统"面临着一系列悖论：它本身是一个营利性质的科技公司，但却有很强的公共性；它看上去中立又神秘，但体系结构又表明它有着自己的意识形态与价值观；它的运作所产生的效应是局部的，但产生的影响、波及的范围却是全球的；它看似在某种程度上颠覆了"自上而下"与"大政府"，并以"自下而上"与"消费者赋权"取而代之，但实现这一转变的手段却是高度中心化的。②

---

① José van Dijck, Thomas Poell, Martijn de Waal. The Platform Society: Public Values in a Connective World[M]. Oxford: Oxford University, 2018: 2.

② José van Dijck, Thomas Poell, Martijn de Waal. The Platform Society: Public Values in a Connected World[M]. Oxford: Oxford University, 2018: 3.

除了上述悖论，José van Dijck还指出，平台的高度私有化隐藏着潜在风险：政府与非政府组织等公共机构不得不依赖平台来传播信息和与用户互动，公共和非营利性平台不得不依靠Facebook或Google来提供登录功能和利用搜索排名可见性来获取有价值的信息，并将自身所生产的信息传播和覆盖到尽可能多的用户。当然，政府与其他公共组织可以自建互联网平台，一定程度上可以解决过度依赖平台所带来的问题，但如果不融入核心平台生态系统的话，平台并不能从核心平台系统的固有功能中获益，因为平台生态系统已经建立显著优势：全球连接性（global connectivity）、遍在的可访问性（ubiquitous accessibility）以及网络效应（network effects）。[1]从目前的情况来看，科技公司运营的平台生态系统尚未型塑出真正的"公共空间"。随着平台生态系统与国家既有社会制度结构的融合，作为基础设施的互联网平台，已经开始逐步渗透进现行的社会运行与制度安排。

欧美社会除谷歌、脸书等五大互联网平台型塑了数字生活的基本形式外，还有不少垂直领域平台（sectoral platform），它们为公众在某一具体领域提供数字服务，比如基于Google Map的为房主与租客提供房屋出租服务的Airbnb（爱彼迎）。这种垂直领域平台一般不生产任何产品，也很少有大规模的专门雇员，它们所起的作用在很大程度上是将供应商与消费者进行连接，展现出一种多边经济学的运作模式。[2]一般来说，拥有大型平台的科技公司倾向于凭借自身的技术与资本优势对垂直领域平台进行控制，使两者走向融合，进而不断扩展平台的触及范围。在国内，超级互联网平台公司和垂直领域平台也呈现出类似的融合趋势，比如腾讯投资了京东和美团，阿里巴巴投资了小红书，阿里巴巴和腾讯共同投资了滴滴等。

大型互联网平台与垂直领域平台之间的关系并不是固定不变的。José van Dijck以"基础设施平台"与"垂直领域平台"的类型区分，以及"连接者"与"补充者"的角色定位，来描述大型互联网平台与垂直领域平台之间的关

---

[1] José van Dijck, Thomas Poell, Martijn de Waal. The Platform Society: Public Values in a Connected World[M]. Oxford: Oxford University, 2018: 4.
[2] Evans, D. S., R. Schmalensee. Matchmakers. The New Economics of Multisided Platforms[M]. Cambridge, MA: Harvard Business Review Press, 2016.

系。①以网约车平台优步（Uber）为例，当Uber通过其独立平台与驾驶员和乘客相匹配时，它可以理解为"连接者"角色；当其通过综合运输平台作为众多运输提供商之一提供服务时，Uber扮演的是"补充者"的角色；如果要Uber提供其信誉系统或将数据映射到第三方平台，它将扮演"基础设施平台"的角色；将其与Google相比较，它所扮演的则是"垂直领域平台"的角色。可见，这种分类标签有利于帮助我们理解平台生态系统的权力关系及其动态结构。

3. 平台社会与公共价值

除了对平台进行"基础设施平台"与"垂直领域平台"的区分，并在此基础上指出平台生态系统所具有的流动属性，还有学者从平台治理的角度指出平台生态系统中的三个行动者：市场、国家与公民。鉴于作为基础设施的平台已经逐步渗透进现有的社会运作与制度安排，社会公共价值的实现也应当成为平台生态系统中三大行动者的共同责任。②

然而，在现实情况中，平台基于"公共善"（public goodness）所创造的公共价值常常与混合着公私利益的经济价值相混淆：作为互联网巨头的科技公司，常常宣称所运营的平台在整体上使用户受益，即为用户提供更广阔的全球连接，帮助用户实现自我组织，并在一定程度上发挥着政府与社区的替代性职能。实际上，这些公司并没有明确帮助用户受益背后自身的利益诉求。③José van Dijck进一步指出，持有互联网平台的科技公司通过企业理念的宣示，隐晦地表达了平台比政府等公共机构更能够捍卫公共利益的观点，这些科技公司通过宣示平台有利于帮助用户摆脱政府、大企业等机构所带来的"束缚"，进而成长为更具独立性与自治性的个体，隐晦表达了自身持有的

---

① José van Dijck, Thomas Poell, Martijn de Waal. The Platform Society: Public Values in a Connected World [M]. Oxford: Oxford University, 2018: 21.
② Helberger, N., J. Pierson and T. Poell. Governing Online Platforms: From Contested to Cooperative Responsibility[J]. Information Society 34, No. 1, 2018:1-14.
③ Hoffmann, A. L., N. Proferes and M. Zimmer. "Making the World More Open and Connected": Mark Zuckerberg and the Discursive Construction of Facebook and Its Users[J]. New Media & Society, 2016:1-20.

新自由主义的价值观。同时，通过将自身的生态系统呈现为用户驱动的透明结构，这些科技公司在成功隐藏自身技术与商业策略"黑箱"的同时，也成功规避了其自身的公共属性所需要承担的社会责任。①

显然，上述针对平台社会的学术观点是持批判立场的，总体上从政治经济学的角度切入，体现出学者对公共价值的坚守和对平台社会的隐忧。平台对生活的深度嵌入，导致其影响不再局限于区域内部，而是会影响国家乃至世界秩序。由此，针对互联网平台的治理就显得尤为必要。如前文所述，平台生态系统中存在国家、市场、公民三大行动者，因此平台治理也应当是这三者的合作协同。尽管这种期待和假设显得比较理想化，José van Dijck等人仍然提出平台治理应当是一个可协商的社会契约：各个行动者分别创建相应条款并对其负责。②由此，一个基于平台社会的全新治理模式与制度安排也将应运而生，这就是José van Dijck等人所提出的"平台社会"（platform society）的概念、影响和治理方向。

二、互联网平台的运作机制

在《平台社会：关系世界中的公共价值》（*Platform Society: Public Values in a Connective World*）一书中，José van Dijck等人概括了平台运作的机制、这些机制运作的后果以及平台如何将公共价值融入其中等一系列问题。鉴于国内新闻传播学界至今对平台运行逻辑的论述与José van Dijck等人的观点有所不同，本文将进一步引介José van Dijck等人关于平台运作机制的研究成果。《平台社会：关系世界中的公共价值》一书中，作者将互联网平台的运作机制概括为三个方面的特征：

---

① José van Dijck, Thomas Poell, Martijn de Waal. The Platform Society: Public Values in a Connected World[M]. Oxford: Oxford University, 2018: 23.
② José van Dijck, Thomas Poell, Martijn de Waal. The Platform Society: Public Values in a Connected World[M]. Oxford: Oxford University, 2018: 25.

1. 数据化（datafication）

数据化指的是将以往从未被量化的事物转化为数据的过程，这一数据并不是通过问卷调查的形式获得的，而是从用户在平台上的使用痕迹中得到的。①对平台来说，几乎所有的用户行为都会被捕捉并转化为数据，诸如评级、付款、注册、观看、约会、搜索、交友、关注、喜欢、发布、评论和转发等数据。每个用户的所有交互行为都可以被捕获，并经由算法处理添加到该用户的数据资料中。由此，平台得以掌握用户的人口统计学信息、行为习惯与社会关系。②这为追踪与预测用户的情绪、行为提供了巨大便利。

2. 商品化（commodification）

平台捕获数据的最大公共价值就在于实时性和预测性，其捕获的数据特征可以指导平台如何更好地利用数据，这就实现了从"数据化"到"商品化"的转化。也就是说，平台的商品化由平台的数据化激发，并通过数据化得以放大。可见，平台的商品化机制指的是将线上—线下用户的情感、行动与创意转化为可供交易的商品的过程。这些商品可以至少通过四种不同类型的货币进行估值：注意力、数据、用户和金钱。③

对用户来说，平台的商品化机制具有赋权与剥削两方面的属性：一方面，平台的连接属性使得用户得以摆脱传统社会机构的局限，进行相对自由的表达或开展经营活动，成为相对独立的经营者；④另一方面，平台凭借其在连接与聚合方面的霸权地位，对用户实行了文化劳动剥削。⑤个人和机构用户在宣传自身内容和服务方面所做的努力往往会加剧平台的商品化。点击次数

---

① Mayer-Schönberger, V. and K. Cukier. Big Data: A Revolution That Will Transform How We Live, Work, and Think [M]. Boston: Houghton Mifflin Harcourt, 2013.
② José van Dijck, Thomas Poell, Martijn de Waal. The Platform Society: Public Values in a Connected World[M]. Oxford: Oxford University, 2018:33.
③ José van Dijck, Thomas Poell, Martijn de Waal. The Platform Society: Public Values in a Connected World[M]. Oxford: Oxford University, 2018:38.
④ José van Dijck, Thomas Poell and Martijn de Waal. The Platform Society: Public Values in a Connective World [M]. Oxford: Oxford University Press, 2018:39.
⑤ van Doorn, N. (2017b). Platform Labor: On the Gendered and Racialized Exploitation of LowIncome Service Work in the "On-Demand" Economy [J]. Information, Communication & Society.

越多，意味着数据流量越多，而更多的流量则意味着平台的权力变得更大。而平台凭借其自身对控制端、算法与数据流的掌控，进一步扩大了与用户之间的不平等关系。

3.选择性（selective）

平台的选择性意味着基于用户驱动与算法推荐的选择机制正在逐步取代专家与机构推荐，逐渐成为主流的推荐机制。用户可以通过"评分""搜索""共享""关注"和"交往"来过滤内容和服务。由此，平台的选择性被定义为平台通过界面与算法触发和过滤用户活动的能力，而用户通过与这些编码环境的交互来影响特定内容、服务和人员的在线可见性和可用性。[1]

尽管相较于基于专家和机构的选择机制来说，基于用户驱动与算法推荐的选择机制似乎体现出更多的民主意味，但平台的选择机制并不完全由用户的行为与选择偏好主导，具有黑箱性质的商业—技术策略才是塑造平台选择机制的核心符码。从平台选择的具体性运行机制来看，平台的选择性主要由个性化（推送）、趋势与声誉（"你可能喜欢"或"你关注的人都在看"/针对特定服务的等级评分制度）、审核与管理（平台法规，审核技术与程序）等三部分构成。[2]

三、互联网平台运作机制对新闻业的影响

总体上看，平台运行逻辑对西方新闻业的影响主要包括以下几个方面：首先，新闻业的平台化趋势体现为新闻内容、用户与广告的拆分重组。互联网平台破坏了传统新闻业的新闻—广告捆绑的盈利模式。其次，新闻业的平台化表现为专业媒体丧失自身对新闻报道的策划主导权。过去，新闻业以能够提供客观、全面的新闻报道为荣，但新闻业的平台化致力于满足用户个性

---

[1] José van Dijck, Thomas Poell, Martijn de Waal. The Platform Society: Public Values in a Connective World [M]. Oxford:Oxford University Press, 2018: 41.
[2] José van Dijck, Thomas Poell, Martijn de Waal. The Platform Society: Public Values in a Connective World [M]. Oxford:Oxford University Press, 2018: 45.

化需求，使得专业媒体所生产的内容被拆分重组，专业媒体在报道中所包含的专业精神与价值观也因此受到损害。最后，新闻业的平台化还表现为专业媒体逐渐丧失了对新闻选择的主导权，新闻选择的主导权正在逐步由专业媒体机构转移到互联网平台。也就是说，平台正在成为信息传播网络中的中心节点，越来越多地扮演着"聚合器"的角色。这就意味着用户所接触到的内容，不再是由专业媒体精心生产的内容，而是混合着专业媒体、机构媒体、自媒体等多种来源，包含着事实、观点、情绪乃至偏见的异质性内容组合。①

与西方新闻业相比，中国新闻业的情况既有相似之处也有不同之处。基于"党管媒体"的根本原则，社会效益和经济效益并重的价值要求，以及按照行政级别来划分的中央、省市级媒体属性，拥有丰厚政治资本的专业媒体与微博、微信、今日头条等超级互联网平台之间表现出既竞争又合作的关系：专业媒体通过在互联网平台上开设账号来拓展传播渠道，提升信息到达率；互联网平台则通过汇聚专业媒体生产的内容，来建立自身强大的传播效能，并且在外部多种因素的规制下持续表明自身所承担的社会责任，并以此作为针对"过度娱乐化"的回应。除专业媒体之外，以政务部门和企事业单位为开设主体的机构媒体、以草根发声为诉求的自媒体，几乎都必须在互联网平台上开设账号来运行。由此，以往由专业媒体主导的传播生态已经转变为专业媒体、机构媒体与自媒体等多元行动者竞合的新新闻生态系统。②这种新新闻生态系统是否会在技术、权力与资本等多重因素影响下维系公共价值，是需要着重探究的问题。

数据化、商品化和选择性，既概括了平台运行的内在机制和主要特征，也揭示出平台垄断优势建立的基础、平台商业价值变现的模式和平台对用户需求的满足和掌握能力。我们不妨从这三个维度来详述平台运作机制在中西方语境下对新闻业的具体影响。

---

① Bell, E., T. Owen, P. Brown, C. Hauka and N. Rashidian. The Platform Press: How Silicon Valley Reengineered Journalism [R/OL]. New York: Tow Center for Digital Journalism, Columbia University, 2017. https:// doi.org/ 10.7916/ D8R216ZZ.

② 张志安，汤敏．新新闻生态系统：中国新闻业的新行动者与结构重塑 [J]．新闻与写作, 2018(03):56-65.

1.平台数据化与新闻业：需求导向的生产理念

尽管对于用户信息需求偏好的研究和追踪，在专业媒体为主导的大众传播时代就已经开始，但对用户行为数据的精准记录、实时捕捉和完全量化是在互联网时代才得以实现的：借由用户在不同平台上消费信息所留下的数据痕迹，用户行为被转化为用户指标，并通过数据服务得以呈现。

平台数据化可助力媒体更加精准地了解用户需求和行为特征。近年来，西方专业媒体使用数据分析工具来追踪用户行为的做法已经相当普遍。比如，Chartbeat为新闻机构提供受众注意力的实时分析：编辑人员可以在实时受众指标的指导下进行A／B测试新闻标题和格式，还可以修改目标网页的结构。[1]NewsWhip每两分钟跟踪一次Facebook、Twitter、Instagram、Reddit、LinkedIn和Pinterest等平台上的社交媒体活动，通过位置、主题、关键字等量化指标，来识别潜在的具有病毒传播属性的话题。[2]这些数据分析的结果可以帮助专业媒体更加充分地利用平台来进行内容分发和变现。中国的专业媒体也开始重视对用户数据的利用，不过从目前的实践看，更多的是互联网平台媒体提供相关内容的阅读、点赞、转发和评论等数据，以此来印证专业媒体影响力和引导力在互联网平台上的提升。

在引入与使用量化指标的实践之外，也有研究关注量化指标和数据分析对新闻业的影响。José van Dijck指出，量化指标的引入与使用表明，平台的技术标准与利益追求开始逐渐影响新闻业的行业规范与专业实践，伴随新闻业的运营被注入"平台基因"，新闻生产与实践开始更加注重围绕用户流量与活动展开。这种流量主导甚至眼球驱动的偏好，在中国新闻业也明显体现出来，不过政府主管部门和专业媒体对此表现出警惕、反思甚至批判立场。

总的来说，中西方新闻业对平台数据的使用均呈现出一种编辑驱动与数据驱动并行的混合模式：一方面，传统新闻业的职业理念与生产常规依然发

---

[1] Petre C. The Traffic Factories: Metrics at Chartbeat, Gawker Media, and the New YorkTimes [J/OL]. Tow Center for Digital Journalism. (2015-05-07). https://www.cjr.org/tow_center_reports/the_traffic_factories_metrics_at_chartbeat_gawker_media_and_the_new_york_times.php.

[2] NewsWhip. Spike for Social Media Monitoring [EB/OL]. 2017. https://www.newswhip.com/newswhip-spike/.

挥着重要作用；另一方面，用户指标和流量偏好也开始被逐渐融入新闻业的日常运营之中，由此催生出一种更加注重需求导向的新闻生产理念。

2.平台商品化与新闻业：网络策略与原生策略

西方新闻业的商品化主要体现在互联网平台对传统新闻业商业模式的冲击与改造上，其最大冲击是互联网平台在影响力和覆盖面上总体取代了专业媒体，成为广告商投放最集中的渠道。互联网平台凭借其强大的连接属性，成为连接广告商、用户与内容生产者的多边市场。①

从目前的实践来看，包括专业媒体在内的内容生产者，基于互联网平台的内容商品化策略主要有两种：网络策略（networked strategies）与原生策略（native strategies）。网络策略是指通过在线平台传播新闻内容的链接、标题和摘要，将用户吸引到新闻发布者的网站，在新闻发布者的网站上投放广告或诱使他们注册订阅或付费捐款。原生策略则要求新闻发布者将其内容托管在与广告相关的平台上。网络策略体现出专业媒体的主体性，但存在流量低、变现少的问题。原生策略将专业媒体生产的内容直接放在平台上，连接性和用户到达率更高，但也存在着主体性弱化的问题，专业媒体实质上成为平台的"附庸"。②鉴于这两种模式各自存在的缺陷，大多数专业媒体采取了网络策略与原生策略相结合的混合模式，将少数匹配平台技术特性的内容（快讯、短视频等）置于互联网平台进行传播，将大部分专业内容置于自有网站或应用程序中进行传播。

与西方新闻业的情况有所不同，多数中国专业媒体采取原生策略，即整体将版权售卖给新浪、腾讯、今日头条等，在获得少量版权收益的基础上维系其品牌影响力和内容到达率。只有财新传媒等少数坚持付费墙的媒体，采取网络策略与腾讯网等建立合作，试图通过摘要、标题和链接跳转回财新

---

① Nieborg, D. B. .Free-to-Play Games and App Advertising: The Rise of the Player Commodity [M] // J. F. Hamilton, R. Bodle and E. Korin. Explorations in Critical Studies of Advertising. New York: Routledge, 2017:28-41.

② José van Dijck, Thomas Poell and Martijn de Waal. The Platform Society: Public Values in a Connecive World [M]. Oxford: Oxford University Press, 2018: 60.

的APP或财新网来给自己增加注册用户和访问量。从作为"喉舌"定位的政治资本和拥有原创采访权的角度看，中国专业媒体表面上并不存在依赖互联网平台的问题，但如果从传播生态格局的重构、移动传播的影响力和覆盖面看，专业媒体对平台是高度依赖的，离开了平台强大的用户规模和超强的连接属性，专业媒体要重建舆论引导力是几乎不可能的。因此，国家、市场和公民影响下的专业媒体和互联网平台之间的关系，在中西方社会呈现出不同的张力和逻辑。

　　基于平台的新闻商品化，除使用策略的差异外，还有一系列问题需要探讨。首先，数据的使用权问题。多数时候，专业媒体并不能直接获得自身在平台上所投放内容的用户数据，这些数据都被互联网平台所捕捉和留存。到底谁才是用户数据的正当拥有者？用户应当优先被视作新闻用户还是平台用户？其次，倘若用户消费托管在平台上的内容，专业媒体几乎无法控制和掌握用户在消费这些内容时的情境。由此，专业媒体机构不再是新闻事件的唯一阐释主体，新闻报道的价值和意义基于互联网平台、经由公众的集体参与而被不断重塑。①平台、用户和专业媒体之间的交互关系，正在日益主导着新闻的呈现方式与消费行为。

3.平台选择性与新闻业：价值冲突与责任规避

　　随着新闻的生产、分发与变现越来越紧密地与互联网平台相联系，平台对专业媒体内容选择性呈现、分发等干预机制就成了值得关注的问题。新闻选择的权力是新闻业的核心权力，它反映了专业媒体对社会、政治和文化等公共价值的判断力和引导力。

　　互联网平台对专业媒体新闻选择的干预，主要体现在新闻选择权由新闻从业者转移到互联网平台的算法推荐上来，平台内容审核标准与专业媒体新闻价值之间的差异和冲突集中体现了这一点。简单比较即可发现，传统意义上的新闻选择会把与公共利益相关程度的重要性作为重要判断标准，而互联

---

① 陆晔，周睿鸣."液态"的新闻业：新传播形态与新闻专业主义再思考——以澎湃新闻"东方之星"长江沉船事故报道为个案 [J]. 新闻与传播研究,2016,23(07):24-46+126-127.

网平台上的算法推荐更在意用户兴趣的个性满足。

Facebook、Twitter、Youtube等互联网平台的服务条款一般都禁止用户上传或发表色情暴力视频、垃圾邮件与病毒、仇恨与威胁性内容。[①]专业媒体、平台与用户关于平台上的内容是否违规的裁量往往相互冲突,但只有互联网平台掌握着系统性删除内容的权限。比如,Facebook就曾在2016年以"儿童色情"(child pornography)为由删除了对越战具有转折意义的照片《战火中的女孩》而引发争议。[②]在中国,鉴于存在严格的内容审核机制,专业媒体又掌控原创内容的采编权,时政新闻内容的新闻选择权掌握在新闻主管部门和专业媒体受众手中,基于互联网平台的内容掌控权主要侧重非时政资讯,而且内容性质裁量的冲突多发生于平台用户与平台管理者之间。一般来说,性别与地域歧视以及民族仇恨性言论是平台内容治理必须面对的问题。

此外,互联网平台对专业媒体的干预还体现在平台算法的改变会极大地影响专业媒体在平台上的流量分配以及所获得的注意力。一般来说,互联网平台的算法倾向于将流量分配给那些具有引起人们情感共鸣,进而引发病毒式传播的内容。[③]平台在内容提供方面致力于最大化地提升用户参与度,而不是为用户提供客观、全面的信息,[④]这是互联网平台与专业媒体在运作逻辑和价值取向方面存在的差异。平台与专业媒体之间的运作逻辑冲突所引发的关切主要在于平台对专业媒体公共性的侵蚀,[⑤]而这种公共性在中国新闻业的集中要求则为,专业媒体在基于平台的传播生态中提升政治信息的传播效果。

[①] Gillespie, T.. The Platform Metaphor, Revisited[EB/OL]. HIIG Science Blog. Berlin: Alexander von Humboldt Institute for Internet and Gesellschaft. (2017-08-24). https:// www.hiig.de/en/blog/the-platform-metapho-revisited/

[②] Levin, S., J. Wong and L. Harding. Facebook Backs Down from "Napalm Girl" Censorship and Reinstates Photo[N/OL]. Guardian.(2019-09-09). https://www.theguardian.com/technology/2016/sep/09/facebook-reinstates-napalm-girl-photo.

[③] Carlson, N.. Upworthy Traffic Gets Crushed[EB/OL]. Business Insider. (2014-02-10). http://www.businessinsider.com/facebook-changed-how-the-news-feed-works-and-huge-website-upworthy-suddenly-shrank-in-half-2014-2.

[④] Carlson, M.. Facebook in the News: Social Media, Journalism, and Public Responsibility Following the 2016 Trending Topics Controversy [J].Digital Journalism 6, No. 1, 2018:4-20.

[⑤] Newman, N., Fletcher R., Kalogeropoulos, A., Levy, D. A L. & Nielsen, R .K..Reuters Institute Digital News Report 2017 [M].Oxford: Reuters Institute for the Study of Journalism, 2017.

值得一提的是，面对算法推荐造成用户陷入"信息茧房"的批评，互联网平台给出回应称，这是用户自身选择性机制发挥作用的结果。①这种宣称一定程度上确保平台将原本应当由自己承担的公共责任部分转化为用户的自我选择，既获得了原先由专业媒体掌握的新闻业的注意力，又避免了承担"服务公共利益"这一新闻业的传统责任。

四、中国语境下的平台新闻业研究

上文探讨了互联网平台的三种运作机制及其对中外新闻业的影响，与此相关，平台新闻业（platform journalism）话题引起学界兴趣。关于这一概念是否严谨，国内学者还存在争议：对新闻的定义持相对开放姿态、认为新闻业正在边界重构的学者，把平台媒体看成是新闻内容汇聚、算法推荐分发、用户互动交流的核心枢纽，平台新闻业的兴起已成当然事实；对新闻的定义持相对保守态度、认为新闻业的核心价值在于原创和公共性的学者，则指出平台媒体不生产原创时政新闻，也很难承担服务公共利益的角色，因此尚未形成平台新闻业。

我们认为，研究平台新闻业可从两个层面切入：其一，集中考察以互联网平台为枢纽的数字新闻业，研究其内容生产、算法推荐、传播效果和政治影响，上文所述的平台运作的数据化、商品化和选择性机制可作为分析视角；其二，在开放的新新闻生态系统中，研究专业媒体、平台媒体、机构媒体和自媒体等多元行动者的关系互动，阐述互联网平台嵌入社会中如何受到国家、市场和公民等因素的影响，继而在公共价值实现和传媒公共性方面发生哪些变化、呈现哪些趋势。

中国平台新闻业的实践，同时呈现出媒体平台化和平台媒体化的趋势。②一方面，以《人民日报》为代表的专业媒体从2018年开始着力建设自有平

---

① Bakshy, E., S. Messing and L. A. Adamic. Exposure to Ideologically Diverse News and Opinion on Facebook[J]. Science 348, No. 6239 , 2015: 1130– 1132.
② 张志安，曾励. 媒体融合再观察：媒体平台化和平台媒体化 [J]. 新闻与写作,2018(8)：86-89.

台，主要以客户端为主；另一方面，社交类平台新浪微博、微信，资讯类平台今日头条、一点资讯，以及短视频平台快手和抖音等，基于海量用户的内容生产越来越具有平台媒体的属性。①

从数据化、商品化和选择性角度研究平台新闻业，可以相对微观地揭示不同类型互联网平台运作机制的差异，以及不同平台与专业媒体、数字新闻业之间的嵌入关系。

就平台的数据化而言，可借鉴美国学者Matt Carlson的"可测量新闻业"（measurable journalism）作为切入视角，具体考察以下几个维度：物质硬件（数据分析与指标测量软件，新闻生产的平台性基础设施等）；组织关系（新闻业为适应量化指标而产生的新职业、新实践等）；专业实践（新闻从业者如何使用量化指标，如何利用数据提升用户参与等）；职业理念（新闻从业者如何利用或抵制量化指标、量化指标是否会影响职业自主性、量化指标的使用是否有助于更好地连接用户等）；经济效应（数字化环境中的内容变现的路径；新闻业与赞助商关系的重构；数据与指标是否会成为行业水准滑坡的诱饵等）；用户消费（个性化内容定制与推荐机制等）；职业文化（数据分析与指标的使用所引发的新闻价值的概念变化，新闻的私人向度与公共向度的分野等）；公共政策（用户数据收集所引发的隐私保护等问题）。②"可测量新闻业"反对将技术、资本、专业理念等任何一个方面作为理解新闻业的主导性力量。运用此概念和视角，可进一步考察作为平台运作机制的数据化，究竟在哪些层面、何种程度上影响着新闻业。

就平台的商品化而言，前文所述的"网络策略"与"原生策略"，可作为考察党媒和市场化媒体、综合性媒体和专业性媒体等通过互联网平台实现商业变现的不同策略。

就平台的选择性而言，这一机制意味着信息选择与呈现的权力正在由传统新闻界逐步向平台新闻业让渡，平台权力、平台政治和平台意识形态等问

---

① 张志安,李霭莹.变迁与挑战：媒体平台化与平台媒体化——2018中国新闻业年度观察报告[J].新闻界,2019(01):4-13.
② Matt Carlson. Confronting Measurable Journalism [J]. Digital Journalism,2018, 6(4) :406-417.

题都应当得到关注。比如有研究通过分析平台话语，指出平台话语具有"作为技术的平台""作为机会的平台""作为言说的平台"三种面相，这三种面相在满足用户诉求与进行市场推广中得到了应用，并产生出一种值得警惕的后果：互联网平台已经在某种程度上成为公共话语的策展人，它支配了公共话语的流向与呈现。①还有研究以马克·扎克伯格2017年发表的公开信为文本，指出这封公开信在某种程度上可以被视作Facebook的政治宣言，扎克伯格提出"连接性"是人的本质属性，这一本质属性与Facebook平台所具有的技术连接性相结合，以网络社群主义的意识形态共同组成对抗全球日益兴盛的威权主义的力量。②

最后需要强调的是，互联网平台和平台新闻业研究在国内方兴未艾，需要学者们以更加开放的跨学科视角，使用多学科的理论、运用思辨与实证结合的混合方法来开展研究，相关研究成果不能仅仅局限在学术场域中发表，还要促进学界和业界的对话，以共同维系和增进平台新闻业的公共价值。同时，研究互联网平台嵌入社会的复杂逻辑和不同影响，要扎根中西方不同的社会语境，考察国家、市场和公民等变量与平台新闻业之间的复杂关系。

（作者张志安系中山大学传播与设计学院院长、全媒体研究院院长，上海体育学院特约研究员；冉桢系中山大学传播与设计学院政治传播专业博士生。本文首发于《新闻与写作》2020年第3期，为2016年度教育部哲学社科研究重大课题攻关项目"大数据时代国家意识形态安全风险与防范体系构建研究"[编号16JZD006]的研究成果）

---

① Tarleton Gillespie. The politics of "platforms" [J]. New media & Society, Vol.12(3), 2010: 347-364.

② Karina Rider, David Murakami Wood. Condemned to connection? Network communitarianism in Mark Zuckerberg's "Facebook Manifesto" [J]. New media & Society, 2019, Vol. 21(3), 2019: 639-654.

新闻资讯类短视频的发展现状、趋势及核心议题

刘颂杰　曹博晨

【摘要】

近年来，国内的短视频应用发展非常迅猛，但大多集中在综艺娱乐或生活类短视频，新闻资讯类短视频内容相对较为稀缺。本文从传媒转型的视角出发，首先基于传统报业、传统电视及互联网新媒体三个类别，比较了国内外新闻资讯类短视频行业的发展现状，然后重点分析了国内在这一领域发展进程中呈现出来的特点：党媒快速崛起，在与互联网公司合作之外，也开始自建平台，投资商业性短视频项目，而市场化媒体则面临较多制约。在此基础上，本文提出了国内新闻资讯类短视频需要进一步厘清的若干核心议题，即：如何平衡短视频与长视频的关系；与互联网平台的关系；与业外资本的关系；业务是否聚焦；业务流程是否重构；如何商业变现。

【关键词】

短视频　媒体转型　内容变现

根据思科公司在2018年12月发布的《2017—2022年视觉网络指数报告》，到2022年，全球IP流量将增加超过3倍，达到396艾字节/月；而IP视频流量将达到现在的4倍，在全部IP流量中的占比从75%增至82%。在显著的移动化、视频化的大趋势下，短视频（short-form video）自然而然成为互联网科技创业的风口，移动端的各类短视频应用风起云涌，各领风骚。

在全球范围内，2014年被认为是短视频真正爆发式增长的元年。当年，归属Twitter的Vine用户量达到4000万；Facebook旗下的Instagram用户量则有1.5亿。①截至2018年6月，Instagram社区的月活跃用户量（MAU）已经从2013年1月的9000万增长到10亿，其日活跃用户量已经突破5亿，使其成为仅次于Facebook和YouTube的第三大社媒平台，超过Twitter、Snapchat和Pinterest。在国内，近年来涌现的短视频应用包括：社交服务平台类APP如抖音、快手、秒拍；资讯内容聚合类APP如梨视频、哔哩哔哩、西瓜视频；以及摄影剪辑工具类APP等。②国内短视频应用在国际市场也快速扩张，如2020年一季度抖音海外版TikTok在iOS和Google Play的总下载量达到了3.15亿次，超过所有应用的历史纪录；快手在2020年5月上线的Zynn，一个月内就升到全美应用下载排行榜第一名。③

上述短视频应用大多集中在综艺娱乐或生活类短视频，相比之下新闻资讯类短视频内容较为稀缺。因此本文并不打算面面俱到地考察所有这些短视频应用，而是从传媒转型的视角出发，在比较国内外新闻资讯类短视频行业发展现状的基础上，重点分析国内在这一领域发展进程中呈现出来的特点，进而思考国内新闻资讯类短视频需要进一步厘清的若干核心议题。

一、新闻资讯类短视频的发展现状

环球同此凉热，在新闻资讯类短视频缓慢前行之时，如何去寻求稳健发展？我们不妨从三个类别对中外的媒体实践做比较分析。其一，传统报业的短视频项目，国外的案例如纽约时报的Times Minute、Times Video，华盛顿邮报的Post Video等，国内有新京报的我们视频、南方周末的南瓜视业、浙报集团的浙视频和中国青年报的青蜂侠等；其二，传统电视台的短视频项目，国内有上海广播电视台（SMG）旗下的看看新闻、北京电视台旗下的北京时间等，国外的典型案例有BBC的TentoWatch、半岛电视台的AJ+等；其三，互联

---

① 参见 http://adage.com/article/news/short-form-video-vine-instagram-social-video-sharing/291324/ .
② 王晓红,包圆圆,吕强.移动短视频的发展现状及趋势观察[J].中国编辑，2015(3).
③ 关聪.TikTok被欧洲调查、Zynn被安卓下架 短视频出海难在哪？ [EB/OL]. 财新网 .(2020-06-13) . http://companies.caixin.com/2020-06-13/101567019.html.

网新媒体的短视频项目，如美国的Newsy和Now This，国内比较典型的有梨视频、澎湃视频、界面"箭厂"等。

1. 传统报业的短视频项目：国内多依赖平台，国外强调日常报道的视频化

从2013年到2015年，《华盛顿邮报》视频业务经历了从Post TV到Post Video的转身：放弃长篇叙事式的电视新闻风格，主打短小精悍的视频报道。①《华盛顿邮报》意识到，过去Post TV"定时收看"（appointment viewing）的设定已经过时了，必须随时随地迎合用户需求。此外，依托亚马逊公司的技术优势，搭建自身的视频平台，其视频内容有60%为原创，其余40%为整合的内容。②如前所述，《纽约时报》也经历了从电视新闻风格到Times Video的转型，与邮报不同的是，时报并不追求平台属性。

在国内，新华社于2014年11月19日上线超短新闻视频客户端——15秒。2016年是国内新闻资讯类短视频的爆发之年，有"南瓜视业"、"我们视频"、"梨视频"、界面"箭厂"（人物特写微纪录片）等。其中，南瓜视业由南方周末联手灿星团队投资成立，其脱胎于南周文化部，侧重文化内容，"不做新闻，只做其他"，主打名人访谈、文化脱口秀等。例如，2019年5月南方周末、南瓜视业联合腾讯新闻共同出品一档脱口秀影评节目——《有话请亮牌》，12期节目在不到3个月内获得近7000万的播放量。此外，南瓜视业还与浙江卫视合作推出《同一堂课》，由影视文化明星走上小学讲台，带来特别的语文课。作为"文化综艺中的一股清流"，节目获评"2018年广电总局广播电视创新创优节目"。

而《新京报》的"我们视频"则恰好相反：不做其他，只做新闻。"关注新闻中的人并把人作为最高价值。"其理念是"追求新闻的专业主义和视频的专业质量"。其内容形式不只是短视频，而是直播、短视频、长片并

---

① 王贺新，曹思宁.网络视频新闻创新的美国经验——以纽约时报、华盛顿邮报的视频化改造为例[J].青年记者，2016(34):19-21.
② 《华盛顿邮报》转型资讯短视频战略[EB/OL].腾讯全媒派．(2015-09-15). http://news.qq.com/original/quanmeipai/duanshipin.html．

行。项目后来还引入了原中央电视台知名记者王志安，设立《局面》团队。近年来凭借扎实的新闻操作功力，以《悬崖上的村庄》、榆林产妇跳楼事件、格斗孤儿、江歌案等报道赢得了良好的口碑。历经3年，"我们视频"的作品在全网播放总量超1000亿。截至2019年7月，"我们视频"日均产量100条，新闻直播日均1场。

"青蜂侠"是由中国青年网新闻采编中心"青独家"团队在2017年转化而来的短视频新闻资讯中心。2019年，随着中国青年网和中国青年报正式融合，青蜂侠也成为中国青年报的新闻短视频品牌。2020年4月8日，腾讯发布视频行业透视，在资讯类视频品牌排名中，青蜂侠名列第二。据统计，疫情暴发至4月初，青蜂侠共采访及制作发布战疫新闻短视频3800余条，相继发布在企鹅号、头条号、秒拍、哔哩哔哩等各平台上以及中国青年网、中国青年报客户端等自有端口上，总播放量超70亿次。①

浙报集团"浙视频"于2017年1月1日正式上线运行。其主要传播平台依托用户过千万的浙江新闻客户端、浙江在线，并分发到全国各大门户网站和社交平台。此外，还倾力打造了一个以舆论监督、热点关注为主要特色的微信公众号"辣焦视频"。"浙视频"没有独立原生APP，在当下算是比较理性的一种发展思路。2019年10月，浙江报业集团推出立足长三角地区的新闻视频客户端"天目新闻"。澎湃新闻副总编胡宏伟认为，天目新闻在具体呈现方式和发展方向上做了很多探索，以视频为主体，抓住了视频化的风口。②

从以上案例可以看出，国内报业的新闻视频正在成为新闻报道的一个环节或是新闻主体。甚至成为新的视听项目，帮助传统报业扩大涉猎范围和影响力。但国内报业比较依赖社交或视频平台，而国外报业在与社交及视频平台合作之外，更加强调日常报道中的视频化，在自己的PC或移动端同步推出，树立自己的视频品牌。

---

① 叶莉.爆款新闻短视频频出,青蜂侠有何妙招？[Z/OL].微信公众号"传媒茶话会",2020-04-16.
② 黄云灵,王夷.澎湃新闻胡宏伟：天目新闻的一小步 是长三角媒体的一大步[Z/OL].浙江在线,2020-06-06.

2.传统电视台的短视频项目：业务流程重组是难题

早在2007年2月，BBC就和Youtube建立了合作关系，通过在Youtube上建立BBC的频道，更广泛地接触受众，把用户导流到自己的iPlayer，最终可以通过BBC Worldwide来获得商业收入，补充其牌照费收入。2014年，BBC又与Instagram合作，推出了一项新的短视频服务 Instafax。关注"bbcnews"账号之后，就能读到15秒以内的精简视频新闻。

2015年12月，笔者在英国广播公司（BBC）伦敦总部调研时，其数字与技术总监James Montgomery坦言，过去BBC网络视频部门的做法和其他电视台无异，就是将视频在电视上播出后，再把文件拆分成小段，发布到网络上。而BBC现在做视频首先是为了数字消费，先发布在网络上，然后才在电视上播出，这样电视就成了信息更新最滞后的设备。如今，他们正在努力研究怎样在智能手机上给用户创造最优质的体验，尝试各种不同形式的视频呈现方法。"一个3分钟的视频在电视上播是没问题的，但对手机用户来说就有点长了，即同样的内容不能一成不变地发布在不同的平台上。在现有的内容呈现平台中，手机是最核心的终端。"[①]目前BBC打造了一个全新的"TentoWatch"新闻视频APP。该APP由BBC与Snapchat以及Twitter合作推出，其内容包括垂直视频、短信视频等，时长普遍较短。

在国内，上海广播电视台(SMG)推出了"看看新闻"客户端。上海广播电视台（SMG）融媒体中心由原东方卫视新闻团队、上海电视台新闻团队、外语中心团队和看看新闻网团队联合组建，力争打造互联网世界中独树一帜的原创视频新闻品牌。其原创新闻内容在东方卫视、百视通互联网电视（OTT）、IPTV和看看新闻客户端等渠道，以及海内外多个社交网络平台上广泛呈现。

"北京时间"是在中共北京市委宣传部指导下，于2016年4月由北京电视台和360公司合资成立的。北京时间是北京市级融媒体平台之一，是北京广播电视台新媒体视频业务唯一出口，授权运维北京网络广播电视台。其"时间

[①] 刘颂杰，曹斯，张纯．英国媒体数字化转型：案例与模式[M]．王垂林，张志安，主编，广州：南方日报出版社，2017．

视频"主打短视频内容，根据腾讯发布的排行榜，"时间视频"跻身全国泛资讯短视频第一阵营。

国内广电类短视频产品强调新技术应用，同时掌握一定的政治资源，成为这些新闻类视频媒体发展的一大优势。但与BBC等国外广电媒体相比，国内媒体还没有真正改变通过电视台来做网络视频的传统套路，转型中的业务流程、组织架构重组还是困难重重。

3.互联网新媒体的短视频项目：大而全，还是业务聚焦

相比传统媒体，视频类的网络新媒体具有技术、流程等方面的天然优势。美国的Newsy和Now This是被谈得比较多的案例。前者由原AOL(美国在线)新闻频道总监吉姆·斯潘塞(Jim Spencer)创立，他意识到对于读者来说多重消息来源的重要性，因此Newsy的业务核心定位于以便捷方式为受众提供更完整的新闻背景，帮助他们形成自己的观点。"提供新闻分析服务，而不是新闻聚合服务；做原创报道，而不是原创新闻"是Newsy最为突出的特点。①

Now This则更强调软话题，视频风格轻松有趣，同时尽可能简短，视频时长6—90秒不等。Now This最突出的特点则是其发布渠道的独树一帜、"反其道而行之"。多数媒体和社交平台的合作，是希望把用户导流到自己的网站，而Now This则是完全把内容放在各大社交平台，借助平台的影响力迅速贴近受众。②

2017年1月11日，澎湃视频正式在澎湃新闻APP上线。覆盖时政、财经、科技、文化、新闻调查等领域，内容形式有直播、短视频、专题等，包括"上直播""@所有人""中国政前方""温度计""大都会""湃客科技"等13个栏目。和"浙视频"一样，澎湃视频也没有独立APP，而只是澎湃新闻客户端的一个频道，但其上线代表了澎湃新闻的重大转向。2019年新

---

① 程征,胡启林.国外短视频新闻机构发展现状与启示[J].中国记者,2015(2).
② 刘柳.移动社交背景下的短视频新闻跨平台传播策略探析——以美国Now This为例[J].东南传播,2016(12):12-14.

中国成立70周年的《大国大桥》专题中,澎湃用了20多个视频呈现,获得了超1亿的播放量。

梨视频的诞生早于澎湃视频,却是由澎湃新闻的核心创始团队(CEO邱兵、总编辑李鑫)离开后创立的。其立足于做自己的视频平台,也与全平台和全网合作,发展比较迅速。但由于没有新闻牌照,而从时政及突发新闻转型为专注于年轻人的生活、思想、感情等方方面面。由于团队的专业新闻人背景,梨视频还是比较强调做专业的高品质短视频。内容运作走高品质PUGC(Professional User Generated Content,专业用户生产内容)之路,每天发布500条短视频,其中50%来自拍客上传后由专业编辑制作的内容,自制节目只占5%,聚合国外视频加工剪辑的内容占45%左右。

从上述案例看,国外新闻短视频的新媒体项目特点较为鲜明,业务较为聚焦,而国内的项目则比较大而全,或者本身就立足于做平台,对资本的需求比较高。

二、新闻资讯类短视频在国内的发展趋势:党媒强势崛起

如果说2016年国内新闻资讯类短视频呈爆发式增长,国有资本、市场资本同台竞争甚至合作,那么自2018年以来,国有资本的强势崛起则非常令人瞩目。这和整个新闻业界的变化趋势也是一致的。

1. 新闻机构大规模入驻视频平台,并与互联网公司开展合作

从门户网站到微博、微信时代,再到抖音、快手时代,新闻机构对平台的依赖性依然突出。但从积极一面来看,新闻内容借助视频平台,可以达到全网宣发的效果,让信息到达更多受众。且平台具有的转发裂变式的扩散模式也加速了新闻内容的传播。另外,借助不同的平台可以根据平台用户的特征,采取不同的方式发布新闻,能够更加贴近受众。

相比地方媒体及市场化媒体,目前中央级媒体账号在各个视频平台中处于绝对领先地位。央媒在不同视频平台的粉丝数已经突破3亿。抖音2020年

1月发布的《2019年度榜单》显示，抖音点赞TOP20短视频中大阅兵主题有9个，人民日报占据7席。人民日报的粉丝数量相对于其他新闻类媒体账号也遥遥领先。《CTR-快手媒体号2019年度榜单》的媒体号综合榜中，央媒包揽了榜单前5位，"央视新闻""人民日报""新闻联播"分列前三。无论在广电类还是非广电分类中，央媒都占据第一第二的位置。

	B站粉丝数	快手粉丝数	抖音粉丝数
新华社	25.4万	2344.6万	3132.9万
央视新闻	386.2万	4151.3万	8197.7万
央视频	145.4万	233.9万	425.9万
中国日报	107.8万	263.7万	2253.6万
人民日报	6.9万	4033.9万	9134.7万

截至2020年6月5日的数据

	快手粉丝数	抖音粉丝数
澎湃新闻	59.8万	395.3万
看看新闻	123.7万	1034万
凤凰新闻（凤凰卫视）	258.6万	935.8万
新京报	12.6万	318万
第一财经	5.3万	376.4万
封面新闻	220.2万	902.4万
界面新闻	9.9万	152.9万

截至2020年6月5日的数据

B站平台内，腾讯新闻、看看新闻、搜狐新闻、封面新闻、凤凰新闻、网易新闻、新京报等媒体账号，关注数量均未过10万。

近年来，新闻机构与互联网公司在视频领域的合作不断拓展。如"人民日报+"短视频应用的推出过程中，快手就提供了技术、内容等方面的支持。人民日报在新中国成立70周年等重要时间点，与抖音合作进行了诸如Vlog等活动策划。2020年新冠疫情期间，新华社与腾讯微视共同发起了"海外战疫Vlog"作品征集活动。2019年4月，北京时间和今日头条达成战略协议，宣布在图文、视频、版权、运营等领域深入合作。

2.中央级媒体开始自建短视频平台，试图摆脱对互联网公司的依赖

在政府强调对互联网舆论场的主动权的背景下，2019年，中央级媒体相继开始打造自身的短视频平台。其中，人民日报社推出短视频聚合平台"人民日报+"，中央广播电视总台推出以短视频为主，兼顾长视频和移动直播的"央视频"。

9月19日，人民日报宣布正式推出旗下短视频聚合平台"人民日报+"，是主流媒体建立"自主可控"的短视频平台的第一步尝试。

新华社早在2014年就发布新闻资讯类短视频平台"15秒"。2017年3月，新华社"全球视频智媒体平台"开始运营。利用这个系统，处理新闻的时间从过去的近2小时缩短到1分41秒；在全球任何地点，简短的几个小时都能建立一个编辑部。项目负责人陆小华称，相比速度的提升，该平台最大成效体现在数据化，其标志就是平台把采集、编发、用户下载的各环节所有数据，包括数量数据、行为数据、运行数据，都能够积存下来；自动积存、自动汇聚，按一定方式呈现，按一定权限调取。

此外，2017年2月，新华社正式启动了以媒体机构和党政机构融合为主要目标的"现场云"全国服务平台。该平台基于"现场新闻"技术平台，向全国新闻媒体开放"现场新闻"功能应用，提供"一站式"整体解决方案。

央媒内部也在开展合作。2019年9月19日，中国青年报社与央视全资的中视实业集团达成战略合作，双方成立"融媒联合实验室"，用5G、4K、AI等技术，共同创制融媒精品、拓展传播渠道、开展公益活动。双方还宣布将联合探索AI主持人、VR、AR等新兴技术在新闻场景和文化产品中的应用。

3. 市场资本退出一些党媒视频项目，国有资本大规模入股商业视频媒体

"北京时间"成立初期，其运营主体为北京时间股份有限公司，由北京新媒体集团与北京奇虎科技有限公司共同出资成立，前者占股40%，后者作为360公司旗下子公司，占股60%，行使控股权。有研究者以北京新媒体集团及"北京时间"为案例分析，认为由于受到意识形态管理和产权结构的诸多限制，非国有资本难以进入并发挥其应有的作用，难以实现传媒产业与资本市场的有效对接，融资能力较为不足。①

从实际运营来看，自2016年创立，到2019年，"北京时间"高层不断发生变动，多人离职。

从工商资料上看，2019年3月北京奇虎科技有限公司已退出"北京时间"，并将手中持有的60%股权转让给北京新媒体集团。在此次股份转让完成后，北京时间的运营主体北京时间股份有限公司，变成北京新媒体集团旗下国有全资子公司，重新回归北京电视台。

作为新闻资讯类头部公司，"梨视频"今年多受到国有资本、央媒青睐。2017年梨视频宣布，Pre-A轮融资1.67亿元人民币，由人民网旗下基金独投。2020年4月，新华网入股梨视频，成为人民网之外的又一"国家队"股东。梨视频创始人、CEO邱兵认为，梨视频有高效的资讯短视频生产体系，而视频业务也是新华网构建内容新生态的支点，双方在内容生产和架构上可以有更多的协同，共享和整合全球内容生产网络，构建视频资讯传播内容新生态。②

4. 党媒视频项目依托政务服务开拓收入来源，而商业化媒体的短视频业务掣肘甚多，发展较艰难

经过近年的快速增长，短视频整体已进入瓶颈期，内容同质化竞争严重，用户审美疲劳。另外，新技术的到来也是一个挑战，4G时代新闻视频内

---

① 房佳.北京新媒体融合发展现状探析[J].视听,2018,000(003):156-157.
② 独家|新华网基金为何入股梨视频？双方这样回应！[Z/OL].微信公众号"传媒茶话会",2020-04.

容除个别几家媒体外,还未看到大规模爆发的迹象,5G时代媒体能否完成4G时代的遗留问题并顺利转型5G,也是值得关注的问题。

党媒的新闻资讯类短视频项目,由于有政府的大力支持,往往可以依托政务服务等政府合作项目开拓收入来源。上海的"看看新闻"与政府以及公检法机关形成紧密合作,诞生了许多盈利项目,比如庭审直播。从2013年的微博图文直播,到现在的网络视频,庭审直播已经发展了6年。以上海检察院为例,由政治部宣传处和看看新闻网签订合同,对典型案例进行庭审直播。其间还会插入检察官与法学教授的场外评析,与留言评论的网友进行现场互动。而这项活动也成为看看新闻一项可持续的收入来源。

与很多党媒类似,"北京时间"的业务发展策略也是"新闻+政务+服务"。根据该媒体的网站简介,其政务服务包括:为北京市委宣传部搭建北京市爱国主义教育基地融媒体传播平台,开通并运营"京华丹心"微信公众号及抖音号;为北京市委组织部搭建"党旗耀京华——北京市党的建设与组织工作融媒体平台"并运营维护。此外,还与市政协、市文促中心、中国电影博物馆、市老干部局、市妇联等单位开展新媒体宣传运营合作。

与央媒、党媒的强势扩张相比,商业化媒体的发展掣肘甚多。如梨视频虽然受到资本追捧,但并没有取得互联网新闻信息服务资质、互联网视听节目服务资质,按规定不能从事互联网新闻信息服务、互联网视听节目服务。2017年2月,北京市网信办等部门责令梨视频进行全面整改。此后,梨视频宣布从内容上做出调整,从时政、突发新闻转型为关注年轻人生活、思想、感情等方面。2020年5月,媒体报道"梨视频"APP已在苹果App Store以及应用宝、华为等各大安卓应用商店下架,目前仅可搜到梨视频专业版APP,内部人士称是"技术整改"原因。

三、新闻资讯类短视频发展的若干核心议题

基于以上分析,新闻资讯类短视频项目的发展和运营至少需要解决以下六个核心议题。

1. 新闻资讯类视频，如何把握长与短的平衡？

在视频化大浪潮、短视频风口之际，国内传统新闻机构恐怕首先要做到客观冷静，不能盲目跟风或迷失方向。当下似乎出现了一种"视频崇拜"的倾向，似乎文本就没有价值了；进而又认为，短视频才是主流，长视频也没有价值了。在上述"迷思"之下，有些媒体机构全面向视频转向，不重视文本或者置文本于非常次要的位置；或者放弃长视频，全力扑在短视频上。

事实上，盲目跟风在前些年就让我们交过不菲的学费。那时，在国际上各大主流报纸，包括《华盛顿邮报》《纽约时报》《华尔街日报》《金融时报》等，纷纷成立自己的电视工作室，开发制作传统电视形态的网络视频新闻内容。[①]于是，在国内，包括财新传媒在内的新闻机构也上马自己的视频部门，制作专访、专题类节目，直接放到网络上。事实证明，这些产品消耗了巨大的成本，但传播效果和商业效果都有限。

德勤咨询公司认为，短视频只是电视行业的前景之一，而非唯一未来。该公司的研究报告提到，2015年，网络短视频（时长20分钟以内）的总观看时长只占所有屏幕端观看视频时长的不到3%；网络短视频所获得的总收入约50亿美元，而长视频的广告和订阅收入是4000亿美元。但互联网女皇玛丽·米克尔发布的2019年《互联网趋势报告》称，从2017年4月到2019年4月，中国短视频APP日均使用时长从不到1亿小时增长到了6亿小时。截至2020年1月，国内短视频平台抖音的日活跃用户量突破4亿。快手的日活数量在2020年初突破3亿。快手APP内有近200亿条海量视频；2019年平台累计点赞超过3500亿次。2020年第一季度哔哩哔哩月均活跃用户量达到1.72亿，同比增长70%；移动端月均活跃用户量达到1.56亿，同比增长77%。短视频已经成为中国人日常生活的一部分。

短视频来势汹汹，似乎代表了电视视觉行业的唯一未来。但是，短视频和长视频的评估尺度往往是不一致的，前者主要看点击量，后者看观众人数；两者都有订阅用户，但短视频订阅的边际成本只是一次点击而已，而长

---

① 陈怡.看路透研究院2016数字新闻分报告，如何解读网络视频新闻的现状与未来[J].中国记者，2016(9).

视频的订阅则是至少一个月甚至是数年的长期投入。

换言之，从内容变现（content monetization）的角度看，似乎是"长视频挣广告，短视频赚吆喝"。根据2014年广告变现技术公司FreeWheel关于网络视频和广告趋势的报告，长视频继续获得了最多的网络广告，但如果要赢得大规模受众，则需要短视频。20分钟以上的长视频，获得了超过一半的网络视频广告收入。

在一些视频行业的先行者看来，长视频和短视频是可以协同发展的。比如，BuzzFeed的策略是，既为电视台和影院制作长视频，也为网络制作短视频；通过网络视频的大量受众来测试新的人物形象或者创意，从而判断其是否适合发展成为电视或者电影项目。BuzzFeed的视频部门认为，观看其短视频作品的年轻网络用户也会有兴趣观看其制作的长节目和电影；长篇叙事是数字体验的DNA之一，每个人都在观看长视频，比如Netflix、Hulu，等等。①

文本与视频的关系如何？至少新闻短视频的发展困局可以给我们一些启发。今日目之所及，短视频横扫一切平台和终端，似乎新闻资讯短视频也将成为主流。但牛津大学路透新闻研究中心的研究给出了否定的答案。其《2016数字新闻报告》称，大多数人不喜欢从网络视频中获取新闻。在2017年的报告中，情况仍然没变。尽管网络视频新闻曝光率较高，但路透发现，自四年前开始跟踪这个问题以来，总体偏好变化不大。在所有的市场中，超过2/3（71%）的人说他们大多通过文字浏览新闻，14%的人使用文本和视频；年轻人绝大多数也喜欢文本。路透新闻研究中心提出，人们对视频的吹捧是否过头了？

2016年，该中心还特别撰写了《网络新闻视频的未来》专题报告，报告依据三种环境来研究视频新闻消费行为：社交工具平台，视频平台，新闻网站及应用。通过对26个国家的视频新闻市场占有率的调查显示，整体来看仅1/4的用户观看新闻视频。

为何在新闻领域，网络视频遇冷？通过对用户的访谈，41%的人认为文

---

① 参见《卫报》报道，https://www.theguardian.com/technology/2015/apr/15/buzzfeed-tv-shows-films-ze-frank.

字阅读更加快捷方便；35%的受访者表示，网络视频新闻的前置广告让人难以接受；20%的受访者表示，下载花费过多时间；19%的受访者则表示，不喜欢在手机、平板电脑等屏幕较小的终端上收看视频。其他不愿选择网络视频新闻的原因还包括，技术障碍、网络速度、上网花费等。可见，在获取新闻资讯方面，至少到目前为止，用户更愿意选择文本而非视频。

事实上，快手与抖音都在近两年开始突破短视频的限制，比如抖音在2019年开放15分钟长视频。2020年初，今日头条买下徐峥的电影《囧妈》，在今日头条和抖音APP内均可免费观看。而快手也在2020年5月上线了院线电影《空巢》。两大短视频平台加入长视频的角逐。但长视频领域竞争激烈，优酷、爱奇艺、腾讯呈三足鼎立之势，之后还有芒果TV、哔哩哔哩、西瓜视频等视频平台。生活娱乐类宜用短视频、微视频形式，作为新闻资讯类视频，不能过分迷信"越短越好"的信条。

2.成为平台，还是与平台共生？

不可否认的是，互联网技术平台已经建立了几乎无可撼动的优势。在视频领域，要建立自己的平台领地，和YouTube、Instagram、Vine，以及优酷、抖音竞争，确实太难。对于新闻资讯类短视频来说更是如此，做平台更重要的是资本和技术，而不是新闻操作能力。

与平台合作共生可能是对新闻媒体更为现实的选择，大多数媒体也是这么做的。《华盛顿邮报》即便有亚马逊这样强大的技术背景，也主动寻求和平台合作。其视频部分负责人说："邮报不仅利用Facebook和YouTube这样的社交媒体或视频网站，还在iPad、kindle等平台开发了华盛顿邮报APP。消费者在众多平台上的视听习惯不尽相同，比如在Facebook上，视频可以自动播放，因此我们就在开发相应内容时充分利用这一特点。"[1]与平台合作很重要的一点是为不同平台打造最适合的内容，前述Now This在投放不同平台时都根据平台属性来制作内容。

---

[1] 《华盛顿邮报》转型资讯短视频战略[EB/OL].腾讯全媒派.(2015-09-15). http://news.qq.com/original/quanmeipai/duanshipin.html.

不过，国内的梨视频在华人文化产业基金以及后续入股的投资机构的资本注入下，尝试做资讯类视频平台，亦值得期待。但这不是大多数传统新闻机构能够承担的投入。如前所述，人民日报、新华社等"国家队"正在建立自身的视频平台，但这是在政府资金的支持下才可能做到的。

3. 如何平衡与技术公司／业外资本的关系？

从国内的新闻资讯类视频项目实践看，有不少是新闻机构和互联网技术公司或其他业外资本合资成立的。典型的如新京报和腾讯合作的"我们视频"。正如项目负责人彭远文所言：腾讯需要高质量的新闻视频内容，新京报也需要利用互联网平台进行传播；新京报有专业的新闻生产队伍，腾讯有传播平台和技术能力，正好互补。这种合作方式，给视频产品的分发带来了无可比拟的优势：新京报的所有新媒体平台，新闻客户端排名第一的腾讯新闻、第三的天天快报，视频客户端排名第一的腾讯视频，以及门户网站排名第一的腾讯网。

彭远文还坦言：传统媒体与互联网平台的合作经常是不对等的；成立合资公司也在改变这种不对等的合作关系，平台要分担成本和分享利润，这是一种更合理的合作伙伴关系。①

不过，类似合作模式的"北京时间"，发展却没有那么顺利。2017年8月，"蓝媒汇"报道北京时间面临裁员和调整，"放弃了成为类似今日头条、一点资讯的视频、图文等全内容分发平台，而是专注于泛资讯的短视频平台，同时更多依赖机器算法，而取消一些人工编辑"②。2019年3月，奇虎公司全面退出，北京时间重新变成国有全资，说明了市场资本进入非市场媒体/党媒与国有资本合作的艰难。

可见，新闻机构与技术公司的联姻，如何处理彼此之间对于内容、发展方向、业务流程等问题的冲突，仍然是十分关键的问题。

---

① 参见新京报联手腾讯. "我们"要做最好的移动端新闻视频[OL]. 微信公众号"媒记", 2016-10-13, http://www.anyv.net/index.php/article-794207.

② 魏晓. 裁员、转型，北京时间，走着走着就慢了……[OL]. 蓝媒汇, 2017-8-29, http://www.sohu.com/a/168145723_99970452.

4.内容做"大而全",还是聚焦?

相比平台对UGC(用户生产内容)的倚重,新闻资讯类短视频更多的是采用PGC(专业机构生产内容)或者PGUC(专业用户生产内容)的生产方式。对于"我们视频"来说,UGC的生产方式更多体现在对于新闻事件的发现、新闻素材的收集以及帮助专业记者完成新闻等方面。比如2019年10月10日,演员叶璇发微博称,在深夜乘坐列车时,后排一男子大声播放视频。这是一则来自社交网络的新闻线索,据编辑记者介绍,一位经常与"我们视频"联系的用户发现这条微博后,马上在微信群里发来线索。经过记者核实及采访,"我们视频"率先发出独家报道《高铁外放视频叶璇劝阻被骂:你神经病》,稿件发出后,话题迅速登上微博热搜榜首位,成为爆款新闻。

与新闻机构自身的媒体属性相关,一些泛时事新闻(general news)机构的视频产品,也是涵盖范围比较广的。但有一些新闻机构则选择某一擅长的垂直领域做小切口的细分市场。

南方周末的"南瓜视频"能否成功?至少它找到了南方周末比较擅长的文化报道领域,软新闻可能比时政新闻更容易吸引受众。此外值得一提的是,上海报业集团旗下主打财经的新媒体"界面",推出"箭厂视频",不做泛娱乐,定位于有社会担当的短视频机构。箭厂视频聚焦社会性、新闻性和艺术性选题,目前每周播出1期7分钟左右的短视频。①从现有的作品看,箭厂的选题侧重呈现普罗大众的与众不同,制作亦相当精良。

5.是否为视频项目重构业务流程?

如前所述,多数新闻机构的视频项目并未开发独立的APP,浙视频、澎湃视频都是依托原有新闻机构的主APP,成为其中的一个频道,和平台型的视频项目不一样。

在组织结构上,据澎湃新闻CEO、总编辑刘永钢介绍,澎湃新闻的整体架构和栏目依然是按原来以新闻为中心的方式操作,为避免出现为视频而视

---

① 汪文斌.以短见长——国内短视频发展现状及趋势分析[J].电视研究,2017(5):18-21.

频的情况，澎湃没有专门设立实质性的视频部门和团队。各个中心正常生产新闻过程中，发现适合做视频的内容，会通过视频的方式呈现，刘永钢将其形容为一个"虚拟"的视频团队。①

新华社则围绕"全球视频智媒体平台"，进行了融合运作体系的同步构建。自2017年3月3日上线运行的新华社全球视频智媒体平台，进行了流程优化、平台再造和各种媒介资源、生产要素有效整合，实现了信息内容、技术应用、平台终端、管理手段共融互通。②

6.如何创新商业模式？

牛津大学路透新闻研究院《2019数字新闻报告》显示，付费新闻用户增长乏力，"赢者通吃"格局显现。2019年度付费新闻用户增长乏力。付费用户大多把有限的预算投放给娱乐节目而不是新闻。在媒体生存日益艰难的背景下，媒体开拓视频业务能否带来新的营收以缓解经营压力也是一大考验。

目前来看，短视频的内容变现方式主要有平台补贴、定制服务、内容植入、广告变现和粉丝打赏等。而对于新闻资讯类视频来说，内容变现也受到新闻伦理的限制。

根据牛津大学路透新闻研究院的报告《网络新闻视频的未来》，2015年度76%的视频营收来自于前置式或后置式广告。对于视频内容生产商来说，广告仍然是视频变现的主要途径，但用户却可能因为不满广告置入而放弃视频选择文本。③

如何面对这一两难境地？上述报告提到，数字新闻机构Vice和Quartz均已通过品牌内容和赞助内容实现了营收；传统纸媒《经济学人》的赞助内容也比较成功。过去，《经济学人》赞助内容（customer contents；sponsorship contents）的一个例子是经济学人与通用电气（GE）的合作。GE赞助了经济

---

① 夏之南.澎湃视频今日上线，聚焦新闻直播和短视频[EB/OL].(2017-1-11). http://tech.ifeng.com/a/20170111/44529839_0.shtml.
② 陆小华.媒体融合运作体系构建方法与实现路径——以新华社全球视频智媒体平台与相关运作体系为研究样本[J].现代传播（中国传媒大学学报），2019(10):1-11.
③ Antonis Kalogeropoulos, Federica Cherubini, Nic Newman. The Future of Online News Video [R]// Reuters Institute for the Study of Journalism. Digital News Project 2016.

学人的一个博客Look Ahead（展望未来，gelookahead.economist.com），希望与创新、未来、科技联系起来。①如今，这一做法也延续到了视频产品。

在国内，广电媒体凭借在视频领域中的经验与资源，通过组建MCN（Multi-Chonnel Network，多频道网络）机构来孵化有商业潜力的IP，也是一种较有可行性的收入模式。例如，湖南娱乐频道打造的短视频MCN机构"Drama TV"，涉及母婴、美妆、美食、娱乐等多个领域，成功孵化了一系列的IP矩阵。

（作者刘颂杰系中山大学传播与设计学院副教授；曹博晨系中山大学传播与设计学院硕士研究生）

---

① 刘颂杰,曹斯,张纯.英国媒体数字化转型：案例与模式[M].王垂林,张志安,主编.广州：南方日报出版社,2017.

网络新闻直播：报业媒介融合的蓝海战术？

龚彦方　原　凤

【摘要】

　　网络新闻直播凭借技术优势打破传统电子介质的传播渠道垄断，纸媒作为对用户具有强排斥性的"热媒介"，借助新闻直播改善其包容性和卷入度。本文发现纸媒的新闻直播实践包括即时资讯直播、全景式直播及策划类直播三大类型，同时网络新闻直播还延展出了其产业链的"雏形"。但是不可忽视由于同质化而造成的"信息冗余"与新闻专业性的结构失衡的认知盲点，以及来自"断言式新闻"对新闻客观性和新闻伦理的多重挑战。

【关键词】

　　网络新闻直播　冷媒介　信息冗余　断言式新闻

　　"新冠病毒肺炎疫情"的非常时期，受众对于即时新闻的需求更为迫切与强烈，每天定时从各类新闻APP上观看国家和地方有关疫情新闻发布会的即时直播似乎成了一种新型的生活方式；最经典的画面之一即是全民观看央视视频直播客户端24小时不间断的《全景直击武汉火神山、雷神山医院建设》。

　　2016年以来，网络新闻直播打破电视媒介的"垄断"边界，渗透至大多数平面媒介的移动终端平台，一直不温不火。今冬的疫情暴发以及一系列持续的、不确定的社会事件不仅令新闻直播从娱乐直播、电商直播等社交类直播中脱颖而出，并与电视频道形成了明显竞争，似乎还预示着纸媒融合的未来趋势：即时信息的需求将被前所未有地激发出来，媒体竞争战线将会前移至信息端口，网络新闻直播有可能成为新闻人不可或缺的工作方式。

基于当下纸媒的诸多新闻实践，本文尝试探讨网络新闻直播的特点以及面临的认知盲点和挑战。

一、互联网场域中的网络新闻直播特征

在传统媒介域中，直播是伴随着电视的出现而产生的、最大限度打破原有时间和空间界限的传播方式，也是物理效率最高、精确性最高的一种传播技术形式。但受制于传播介质的特殊性，它一直被电子媒介所垄断。当下的网络视频直播系统则可以应客户的要求把活动现场的音频或视频信号经压缩后，传送到包含了能提供播放录音通知、DTMF（Dual Tone Multi Frequency，双音多频）数字接受、IVR（Interact Voice Response，交互式语音应答功能）及多媒体会议功能的多媒体服务器上，在移动终端或社交平台上供广大受众收听或收看。据了解，现在网络直播系统分直播软件或硬件直播。硬件直播的优势在于网络延迟低，能达到唇音同步的效果，同时还支持客户端分辨率自适应调整。

麦克卢汉认为电子媒介是一种适合传播过程的"冷媒介"，这意味着出现在电视屏幕上的新闻节目是一种碎片式的、低清晰度的信息，因而"撩拨"大众深刻参与、深度卷入。与此相反，报纸和电影则是拥有高清晰信息、对观者具有排他性、不易卷入的"热媒介"。①

由于受到互联网冲击，传统纸媒面临着用户大幅度减少、广告收入大幅度下降的经营困境，新闻媒体的数字化已经成为不可逆转的潮流。许多媒体把"直播+新闻"的模式视为接触观众，吸引广告投资和抓住依赖社交媒体表达自我的年轻人群体的一种有效"吸粉"方式。如今纸媒引入网络新闻直播，不仅打破了电子媒介的常规介质垄断，更重要的是能将自身的媒介性质由"热"变"冷"，可以完成信息直达的便捷性、信息落点的多样性等传统媒介域中不可能达到的传播效果，满足受众交流分享和掌握未知领域的心理

---

① [加]麦克卢汉.理解媒介——论人的延伸[M].何道宽,译.北京：商务印书馆，2000:51-64.

诉求。①具体而言，网络新闻直播主要有以下几个特点：

1.直播与新闻的时效性天然强相关。一旦发生突发事件，用户可以直接打开视频直播页面获得现场画面、声音和实时情况，相较于传统的文字或者图片报道的静态模式，直播能够呈现动态发展过程，使用户获得身临现场的直接感受。

2.直播社交性强，网络新闻直播中的"受众卷入"体现为"强社交性"，在线用户可实现即时交流。在强现场感的直播画面之下，用户会不断抛出问题，以评论和弹幕的形式与主播互动，受众感到"被赋权"，从被动的"单向度"信息接受者，逐步成为信息生成、信息传播的主力军。

3.直播内容个性化，内容和形式多样。面对受众多元化、差异化的内容需求，新闻媒体具有极大的发挥空间，比如由记者就某个事件进行评论和问答，记者在现场和目击者、专家对话，以及具有地域特色、媒体特色、垂直特色的连续性直播等。

二、纸媒网络新闻直播的实践类型分析

自2016年始，传统平面媒体纷纷启动直播项目。从节目内容和直播形式来看，目前国内纸媒的网络新闻直播大致可分为三种模式：

1."新闻资讯即时直播"，类似电视新闻频道的直播，例如2020年上半年国家和地方有关防疫的新闻发布会的即时直播。在2016年7月北京"7·20暴雨"事件中，在直播页面下方，新京报设有"主播厅"，后方编辑团队以"新闻ing"的名义将最新信息汇总呈现进行实时播报。

2."全景式直播"，依照时间逻辑突出受众的融入感和现场感，例如在此次疫情中，新华社客户端《慢直播|武汉公益志愿者车队抗疫专车日记》等，"全景式直播"经常引入AI、VR、无人机、电脑动画等智能技术丰富直播形式（广电独家）。2019年两会，新华社联合搜狗公司推出了AI合成女主播以及智能AR直播眼镜，展现了人工智能与新闻采编的融合。

---

① 金志成,周象贤.受众卷入及其对广告传播效果的影响[J].心理科学进展,2007,015(001):154-162.

3."策划类直播",媒体机构主动策划可能令观众感兴趣的直播选题,例如新京报《直播| 让全中国牵挂的悬崖村孩子们怎么过六一?》,这种"策划类直播"与全景式直播一样经常引入各种智能技术,但同时还必须配备编辑团队或PGC(Professional Generated Content,专业生产内容)团队。而《封面新闻》的新闻直播则更为生活化,如走进飞机维修现场,在成都双流国际机场一侧,现场解密如何"问诊"庞然大物,该节目直播开始后5小时就吸引了全网65万网友在线观看。新华社客户端的"现场云"栏目,为纪念红军长征胜利80周年,于2016年推出大主题网络直播栏目《红色追寻——三个年轻人的长征路》。《新京报》于2016年与腾讯新闻合作出品众多新闻直播产品,如《我们一起回家》《天津滨海新区爆炸》《7月北京河北暴雨》等。《南方都市报》在2016年全年的直播达到约200场,最高流量过300万;在2017年两会期间直播了《中国驻日大使难当吗?大使笑着这样回应》《李彦宏:人工智能怎么发展都不会超越人类》等。

上述"即时直播"和"全景式直播"两种模式依据时间顺序展开,时空的不可逆性是其发生的基础,[①]尤其是引入智能技术的全景式直播,时间顺序的连贯与信息空间的完整会令受众感觉信息未经编辑修饰,从而消弭了信息的"可操作性",提升公众对信息公开满意度的阈值。第三种模式与前两种模式不同的是新闻编辑或PGC团队提供了选题策划并主导直播过程,因此,直播以动态性的片段信息为主,是一种传统形式与网络技术结合的成果,体现了议程设置与时间逻辑的共时性,但并没有削弱"受众卷入",相反可能由于"主题先行"而刺激受众的卷入兴趣。

此外,网络新闻直播也延展出其产业链的"雏形",具有技术能力的传统媒体和互联网机构均在建立"传播平台"。新华社推出"现场云"全国服务平台,向全国新闻媒体开放"现场新闻"功能应用,提供"一站式"整体解决方案。人民日报联合微博、一直播共同上线"全国移动直播平台",积极探索平台化战略,为媒体机构减少在信息传播上的成本,同时也可以增

---

① 金志成,周象贤.受众卷入及其对广告传播效果的影响[J].心理科学进展,2007,015(001):154-162.

加传播广度。互联网机构"今日头条"为入驻头条号平台的2000余家媒体提供视频直播解决方案,并透过今日头条的精准分发,找到对直播感兴趣的用户;网易新闻开发"天网计划"为自媒体匹配直播技术,还推出"TOP100伙伴计划"吸引PGC生产者。南方都市报还与"一点资讯"合作制作视频直播产品,并在凤凰网、手机凤凰网、凤凰新闻APP、一点资讯APP、OPPO浏览器、小米浏览器等互联网平台进行分播。

三、平面媒体的网络新闻直播面临的盲点与挑战

随着网络新闻直播成为互联网时代新闻报道不可或缺的方式,越来越多的应用场景将使之面临技术挑战和认知理念的盲点。

技术挑战主要指网络带宽不够高,传输多媒体数据时会有不可预知的延迟,而且目前的网络质量还会不可避免地出现丢包现象。如何解决媒体流在网络上传输的特点与当前网络使用状况间的矛盾,是一个极具挑战的课题。

但对于平面新闻媒体来讲,则存在由于同质化而造成的"信息冗余"与新闻专业性的结构失衡的认知盲点,以及面临"断言式新闻"对新闻客观性的挑战。

信息冗余并不等同于"冗余信息"。在传播学理论中,冗余信息并不是一些不必要的、多余的内容,在很多情况下,人们进行传播的时候,所发出的信息除包含能够消除不确定性信息外,还有大量未经精练、不由传送者自由选择的、可能重复的信息,这就是"冗余信息"。冗余信息在新闻报道中的存在是一个客观事实,一方面它可能降低新闻作品的信息含量,另一方面它又能提高传播效果。网络新闻直播中包含了大量的冗余信息,这些冗余信息对于观者正好起到了消弭信息的主动可操作性、弥补信息失灵的缺陷的作用。

但是,信息质量是决定其作用和意义的重要衡量,如果无意识的冗余信息非但不能起到补充作用,还大量重复出现,挤占信息通道,对那些本能消除不确定性的信息产生了挤出效应,就会形成信息规模上的"信息冗余"[①],

---

① 郭光华,张磊峰.论新闻报道中的冗余信息[J].湖北经济学院学报:人文社会科学版,2004,001(004):149-151.

降低了信息质量。例如有一些平面媒体机构理解的"新闻直播"就是"直接播放"新闻信息,在同一新闻场景下"不约而同"地选择类似的、模仿式的直播。这种认知忽略了新闻事实的多层次性,也欠缺考虑同步直播的物理空间需要拍摄地点、角度以及新闻当事人、事件相关人的转换,产生了大量信息单调、画面同质的内容产品,造成信息冗余,无法满足受众群体多样性的需求,也干扰了有效信息的传播,属于低质的新闻直播。

通过调研,本文还发现有一些纸媒网络新闻直播的生产机制是鼓励文字记者在采访的时候做直播,这可能与培养"全媒体记者"的策略有关。全媒体记者指具备突破传统媒体界限的思维与能力,集采、写、摄、录、编、网络技能运用及现代设备操作等多种能力于一身的人才。"全媒体记者"突破了传统新闻专业性的边界,对当代新闻从业者提出了更高要求。

调研中发现纸媒中参与新闻直播的文字记者,工作内容包括前期策划、沟通导播与摄像、协调采访对象、制作海报、出镜等,后期还要写文字稿。记者们坦言面临最大的专业考验并非各种新媒体设备的使用和资源调配,而是"出镜"。因为出镜需要良好的表达能力、采访能力和应变能力,还必须知晓如何运用镜头语言,包括如何使不同镜头之间的过渡既符合视觉习惯又符合新闻因果逻辑关系,以及合理掌握播报节奏、恰当插入同期声和话外音等。

网络新闻直播显而易见是平面媒体培养"全媒体记者"的必由之路。但是,术业有专攻,从事过电视新闻采访,或在电视机构工作过的新闻人都知道,型塑"出镜"能力并非一朝一夕。因此,若仅以偶然性的新闻选题作为项目策划,缺少足够的技术专业性和新闻专业性的培养,尤其新闻直播的专业性结构并未上升到人才战略层面进行调整与规划,那么可以想象,纸媒的网络新闻直播热潮在疫情之后很有可能将后继乏力,终究昙花一现。

此外,本文认为网络新闻直播面临的最大困境将来自于"断言式新闻"对于新闻客观性和新闻伦理的挑战。"断言式新闻"是始于20世纪八九十年代的美国新闻界,几乎伴随着电视新闻直播而创新出来的新闻模式。最早见于美国有限电视新闻网(CNN)的连续、实时播报国际新闻的新创频道,记者可以在听到消息后马上告诉观众,每一个新采访到的、未经核实的事实都有可能成为独家新闻。自那以后，在电视新闻生产的过程中，新闻核实、编辑把关等传统的"确证式新闻"范式逐渐让位于这种以"快"著称的断言式新闻播报。而带来这种转变的根本性原因是直播技术极大地满足了新闻机构对快速新闻、独家新闻的"偏好"，曾经的新闻素材——谣言、暗讽、指责、控告、猜测和假设都以最快的速度直接传递给了受众。所以，当电视直播得到普及时，即时、有趣和刺激替代严谨的事实核查、客观的立场态度成为新闻直播的标准。①

美国学者指出，在电视或网络媒体上，"断言式新闻"一个重要的标志即是允许新闻制造者背诵事先准备好的观点却不加质疑。因此，断言式新闻还有可能为那些想要通过直播节目操纵信息渠道的人士制造传播机会，他们可以在直播中发表自己的观点，哪怕是偏激的论点或未经证实的消息。美国学者认为"断言式新闻"低估了新闻舆论环境的不确定性与复杂性，尤其是未经核实的断言常常成为谣言传播、社会群体极化、公众舆论分裂的导火索。

综上所述，始于2016年的网络新闻直播之于中国报业，无疑最能体现媒介融合的特色和成果，当下各媒体机构所具备的技术条件也为其提供了各种可能性。但是，相比传统电子媒介的直播实践，网络直播拓展了媒体机构的传播力和影响力，同时也延展了公众舆论的监督触角，显然要面临更复杂的舆论环境和社会需求。就某种意义而言，强调速度与社交性是技术的本质所在，但是在新闻信息领域，正如美国学者所言，也存在着一种近似物理法则的原理，即"新闻的速度是准确的敌人"，生产时间越短，错误就可能越多。

在新冠肺炎疫情中，有媒体智库的分析报告认为直播受到广泛欢迎，进而促使公众对政府部门的信息公开工作抱持了更高的期待，或将促使新闻直播在未来的信息公开工作中获得更多应用。因此，在网络直播中如何谨慎地甄别事实与观点，如何平衡速度与准确的矛盾，尽可能消弭信息冗余在战略层面规划与调整专业性的失衡，尤其避免因为断言式新闻而引发的社会争议，这些来自新闻专业性和新闻伦理的多重挑战均不可被忽视。

---

① [美] 科瓦奇, 罗森斯蒂尔. 真相: 信息超载时代如何知道该相信什么[M]. 陆佳怡, 孙志则译. 北京: 中国人民大学出版社, 2014: 38-47.

附《疫情期间部分媒体的网络新闻直播》

媒体种类	媒体名称	主要产品形态	相关作品
央级媒体	中央广播电视总台	现场新闻直播、网络公益直播	《全景直击武汉火神山、雷神山医院建设》《共同战"疫"》《长镜头直播：武汉此时此刻》《云守护武汉监护室出生14天石榴宝宝》《爱心助农｜市长带货 帮助果农 一起来买衢州椪柑》等
	人民日报	现场新闻直播	《人民战"疫"》《直击武汉疫情防控》等
	新华社	现场新闻直播、原创MV	《慢直播｜武汉公益志愿者车队抗疫专车日记》《挺住，武汉》等
市场化媒体	新京报	现场新闻直播、实时对话	《重启武汉十二时辰》《连线全球嘉宾分享疫情故事》
	财新传媒	现场新闻直播、记者日记	《疫情前线日志》《财新国际圆桌——全球经济：疫情冲击与应对》等
	澎湃新闻网	现场新闻直播	国家和上海等地的各个新闻发布会等
	南方都市报	现场新闻直播、动画产品	国家和广东/广州等地的各个新闻发布会、《到达客流最高过10万，广州南站防疫直击》、《凡人英雄》等
	封面新闻	现场新闻直播、纪实类短视频	《直击武汉封城首日》《抗击疫情 声援武汉》音乐会
门户网站	腾讯新闻	专家直播	《博"疫"论》《正直播新冠疫情下的世界体坛》
	网易传媒	专家直播	《战"疫"归来：探路中国医改和健康产业变革》
	新浪新闻	实时地图	新型冠状病毒肺炎疫情实时动态追踪

（作者龚彦方，主任记者，中山大学传播与设计学院副教授；原凤，中山大学传播与设计学院新闻与传播学2018级专业硕士。本文是教育部人文社会科学规划基金项目"互联网媒介域的媒体创新与规制研究"［编号18YJA860005］的阶段性成果）

加速的新闻

——数字化环境下新闻工作的时间性变化及影响

王海燕

【摘要】

数字化环境下，新闻业的巨大变化之一就是时间性结构的变化。通过对国内五个省会城市主要党报和市场报的田野观察及92名融合媒体新闻工作者的深度访谈，本文研究认为，当下媒体新闻实践的时间性变化主要表现为加速的时间、提前的时间、拉长的时间、冲突的时间四个典型特征，这些特征交叉投射在历时、顺序、韵律、频率、协调五个时间性维度上，而每一种变化都切实影响着新闻的工作常规、编辑部文化及记者编辑的工作状态，带来"24小时不打烊"编辑部的出现，永动机式的新闻工作模式，焦虑的新闻工作室文化等，在导致人的异化的同时，使新闻权威和社会合法性遭遇挑战。

【关键词】

加速 时间性 数字化 新闻常规 新闻权威

一、前言

如果把新闻比喻成一座大厦，那么时间是这座大厦的框架和结构。新闻因时间而存在，时间是新闻的物质性构成和投射，也是新闻的象征性系统的依附。时间浸透着新闻的肌理，型塑着新闻的形态，以至于无论国内国外，首要强调的新闻价值都与时间有关，或曰"及时性"，或曰"即时性"，或曰"时新性"，或曰"时宜性"。

然而遗憾的是，时间虽重要，但长期以来我们却惯于视其为当然，极少对其进行认真检视。这种状况如今到了不得不改变的时候。近年来，随着新媒体技术，尤其是数字化和移动互联技术的广泛应用和深入渗透，形态多样的新闻产品在以更快的速度被生产、发布和消费，新闻业界的变动更加频繁、更加剧烈，新闻从业者们也感到比以前更加忙碌和焦虑。这些变化本质上都与时间加速有关，使我们不得不认真思考新闻的时间性问题。

在此背景下，本研究的目的在于考察新媒体环境下新闻组织的时间性变化及其对新闻工作日常实践的影响。自2014年中央发布《关于推动传统媒体和新兴媒体融合发展的指导意见》以来，全国各地媒体都先后成立了融合新闻生产部门，它们因应新闻技术条件的变化而生，也处在应对变化并承接其影响的最前端。本研究即聚焦于此类融合型新闻工作室及其从业人员，具体经验材料源于2016—2018年对全国五个省会城市的主要报业集团进行的田野调研及对92名新闻工作者的深度访谈。

时间(time)是一个高度抽象的概念，它"让人疑惑"(dubious)而又"神秘莫测"(mysterious)，[1]在经验和实证研究中，必须将其降服为如默顿(Merton)所说的"中距理论"（middle-range theory）[2]，使之具有分析指导性和可操作性。结合国内外相关研究的文献综述，本研究使用时间性（temporality）的概念，并从韵律(rhythm)、频率(frequency)、顺序(sequence)、历时(duration)、协调(timing)五个时间性维度来分析新闻工作的日常实践，探究变化及这些变化影响新闻工作常规和从业者文化的方式。

在国际学界关于新闻的时间性研究兴趣渐浓的情况下，国内学界对这一领域尚且陌生，除了台湾学者的少数研究，大陆学者关注较少，相关研究亟

---

[1] Schlesinger,P.Newsmen and Their Time-Machine[J].The British Journal of Sociology，1977, 28(3): 336-350.

[2] Merton,R.K..Social Theory and Social Structure[M]. Glencoe,IL: Free Press,1968.

待积累，①本文为大陆学界就这一议题展开的首次经验研究。本文结构如下：首先是文献综述，从概念层面讨论时间、社会与信息技术，同时探讨新闻与时间及数字化技术对新闻时间性的影响；其次梳理时间性的分析框架，并交代研究问题和研究方法；主体部分具体分析当下我国新闻工作者的时间性实践的变化及影响；最后为总结讨论。

二、文献综述

（一）时间、社会与信息技术

现有文献中关于时间的理解通常包含三个层次。首先，它是自然界的客观存在，有着稳固的真实，存在于日升月落、四季轮回的规律性循环中，并可通过时钟等工具被准确测量，是为"客观性时间"(objective time)；其次，它是一种主观性的体验，存在于人的感受和观念中，是人类最基本的经验单位，是为"主观性时间"（subjective time）；最后，它是一种社会性的建构，是人类活动的产物，存在于一定的社会、政治、经济和文化结构中，并随之变化而变化，是为"社会性时间"（social time）。②

在经验研究中，时间通常被理解为"时间性"（temporality）。在当代社会，时间性结构(temporal structure)的首要特征是加速。德国社会学家罗萨（Rosa）说，加速是当代社会变迁的中心表现，可以说，"现代化的经历就是加速的经历"：一是科技加速，即交通和传播科技的加速，使得移动与沟通的时间缩短；二是社会变迁加速，如政治制度、科学知识、结构更替等社会内部的加速；三是各种行动与经验的加速及过程的压缩。③

在社会加速过程中，数字化信息和传播技术扮演着重要的角色。如瓦克

---

① 国内学界对新闻的时间性研究目前主要为概念思辨和文献综述，如，卞冬磊，张稀颖.媒介时间的来临——对传播媒介塑造的时间观念之起源、形成与特征的研究[J].新闻与传播研究,2006(01)；白红义.因时而作：新闻时间性的再考察[J].国际新闻界,2018(06)；王海燕,范吉琛.新闻的时间性变迁：生产、文本与消费[J].新闻记者,2018(10).
② Lee,H.& Liebenau,J..Time and the Internet at the Turn of the Millennium[J].Time & Society,2000,9:43-56；Jones,M.et al..About Time Too: Online News and Changing Temporal Structures in the Newspaper Industry[C]//ICIS 2008 Proceedings:156.
③ 罗萨.加速：现代社会中时间结构的改变[M].董璐,译.北京：北京大学出版社,2015.

曼(Wajcman)所说，20世纪70年代末以来现代社会所发生的变化，根本上是由于两个力量的推动，一个是新自由主义经济（neoliberalism），一个是信息技术革命(ICTs)。①而在维希留(Virilio)看来，每一次技术革命本质上都是"竞速革命"，同时，每一次生产、运输、通信等方面的技术更新，也都带来社会时间的加速，改变着人们生活的世界、价值观和日常文化。②汤林森(Tomlinson)进一步指出，人类社会在不同的科技环境下，表现出不同的"速度文化"。③又如鲍曼(Bauman)所描述的"液态现代性"一定程度上就是社会时间变化的产物。④

（二）新闻与时间

社会中有很多时间性组织（temporal organizations），如铁路、航空、医疗、救援等。⑤新闻也是其中一种，有着"因时而作""追分赶秒"的特征。⑥

首先，新闻的时间性体现在价值层面。时间从一开始就是新闻的核心价值。丹麦学者格尔滕和鲁基（Galtung & Ruge）在其早期著名的新闻因素（news factors）研究中即指出，决定一个事件是否值得媒体报道的标准之一就是时间，越接近截稿时间发生的事件越容易被媒体作为高价值新闻来对待。⑦美国学者罗雪科（Roshco）的早期研究也显示，新闻最重要的考虑是时效性（timeliness），甚至是即时性（immediacy）。⑧而在互联网快速发展的今天，时间更是成为主导新闻业的职业原则，新闻工作者不仅表现出强烈的"拜当下主义"，甚至进一步发展为"拜现在主义"（fetishism of now or

---

① Wajcman, J..Further reflections on the sociology of technology and time: a response to Hassan[J]. British Journal of Sociology,2010,61:375-381.
② Virilio, P..Speed and politics: An essay on dromology[M]. NY: Semiotext,2006.
③ Tomlinson,J..The Culture of Speed: The Coming of Immediacy[M]. London: Sage,2007.
④ Bauman, Z... Liquid Modernity[M]. Cambridge: Polity Press,2000.
⑤ Clayman,S.E..The Production of Punctuality: Social Interaction, Temporal Organization and Social Structure[J].American Journal of Sociology, 1989, 95(3): 659-691.
⑥ 陈百龄.追分赶秒：新闻组织的时间结构化策略[J]. 新闻学研究,2016（127）.
⑦ Galtung,J.,Ruge,M.H..The Structure of Foreign News[J].Journal of peace research, 1965, 2: 64-91.
⑧ Roshco,B..Newsmaking[M]. Chicago: The University of Chicago Press,1975.

now-ness）。①

其次，新闻的时间性体现在内容呈现中。新闻报道借助时间性词汇表达过去、现在和将来，搭建事件的时空背景，并达到再现社会真实的目的。②而且随着技术推动，时间性的表达除了遣词造句，还表现在版面语言、符号使用、更新频率、数字化叙事、交互设置等方面。包德克和布鲁格(Bodker & Brugger)的研究显示，网络新闻相较传统纸媒，在发布的速度（speed）、内容呈现的连续性和累积性（accumulation）以及交互性（interactivity）等方面都体现着更快的时间追求。③

最后，时间性体现在新闻的日常工作实践中。新闻是一部"时间机器"（time-machine），工作在一种"停表文化"(stop-watch culture)中。④由于新闻工作具有高度的不确定性，新闻事件常常突如其来，新闻组织便围绕时间建立起一套工作安排，形成工作常规（routine）⑤。塔奇曼（Tuchman）在早期研究中发现，新闻组织用类型化（typification）的方法对事件进行分类，从而实现报道的高效率。⑥我国台湾学者陈百龄发现，通过一系列"时间结构化"（temporal structuring）策略的使用，包括安排先后顺序（sequential structure），标定特定时刻（temporal location），设定时长（duration）、频率（rate of occurrence）等，媒体机构得以围绕时间组织好报道工作。⑦王淑美也发现，记者编辑们使用即时多工、时间挪移、空间转化等策略，以应对

---

① Schudson, M..When? Deadlines, datelines, and history[M]//Manoff,R.K.&Schudson,M.(eds.), Reading the news. New York: Pantheon,1986:79-108;Usher,N..Breaking News Production Processes in US Metropolitan Newspapers: Immediacy and Journalistic Authority[J].Journalism, 2018,19(1): 21-36.

② Neiger, M.,Tenenboim-Weinblatt, T..Understanding Journalism Through a Nuanced Deconstruction of Temporal Layers in News Narratives[J].Journal of Communication, 2016, 66(1): 139-160；臧国仁，钟蔚文. 时间概念与新闻报导：新闻文本使用时间性语汇之探析 [J]. 新闻学研究 ,1999(61).

③ Bodker,H.,Brugger, N..The shifting temporalities of online news: The Guardian's website from 1996 to 2015[J]. Journalism Theory Practice & Criticism, 2018, 19(1): 56-74.

④ Schlesinger,P..Newsmen and Their Time-Machine[J].British Journal of Sociology, 1977,28: 336-350.

⑤ Shoemaker,P.,Reese,S..Mediating the Messages: Theories of Influences on Mass Media Contents[J]. CA: Sage,1996.

⑥ Tuchman,G..Making News by Doing Work: Routinizing the Unexpected[J].American Journal of Sociology, 1973,79: 110-131.

⑦ 陈百龄. 追分赶秒：新闻组织的时间结构化策略 [J]. 新闻学研究，2016(127).

商业竞争压力下工作任务越来越多的状况。①

随着数字化技术的到来，新闻的时间性在改变。新闻向加速的方向发展，"高速新闻"(high-speed news)成为编辑部的主宰；传统的新闻循环(news cycle)被打破，原先"新闻日"(news day)的时间界限消失，取而代之的是新闻一直在发生，传播主体和传播客体一直要回应随时生产、随时消费、不断更新、不断增补的"新闻旋风"(news cyclone)②，或者如斯达克曼（Starkman）所称的"仓鼠轮"(hamster wheel)新闻③、厄舍（Usher）所称的"越快越好新闻"(ASAP journalism) 等。④

对于新媒体带来的新闻加速，学界反应不一。韩国学者崔和金（Choi & Kim）的研究发现，新闻加速导致"反复性新闻"（repetitive news）泛滥，很多不同的媒体刊登内容类似的新闻，或者同一媒体在不同的时间反复刊登同一新闻，却不见信息量的增加。⑤我国台湾学者刘蕙苓发现，越来越多的电视台将网络影音材料作为一种便宜的内容资料库大量使用，结果造成电视新闻只重形式不重内容，娱乐性高、公共性低。⑥大陆学者卞冬磊、张稀颖认为，在技术的推动下，新闻内容在朝着瞬时性、零散化、无序性的方向发展。⑦而对于新闻工作者的日常实践来说，加速在促使新闻生产常规变化的同时也带来工作状况的恶化。面对"无截稿时间"（abolition of deadlines）或"连续性截稿时间"（continuous deadline）的状况，记者的工作时间更长，"一人多工"（multi-tasking）现象更普遍，⑧虽然一些编辑记者主动适应新技术环境下的时间性要求并似乎找到了平衡点⑨，但更多的人感到疲于应

---

① 王淑美. 网路速度与新闻——转变中的记者时间实践及价值反思[J]. 中华传播学刊，2018(33).
② Klinenberg, E..Convergence: News Production in a Digital Age[J]. Annals of the American Academy of Political and Social Science, 2005,59(1): 48-64.
③ Starkman,D..The Hamster Wheel[J/OL]//Columbia Journalism Review, 2010. http://www.cjr.org/cover_story/the_hamster_wheel.php.
④ Usher,N..Making news at the New York Times[M]. MI: University of Michigan Press,2014.
⑤ Choi,S.,Kim,J..Online news flow: Temporal/ spatial exploitation and credibility[J]. Journalism, 2017, 18(9): 1184-1205.
⑥ 刘蕙苓. 为公共？为方便？电视新闻使用网路影音之研究 [J]. 中华传播学刊，2013(24).
⑦ 卞冬磊,张稀颖. 媒介时间的来临——对传播媒介塑造的时间观念之起源、形成与特征的研究 [J]. 新闻与传播研究,2006(1).
⑧ Rosen, C.,The Myth of Multitasking[J]. The New Atlantis, 2008, 20: 105-110.
⑨ 王淑美. 网路速度与新闻——转变中的记者时间实践及价值反思[J]. 中华传播学刊，2018(33).

付并产生强烈的职业倦怠感①,同时,速度过快也可能导致媒体监督权力、守望社会等传统功能的失守,新闻机构作为信息守门人地位的弱化,造成新闻业权威及其社会合法性的消解。②

三、研究问题和方法

现有研究对新媒体技术与新闻时间性进行了很多有益的探索,但存在两点不足。一是对新闻实践的研究不够充分,虽然早期新闻社会学研究的经典之作对传统媒体的新闻实践做出了富有洞见的探讨,不少直接与时间性有关,但在数字化环境下,新闻实践的内外情境都发生了极大变化,相关研究亟待更新。二是中国经验的缺乏。目前学界对于新闻时间性问题的探索多基于欧美国家媒体的经验,我国台湾地区的经验虽有所积累,但是在占据世界人口1/5、数字化技术发展和应用速度傲视全球的大陆地区,媒体和记者如何在新技术带来的加速环境中进行新闻实践,学界知之甚少。同时,在国内学界,时间性仍是一个相当陌生的概念,相关研究付诸阙如。因此,本文旨在对国内媒体组织和从业者进行调研,从实践的角度切入新闻的时间性问题,以弥补这一缺失。

时间作为一个抽象的概念,在人与社会的实践中获得了具体、可被解读的维度。祖巴维尔(Zerubarel)指出,时间性的具体表现有时序结构(sequential structure)、历时长短(duration)、时间节点(temporal location)、重复频率(rate of recurrence)四个维度;③霍尔(Hall)认为,应区分单个事件或行动者所具有的个别时间(monochronic time)与多重事件或多个行动者

---

① MacDonald,J.B.,et al..Burnout in journalists:A systematic literature review[J]. Burnout Research, 2016,3: 34-44.

② Maier,S.R..Accuracy Matters: A Cross-Market Assessment of Newspaper Error and Credibility[J]. Journalism & Mass Communication Quarterly, 2005, 82(3): 533–551; Karlsson,M..The immediacy of online news, the visibility of journalistic processes and a restructuring of journalistic authority[J].Journalism, 2011, 12(3): 279–295.

③ Zerubarel,E..Hidden rhythms: schedules and calendars in social life[M]. Chicago: Chicago University Press,1981; Zerubavel,E..The language of time: toward a semiotics of temporality[J].The Sociological Quarterly, 1987, 28(3): 343-356.

协调而成的复合时间（polychronic time）；①施莱巴和嘎泰克（Schriber & Gutek）认为，在工作的情境下，人们通常借由截止期限（deadline）、准时性（punctuality）、自主性（autonomy）、再生性（reutilization）、预见性（future）等概念开展时间性实践；②李和列伯诺（Lee & Liebenau）认为，在信息技术的影响下，当代社会组织经历的时间性维度可概括为历时(duration)、时序(sequence)、时点(temporal location)、期限(deadline)、周期(cycle)、节奏(rhythm)等六个方面。③

在归纳和借鉴这些文献的基础上，本研究认为，数字化环境下新闻实践的时间性分析框架可采用五个维度，分别是：

顺序（sequence）：事件发生的时间先后排列，如，新闻生产的流程安排；

历时（duration）：事件持续的时间长短，如，完成一个报道所需要的时间；

韵律（rhythm）：事件的起伏特点，如，编辑部的高峰与平缓时段的分布；

频率（frequency）：事件的重复规律，如，报纸出版或网站更新的周期；

协调（timing）：多人共事的时间协调，如，不同记者编辑个体在时间安排上的相互配合。

在这一分析框架指引下，本研究结合田野观察和深度访谈，聚焦三个问题：

新媒体环境下新闻实践的时间性变化有哪些？

在顺序、历时、韵律、频率、协调五个维度上分别有怎样的表现？

对新闻的工作常规和新闻工作室文化产生哪些影响？

---

① Hall,E.T..The dance of life: The other dimension of time[J]. NY: Doubleday,1983.
② Schriber,J.B.,Gutek,B.A..Some time dimensions of work: Measurement of an underlying aspect of organization culture[J].Journal of Applied Psychology, 1987, 72(4): 642-650.
③ Lee,H.,Liebenau,J..Time and the Internet at the Turn of the Millennium[J].Time & Society, 2000, 9: 43-56.

本研究使用质性研究方法，研究对象为通过立意抽样选取的国内五个省会城市的主要报业集团，五个城市涵盖了我国的地域分布（东、南、西、北、中）和经济发展程度的差异（发达地区、欠发达地区），报社的选取涵盖了党报和市场报。调研时间为2016年4月至2018年7月，其间研究者进入每家报社的融合新闻生产部门观察至少一次，每次时间为0.5至2小时不等。这些部门或被称作"融合编辑部""全媒体编辑部""中央厨房""新媒体部"，或仍然被笼统地冠以"采编中心""采访部""编辑部"，但都兼顾了传统媒体与新媒体发稿的功能。同时，研究者对共计92名从事融合新闻生产的编辑记者进行了面对面深度访谈，他们年龄跨度在24岁至54岁之间，新闻从业年数为2—30年，均属于各自所在的媒体机构面向数字化转型的前沿群体，也是受影响最大的群体。

四、融合新闻工作室的时间性变化

新媒体环境下，这些融合工作室的新闻实践的时间性变化可概括为四个方面：加速的时间、提前的时间、拉长的时间、冲突的时间。每一种变化都切实影响着新闻工作常规、编辑部文化和从业记者的工作状态。

（一）加速的时间

社会加速带来新闻加速，相应地，数字化环境下新闻工作的日常实践，首要的时间性表现也是加速。

如果借用罗萨的定义，加速指的是"单位时间当中，事件数量的增加"（increase in quantity per unit of time）[1]；那么，数字化环境下的新闻工作者面临的时间加速可以概括为两个方面：一个是单位时间内同一任务重复的频率增加，另一个是单位时间内编辑记者接受的任务件数大幅增加。这两个方面的表现分别对应的是时间的频率和历时维度。就频率而言，一个典型的传统

---

[1] Rosa,H..Social acceleration: a new theory of modernity[M]. NY: Columbia U Press, 2013.

日报编辑部，一天可能只需完成一次出版任务，新闻生产以"日"为周期；但在数字化时代，一个融合编辑部通常同时运营多个发布平台，一天之中出版的次数可能多达数十次，相应需要完成的新闻生产循环也多达数十次。就历时而言，同样是一个小时的时间，传统日报年代的记者可能只需要完成一项采访任务，但在分秒必争的数字化环境下，一个为多媒体平台发稿的记者可能被要求同时完成采访、写稿，甚至发布三项任务，完成每项工作的时间长度大大压缩。

调研过程中，笔者发现几乎每一家媒体都面临着这两个层面的"加速"压力。首先是频率层面。目前国内一个典型的报业机构标准配置是"一报一网、两微一端"，即一份报纸、一个网站、一个微博、一个微信、一个客户端。笔者调研的五家报业集团，其麾下主要报纸都如此"标配"，出版平台从一个裂变为五个或更多，除报纸仍是一天一次的出版周期之外，其他平台在一天中的出版次数少的一次到十次（如微信公众号），多的可以无限次数地海量出版（如网站、客户端）。

以D报[①]为例，位于南部沿海经济发达地区的该报从2009年开始提出"全媒体转型"的概念，现在已经发展成6份报纸、6份杂志、4个网站、1个官方微博群，1个官方微信群，以及2个手机客户端的"全媒体集群"。其中，微博、微信均以"矩阵"的形式出现，即除官方微博主号和官方微信主号之外，不同部门运营的二级或三级微博账号和微信公众号各有20多个，而且这个数字在不断变化中，因为新的微博账号和微信公众号不断产生。总体算下来，该报大大小小的发布平台数量在50至80个之间。D报一位新媒体部门负责人（D15）说，该报多媒体平台的出现正是由于该报感受到新媒体竞争带来的时间加速的压力，一系列商业平台媒体的崛起（如腾讯新闻、今日头条）以及体制内同行媒体的领先新媒体项目（如上海报业集团的澎湃新闻）借助技术的力量在以小时、分钟甚至秒为频率向市场提供着更多、更快的即时新闻，如果继续死守着报纸一天一次的出版频率，D报担心自己被市场抛弃，为

---

① 本文对研究对象均作匿名处理，机构名称以A报、B报、C报、D报、E报指代，访谈对象以"机构编号+受访者编号"指代，如"A10"为来自A报的第10号受访者。

此他们提出了"新闻提速"的口号，而提速首先要克服的就是报纸出版周期的限制，为此，他们投入重金开辟了各类新媒体平台，以适应新闻时间性加速的现实与变化。

同样，在位于西部的B报，从2014年开始实施的融合媒体战略使得该报成为"西部第一、全国领先"的全媒体集群，发布平台从以一张报纸为主发展为一报两网两端四微的格局，规模远非传统媒体时代所能同日而语。以该报微博主号为例，目前粉丝量已突破1000万，成为西部第一个加入"千万俱乐部"的媒体大V，其从2014年开始运作，在本地同行媒体中算早，其开设的初衷，正是希望新闻以更快的速度与读者见面。B报的新媒体负责人（B10）说："按照我们一贯的传统报纸的做法，今天发生的事情，读者最快也要明天早上才能看到，但是通过微博微信我们就把它提前了，今天发生的大事我今天就让你知道，不用等到第二天出报才到读者手中。"

（二）提前的时间

用萨泽顿（Southerton）的话说，一个组织在不同的工作时段有不同的时间性表现，其中工作强度高、工作量大的是"热时段"（hot spots），工作强度低、工作量小的是"冷时段"（cold spots），冷热时段的交替出现，体现着事件的时间韵律（rhythm）。① 数字化环境下的新闻工作，面临的另一个时间性变化是"热时段"被大幅提前。

在出版周期以天计算的传统日报，编辑部最为繁忙的时间是下午3点后，一直到次日凌晨一两点。也就是说，新闻生产最重要的环节往往是在一天当中的后半部分完成的，可谓"精彩在下半场"。但是在数字化年代，为了应对融合媒体以小时甚至分钟为周期的新闻发布要求，一个典型的编辑部高峰时段已经不再只是每天的"下半场"，而是提前到"上半场"，编辑记者从早上6点甚至更早就要开始忙碌了，一直到次日凌晨，编辑部都是紧张工作的状态。这一提前的时间最直观的体现是一天当中编辑部人流集中时段的变

---

① Southerton,D..Squeezing time: Allocating Practices,Coordinating Networks and Scheduling Society[J].Time & Society, 2003,12(1): 5-25.

化。传统日报年代,编辑部大楼在中午12点以前基本上见不到人,但是从下午开始,人流逐渐聚集,到了晚上则灯火通明人头攒动。而在数字化年代的新闻编辑部,人流分布的时间性开始改变,编辑记者们从早上就要开始上班,编辑部大楼上午的寂静被打破,下午和傍晚照样繁忙,一直到晚上,人流才逐步疏散并减弱。

提前的时间意味着一个新闻从发生到发布的时间间隔被无限压缩。要在极短的时间内完成大量的信息生产和发布工作,编辑记者必须提前准备,碰到重点选题,投入的准备时间更多。在东部E报,这一做法叫"打提前量",该报新媒体部门负责人(E3)说:"现在我们的记者去采访一个会议,提前两三天就要开始准备资料,以往到点开会,到会场拿材料,拿材料回来写稿,但现在大家都有打提前量的意识,有了提前量,才能满足现在的快速发稿要求。"在南方D报,"打提前量"也是记者的常规操作,尤其在碰到可预见的新闻时,记者们不是等到有关部门发布新闻之后再进行深入报道,而是在新闻发布之前就准备好所有材料,在新闻发布当日,不仅报道动态消息,相关的深度报道也全部推出来。D报一位新闻主管描述了一个"操作成功"的案例,是关于一个母亲与失散26年的儿子重新见面的新闻,契机是她的女儿要做骨髓移植配对,医院多方寻找,终于找到她失散的儿子,与她的女儿骨髓配对成功,不仅女儿得救,而且儿子也找到了。该主管说:

这个线索是从医院来的,第二天要开新闻发布会,本市所有媒体的记者都通知了,所以不可能做独家新闻,那我们怎么出彩呢?等到开新闻发布会肯定来不及了,必须提前采访。我们记者就想各种办法,终于在发布会前一晚找到这家人,进行了5个小时的深访,然后又连夜工作,写出近2万字的稿子备用。等到第二天医院开新闻发布会,我们不仅有现场的消息,当天还能放出四个版的深度故事,重磅砸下!要在以前的话,深度是在后一天才出现的,但是现在新媒体时代必须要抢先,要等到后一天,新闻早就被人做完了。(D4)

这种打提前量所折射的是,伴随新媒体所带来的新闻时间性的改变。在时间韵律被改变的同时,新闻工作的时序也发生了相应的改变。这种时间性的改变直接作用和影响于媒体人的日常工作习惯，比如，编辑并不一定发生在采访之后，背景调查不一定在编辑之前；报道任务大多没有明确的终结点，所涉及的各项工作没有清晰的先后规律，顺序颠倒、反复、多种事件同时进行的情况是常态。

（三）拉长的时间

与加速的时间、提前的时间密切相关的是，数字化环境下的新闻工作也经历着时间的拉长。乍一看，这是悖论，因为，在任务量一定的前提下，时间的加速与提前应该带来工作时间的缩短，而非相反。但是，这恰恰是数字化环境下新闻工作的吊诡处所在。即，一方面是时间在加速，完成单个工作任务的时间要求更短，单个时间内完成的工作数量要求更多；另一方面却是工作似乎永远做不完，时间似乎在无限拉长。通俗地说就是，做得越快，做得越早，反而需要做得越多。

虽然新闻工作从来不是朝九晚五式的坐班制固定时间模式，但是弹性中也透着规则，这个规则既有一个社会关于劳动时间的正式立法的影响，[①]也是新闻生产机构自身在特定的生产环境下追求最高效率和最大效益的需求。[②]不管出于何种影响，传统日报的新闻生产很大程度上运行在"工业时代"的模式之下，一般不超过10小时。但是，在新媒体环境下，新闻随时发生，编辑记者随时发稿，一天24小时，任何时候都不能完全脱离工作状态。

作为其所在报纸客户端的主力，北方C报的一位编辑（C16）说，现在他的正常工作时段是上午9点到下午6点，表面上看这并没有超出正常范围，但是在新媒体部门工作，大家都要熟悉一种"主时段"和"副时段"之分的概念，上午9点到下午6点只是他工作的"主时段"，而在此之外有一个"副时段"，即"主时段"向前延伸4个小时，再向后延伸6个小时。"副时段"所不同的只是，他不必身在办公室，可以一边做个人的事情一边灵活处理工

---

① 郑作彧.时间结构的改变与当代时间政治的问题：一个时间社会学的分析[J].台湾社会学刊，2010(44).
② Tuchman,G..Making News by Doing Work: Routinizing the Unexpected[J].American Journal of Sociology, 1973, 79: 110-131.

作,他唯一可以放下工作的时间是凌晨1点到5点,因为这段时间大部分用户不会刷新闻,编辑部正常情况下也不要求他们在这个时段保持新闻的更新。

这种拉长的时间表现于一些条线记者,尤其呈现为绝对性和硬约束的状态。比如,D报经济部记者(D9)负责该报科技金融条线的新闻,由于该条线很新,专业性又强,在D报几乎没有第二个比她更懂行的人,只要有事发生,任何时间她都必须工作,没有替手。而且,这个行业国际化程度高,很多国内的公司有国际参股者,除了国内情况,她也必须关注跨越不同时区的国际资本市场的变动,她说:

日常如果没有出差的话,就是早上看选题,给编辑报选题,然后做采访,一般先在晚上7点截一轮稿,这是给报纸的。此外,我们有微信公众号,没有截稿时间,随时发稿,假如我现在(晚上8点)得到消息说哪家公司获得新一轮融资,或者哪家公司资金链断裂了,微信是马上就要发稿的。现在资本都是国际化的,这些情况什么时间都可能发生。所以我身上随时带着电脑、手机,因为随时可能要出稿,睡觉时也不例外。(D9)

(四)冲突的时间

正如罗萨所说,时间加速的发生方式及其对社会的影响是相当多元和复杂的,有时甚至相互矛盾。[1] 处在加速环境下的数字化新闻工作室,也面临着很多自相矛盾的地方,不同事件的时间性变化并非一致,不同个体的时间性观念和行为并非同步,由此产生了很多冲突情况,使得编辑部的时间协调性(timing)处在不确定和不稳定中。

冲突首先表现在从业者的工作时间与个人时间的矛盾。数字化环境下的新闻工作者,在工作时间加速、提前以及加长的同时,其工作模式也在变得更加碎片化,他们很难将工作集中在整块的时间完成,而是要时刻在线,随时工作,随时生活,让工作与生活互嵌,两者边界模糊,前述C16、D9的经历均说明这一点。同时,个人时间表现出对工作时间强烈的依附性,中部A报

---

[1] 罗萨.加速:现代社会中时间结构的改变[M].董璐译.北京:北京大学出版社,2015.

的微信编辑（A13）用的是一只大尺寸的iPhone 7，走到哪里都带着它，在接受笔者访谈的时候，手机里面一直有消息进来，嘀嘀作响，他只好把它反扣在桌子上才能集中注意力谈话。他说，他的工作没有节假日一说，不管个人有什么样的情况，完成工作是第一位的：

你看，我的手机一直在响，这里面十几个工作群，都要对接，我的天，每天简直被围攻，你又不能不应，有一个什么急事，如果你没看到，电话就来了，有的时候你真觉得做这份工作像被判了无期徒刑一样。假期的时候，你正开开心心在那儿看电影呢，电话来了，"我们这边有篇急稿，急发急发"，那个电影还没看完呢，你说"稍等下"，那边说"为什么还没发"，你又不能说我放假，"哪有放假一说"，他不会理解的，因为我们这个工作是一年365天一天24小时全天候待命。（A13）

时间的冲突性还表现在不同个体之间的时间协调。新媒体对速度的追求使得其对新闻提出了更快的要求，将新闻的时间性单元切割得更细，呈现为浓厚的碎片化状态，但对于国内大多数主流媒体而言，其新媒体编辑部抑或融合媒体编辑部人多脱胎于传统媒体，带着强大的传统媒体基因，有着根深蒂固的时间性惯习。这些随传统媒体成长起来的编辑记者无论在观念上还是在行动上都有着强烈的因袭过去工作常规以"天"为计的倾向，这难免与成长于新媒体环境之下或积极拥抱新媒体价值的新生代的以"时""分""秒"计的时间节奏产生冲突。南方D报微信公众号编辑（D5）说，他在日常工作中经常碰到这样的苦恼，他从新媒体的角度出发，总是希望记者越快越好，尽量压缩事件时间与发稿时间之间的空隙，恨不得为零，甚至提前到负数，但编辑部的记者们，尤其是年资较久的资深记者们，绝大部分还是习惯于纸媒的工作节奏，双方难以合作，相互指责的情况也时有发生。

新闻编辑部从来都是充满了冲突的组织单元。如果说在数字媒体进入编辑部之前，冲突主要体现在新闻的专业追求与组织的商业追求、记者的专业取向与信源的宣传导向、社会现实的日常性与新闻呈现的戏剧性、不同媒体机构之间的竞争等方面，那么在数字化环境下，新闻编辑部在原先的冲突之外又增加了一种时间性冲突，即围绕社会加速和时间性变化而产生的人与人、事与事，或者事与人之间的时间同步性和协调性的冲突。

（五）小结

综上所述，当下新闻实践的时间性变化主要表现为加速的时间、提前的时间、拉长的时间、冲突的时间四个特征，而这四个特征交叉反映着历时、顺序、韵律、频率、协调五个时间性分析维度的变化。这些变化及其对应的维度和具体表现可以归纳表达为如下的整合表格：

表1 数字化环境下新闻实践的时间性变化

变化的方式	反映的维度	具体内容
加速的时间	历时(duration)	随着单位时间内编辑记者接受的任务数量增加，完成每项任务被允许的时间减少，以往需要一天完成的采访现在变为一小时甚至更短
	频率(frequency)	新闻的出版周期从"天"变为更短的"小时""分钟""秒"
提前的时间	顺序(sequence)	新闻生产流程不再遵循先采访后编辑再发布的先后顺序，先发布再采访、先编辑再采访、先发布再编辑或多步骤同时进行成为常态
	韵律(rhythm)	编辑部的冷热时段分布规律变动，热时段提前到来、频繁出现并伴随着紧张感的增强；冷时段不冷，编辑部全天都保持一定的紧张度
拉长的时间	历时(duration)	新闻生产的整体链条拉长；新闻从业者的工作时长增加，"主时段"之余，前后还延伸出"副时段"，形成隐形的工作时间
冲突的时间	协调(timing)	编辑记者的工作时间与个人时间界限模糊、相互嵌入，不同编辑记者的时间性惯习不同、观念各异，时间性冲突日常化

五、时间性变化对编辑部常规的影响

新技术带来新闻时间性变化的同时,连带着对新闻组织的工作常规也产生了影响。常规(routine)指的是"使媒体人得以完成工作的一套模式化的、常规化的、重复发生的实践和形式"[①]。笔者所调研的编辑部,因应时间性的变化至少出现三种新的工作常规:编辑部会议频率的增加、"AB角"的设置、"不打烊"编辑部的出现。

(一)编辑部会议频率的增加

在传统日报年代,编辑部每天开会的次数通常为一次到两次,这在过往新闻室民俗志研究中被反复描述过。[②] 但今日在数字化环境下,因应时间性变化,编辑部开会的次数相较于过去显著增加。这既是加速的时间与提前的时间带来的结果,也是应对拉长的时间与冲突的时间的需要。

在笔者调研的几乎所有报社,编辑记者都表示,在过去,通常在傍晚五六点举行的"编前会"是编辑部最重要的会议,对次日见报的报纸上的稿件安排起着决定性作用。而在新媒体环境下的编辑部,随着记者工作的时间加速,编辑工作重心的时间提前,编前会不得不相应地往前提。在这种情况下,一个编前会通常裂变为两个或多个编前会,不仅针对次日报纸的出版,同时也要针对当日的新媒体出版。

以南方D报为例,伴随着其新媒体平台的发展,其工作规程从几年前就开始包括两个编辑会的制度,分别称为"白班编辑会"和"夜班编辑会"。前者主要面对新媒体推送,在上午10点召开;后者主要面对报纸出版,在下午5点召开。开始的时候,白班编辑会还是试验性质,主要是白天上班的新媒体编辑与采访部门负责人之间的沟通会,总编、副总编们一般不出现,他们的出场要留待下午的夜班编辑会,因为这仍被认为是最重要的会议。但是现

---

① Shoemaker,P..Reese,S.,Mediating the Messages: Theories of Influences on Mass Media Contents[J]. CA: Sage,1996.
② Schlesinger,P..Newsmen and Their Time-Machine[J].The British Journal of Sociology, 1977, 28: 336-350; Tuchman,G..Making News: A Study in the Construction of Reality[M]. NY: Free Press,1978.

在，二者的轻重对比已开始逆转，该报一位编辑说：

现在白班这个会是我们最重视的，一般由总编或代表他的副总编牵头，各个部门都要参加，大家要碰头，早早敲定当天能预见的新闻，尤其是那些重大新闻，用怎样的方式来做，文字稿还是音视频，哪些要抢移动端，哪些做报纸独家，这些都要提前敲定。相比之下，下午的编前会变得没那么重要了，主要是为报纸服务，让夜班编辑了解一下今天有什么料，是怎么操作的，老实说，该做的白天已经做了，这时候再介入意义已经不大了。（D2）

换言之，"白班编辑会"的重要性逐渐有超越"夜班编辑会"的趋势，其作用也不仅仅是针对新闻生产后端的编辑环节，而是起到在新闻生产的前端即着手谋划布局的功能。

同时，除了大型编辑部会议从一变二外，各种小型会议也越来越频繁。如东部E报的一名编辑主任（E14）说，现在他所在报社正式的大型编前会也是晌午和傍晚各一个，但是在这之间，他组织的线上会议随时在"召开"。比如，每天晌午的编前会之前，他至少要组织两轮"报题会"，都是通过微信工作群在线进行，因为"如果把所有的采编决策都留到大会上去解决，时间上早就来不及了，所以我们还要经常开小会"。可见，编辑会次数的增加是新闻加速后的必然。

（二）"AB角"的设置

新技术带来的时间性变化，已经让全天候新闻成为常态。那么，为了应对这种新的常态，新闻工作室过往的一个岗位一人负责的"单岗制"已不能适应数字化新形势的需要，"AB角"模式正在一些新闻媒体机构兴起。

具体地，为满足新媒体越来越密集的出版要求，一些编辑部开始调整岗位设置，在与新媒体相关的角色上增加人手，将一份工作安排给两人或三人做，让他们轮流排班。编辑记者们将此称作"AB角"，用以形容同做一份工作的自己和搭档，自己是A角，搭档就是B角，或者相反，两人配合，确保覆盖除"深睡期"之外全天候所有时段。D报一位微信公众号编辑这样描述她与搭档的配合：

我们两人分了一个主值、一个副值，主值是A角，副值是B角，比如我是周二、周四主值，他就是一、三、五主值。我主值的话，我就是A角，他就是B角。他要做的早更，早上6点左右起来做，做完之后8点左右就推送了。我负责中午的推送，8点多钟要到办公室，翻报纸，看门户，看微博，找今天推送的内容，这是一天当中比较重要的一次推送。我是A角的话，我就来确定推送的选题，我确定好了选题可以叫他帮我找材料、写稿、排版，A角主负责B角辅助，第二天再轮换角色。（D10）

而在网络发稿密度更大的部门，一角两班的做法都显得捉襟见肘，更普遍的做法是分为早、中、晚三班，每个班8小时。在东部E报，三班的分法是：早班从早上6点到下午2点，中班从下午2点到晚上10点，夜班从晚上10点到第二天早上6点。对于夜班的设置，其负责人认为，"晚上有很多突发事件，也要有人负责"（E9）。也就是说，D报所称的"深睡期"在E报也是常规性的工作时间，也要安排人手覆盖。更为极致的是，E报在全天候的早、中、晚一天三班之外，还增加了一个"日班"的设置，目的在于为"一天中最重要的时段"加派人力，更加周密。也就是说，在该报，编辑部的时间安排不仅做到了全时段覆盖，以应对拉长的时间性变化；同时还辅以重要时段高密度覆盖，以应对加速的时间性变化。

（三）"不打烊"编辑部的出现

与这种"全时段覆盖"的人手安排相呼应，"永远在线""24小时不打烊"编辑部的形态也逐渐出现。

如果说在纸媒年代，记者的新闻生产和读者的新闻消费有较强的节奏感，有行有止，有动有静，而这个节奏通常是以"天"为周期，那么在新媒体环境下，随着时间的加速、拉长和提前，新闻的生产和消费常常像一个永不散场的剧场，前台、后台的界限日益模糊，呈现出全天候运作的态势。通俗地说，各类新闻一直在发生，媒体、记者甚至普通公民一直在记录，不同作息时段的读者一直在滚动观看，新闻永远在线。中部A报一位分管新媒体的副总编在该报操作的一个"煎饼姐"的报道中有了这种新闻的永不散场感：

这个线索最初是一个社会部记者发现的，一个打工妇女，家里很困难，小孩脑瘫丈夫又得白血病，就靠她在街上卖煎饼筹医疗费。当天值班的老总看到了觉得题材不错，叫新媒体也介入去做。从这里开始，就滚动起来了。纸媒先报，早上出来了，白天呢，新媒体不停地推，报纸再配合，第二天又要见报；第二天见报以后，再让新媒体的人跟进，文字、摄影、视频、直播都上，时间上相互咬合，让大家看煎饼摊的现场，市民的反映，城管、政府的介入，等等。新媒体报了之后，纸媒再把很多人捐钱的场景报出来，相互这样滚动地推，几个平台，阅读量都不断增长……这样持续报道了4天之后，我们为这个"煎饼姐"募了68万元，后来是因为她说不要了，够了，我们才停下来。（A12）

在这一过程中，编辑记者、读者和新闻当事人，似乎相互裹挟着一起进入了一个循环往复的新闻流中，在技术推动下，共同演出一台新闻戏剧，既是导演又是观众，如果不是新闻当事人主动叫停，似乎可以永不落幕。

在这种新闻永不停歇地滚动向前的态势下，媒体编辑部实行24小时开放全天候运作的模式也在所难免。如A报一位新媒体编辑（A14）所说，"24小时不关机，随时打电话，随时到岗工作"，这已经变成越来越常态化的要求，如果碰上重大事件或重大策划，大家更是自觉，很多人干脆几天几夜不回家。而随着媒体之间围绕时间的竞争越来越趋白热化，争分夺秒的文化深入人心，所谓的"重大"越来越多，不再仅限于地震、灾难、全国两会等传统意义上的、次数有限的"重大"，而是包括"煎饼姐"这样每天都可能发生的日常新闻。

六、时间性变化对编辑部文化的影响

对新闻而言，新媒体技术不仅带来新闻时间性的外显面貌的变化，也改变了新闻被生产的行动和过程，并且更加深入地改变着新闻被生产的文化和身处其中的人的精神、身体、工作、生活状态。

陈力丹、毛湛文曾论述，新媒介技术带来的一种现实性后果是"时空紧张感"。① 而在本研究中笔者发现，伴随新技术而来的时间性变化，对编辑部文化和编辑记者个体来说最大的影响是焦虑文化的产生。具体来说，这种弥漫于编辑部的焦虑文化体现在三个方面，对新闻的焦虑，对职业的焦虑，对自我的焦虑。

（一）对新闻的焦虑

在社会加速的大背景下，竞速心理深入社会各个领域，争分夺秒渗透于社会文化，新闻工作室也不例外，编辑记者往往将更快的速度与更高的专业性表现画等号；而随着社会生活节奏加快，人们的注意力更加分散，在同一事件上停留的时间更短，新闻消费的心理更加急功近利，使得速度不仅是从专业角度提出的要求，也是从传播对象端发出的号令，驱使着编辑记者永无止境地追求新闻的发生与报道之间"零时差"的极致。这种对速度近乎偏执的追求，让编辑记者对其工作的对象物——新闻——充满焦虑。

新闻一发生，编辑记者往往被要求以最快的速度发稿，在最短的时间内完成一个新闻生产的循环。东部E报客户端的一位新闻主管说，他手下的记者每天一上班就都像"上了发条"一样，其工作状态是传统报纸时代的记者所不可想象的：

以前报纸的时候，记者早上报选题，然后用一天的时间采访，吃好晚饭写稿，9点、10点交稿，第二天出报纸。现在对他们的要求是实时发稿，记者一到新闻现场，第一件事就是打开电脑，要一边采访一边敲稿，其他报社的同行看到我们的记者，都说你不要这么拼好吧。（E9）

中部A报的时政记者（A22）说，她就是这样一个一到新闻现场就打开电脑写稿的人，有时看到有与她一起采访的同行在拿本子记，记完了回去再打稿，觉得"简直是侏罗纪时代的人"，但是，新媒体对时间的要求无极限，即使她速度再快，也总是处在追赶的状态：

我其实是写稿子非常快的人，比如我去开一个新闻发布会，一个小时或

---

① 陈力丹，毛湛文. 时空紧张感：新媒体影响生活的另一种后果 [J]. 新闻记者,2014(01).

者在会场上就可以写完。但是新媒体的人恨不得你一到会场就传稿子，他们不停地给我打电话，不停地微信问我，什么时候好，什么时候推，弄得我根本不能静心写稿，每天都很崩溃。(A22)

与此同时，很多机构现在要求用多媒体手段发新闻，一条新闻光写文字稿不够，还要配图，要直播，而由于人手缩减，编辑部一般不会同时派出文字记者、摄影记者和音视频记者到同一个新闻现场，而是要求一个记者兼任所有的角色。北部C报负责突发新闻的记者（C6）说，以前出门采访，标配是一辆采访车、一个司机和一个摄影记者，但现在他一人兼任司机、文字、摄影三职，有时还要当现场主播，虽然不会但也要学着去做，如今一到新闻现场，他会很自觉地先拍一段视频或录一段音频，再编写一段文字，都在手机上完成，然后发给新媒体编辑，在客户端或者微博微信上先发一条简讯，然后再边采访边发短消息，等到所有的采访做完了，新闻也已经报得差不多了，最后，他还要再回到报社，坐在电脑前，把所有的信息汇总，写一篇全面的综合新闻稿，第二天见报。

在数字化环境下，像这样一人多工，一条新闻多次多版本发布以及多平台发布的做法非常普遍，是媒体应对新闻加速的重要策略。虽然一些编辑记者认为这对新闻质量是一种伤害，但大多数人无力反抗，只能依势而为，如记者（C6）所说，"这样逼自己也是没有办法的，因为别人都这样做，你不这样做？对不起，你Out了"。

（二）对职业的焦虑

担心自己"Out"的压力时刻驱使着编辑记者全力以赴做新闻，但同时也难免让人产生无能为力之感，继而对新闻这份职业产生焦虑。过往研究显示，新媒体环境下新闻人的职业焦虑一定程度上与新闻职业边界的失守有关，[①]而本研究想要强调的是，它更与新闻的时间性变化有关。

在速度就是一切的氛围中，许多记者感到新闻价值的动摇。西部B报一

---

① 尹连根,王海燕.失守的边界——对我国记者诠释社群话语变迁的分析[J].国际新闻界,2018(08).

位社会新闻记者说,当前新媒体环境下的新闻操作,让她感到非常困惑,作为一个专业新闻工作者,她认同的职业价值观是《南方周末》特稿这样的新闻,她一直认为,真正的好新闻不是易碎品,是可以与时间抗衡的东西,但现在工作的实际是,往往她花很多精力写出来的稿件,传播效果不及人家用几分钟的时间拼接出来的东西:

我投入了时间和感情写的稿子,最后只不过成了人家坐在马桶上、在地铁里随手翻过的东西,对他们来说根本没有价值。有时想到这里,会深深地怀疑这个年代,读者到底想要什么样的新闻。我希望获得尊重,我花时间来写,你花时间来读,这才是良性的关系。(B9)

同样,北部C报的一位采写部门主任认为,加速带来的是整体新闻环境的浮躁,使得这个行业一味追新求快,不再对时间积淀和传统抱有尊重,对记者的工作心态有很大影响,许多记者感到职业价值感和尊严感的丧失,他说自己痛切地看到一些老记者的精神状态越来越低迷:

以前你可以一辈子当记者,当一个让人很尊敬的记者,大家也都很尊重老记者,但是现在,年轻人说,你当个老记者,你会什么呀?人家同情你,新技术不停地更新换代,新闻的速度越来越快,你要跟上它很吃力,别人笑你笨拙,你要胜任这个工作都不太容易了。所以有时候他们的自尊心很受伤害,以前他们是办公室的标杆,是大家模仿学习的对象,现在他们成了被嫌弃的人,有同事因此到领导那里哭诉,他们的职业荣誉感都没有了。(C17)

正因为这样,很多记者的个人职业规划也在加速,新闻职业生命变得更短。前述南方D报的经济部记者(D9),在接受笔者访谈时尚不满25岁,未婚,没有家庭负担。她当时说:虽然感到辛苦,但对这份工作总体还是充满激情。但时隔半年之后,她告诉笔者,她辞职了,她在微信朋友圈留言道:"人生最幸福的三件事:吃饭睡觉没有编辑催稿",掐指算来,她在新闻这行做了不到三年。

（三）对自我的焦虑

记者编辑不仅是工作着的人，也是生活着的人，时间性变化对他们来说，影响的不仅是工作，同时也是对其个人身心的巨大挑战，从而成为新闻人难以拂去的自我焦虑。

尽管"焦虑"某种程度上已经是当代社会的普遍问题，但在本研究中，田野调研所见所闻使笔者感到，这种伴随时间性变化而来的焦虑对直面数字化技术的影响的从事融合新闻工作的社会个体来说尤甚。数字化就像一个滚滚而来、倾泻而下的车轮，以其无限的诉求碾压着新闻人，裹挟着加速、拉长、提前的时间向其提出不眠不休的"永动机式"工作要求，挑战有着生命与精力极限的个体，而当工作的无限诉求与个体的有限心力之间的矛盾不可避免时，新闻人的自我焦虑也不断积累。

在调研过程中，笔者感到不少媒体人在这种"24小时不打烊""永远在线上"的新媒体环境中身心俱疲、无奈又无计可施。东部E报一位从传统纸媒转岗到新媒体的编辑（E18）感叹道："原来在报纸的时候，不管你多高产，都可以白天采访好了，下午和晚上再写，总有个下班的时间，但现在网络就是无休无止的，不断地追求时效，永远都下不了班。"南方D报的地方新闻负责人（D4）表示，作为新闻生产把关人，该报记者生产出来的稿件在发布之前都需要经过他的审阅，因此，他的状态是"分分钟都在审稿，只要是醒着的时候，都在工作"。北方C报的微信编辑（C11）说，为了为第二天一早的发布做好充分准备，她头天晚上丝毫不敢放松，一边应付个人和家庭事务，尤其是照顾不满4岁的孩子，一边不停看新闻、整理资料，"就用手机刷着看，一边刷一边记录，等孩子睡觉了还要再刷一会儿，就这样一直刷一直刷，刷到凌晨一两点都搞不完，然后，第二天5点就要起床工作了"。

某种程度上，这种工作的永动机式期待已经化为悬在每个新闻人头上的天问，那就是，还能撑多久？而这种自我身心的焦虑，很容易转化为新闻人个体对人生意义的幻灭感和对前途的迷茫感。如东部E报一个大学毕业不到四年、年仅28岁的新媒体编辑（E13）所说，他虽然工作不久，但感觉自己俨然是一个职场"老人"，身心俱疲，似乎被"耗干了"，所以他打算近期辞职，先休整一段时间再做打算。这种状态在当下新闻人中相当典型，反衬了为何编辑记者"离职潮"成为近年来的突出问题。①

七、结论与讨论

时间是新闻存续的重要情境，新闻价值、新闻工作常规、新闻文化，无一不与时间有关。然而，时间抽象复杂，我们常常忽视它的存在，相关学术研究也相当缺乏。布尔迪厄曾经批判，社会理论式的研究经常是"去时间化的"，"甚至连将时间排除在外的想法都没有想到，而且一直如此"。②同样的批判也适用于对新闻的时间性研究。但这一状况到了不得不改变的时候，自20世纪末以来崛起并勃兴的互联网和数字化技术，在促使新闻业急剧变迁的同时，猛烈撞击着新闻的时间性结构和秩序，使新闻时间性研究变得比以往任何时候都更为必要与迫切。

在此背景下，笔者基于对国内五个省会城市主要报业集团的党报或市场报的田野观察及92名融合新闻工作者的深度访谈，实证性地考察数字化媒体环境下新闻实践的时间性变化及其对新闻工作常规、编辑部文化和新闻从业者工作状态的影响。笔者认为，当下我国媒体的新闻时间性变化可概括为四种表现形态：加速的时间、提前的时间、拉长的时间和冲突的时间，而这四种变化交叉投射于时间性的五个分析维度：历时、顺序、韵律、频率、协调。具体来说，媒体编辑部普遍践行"新闻提速"，带来"加速的时间"，分别体现时间性在频率和历时层面的变化；"打提前量"成为新闻生产的主流话语，意味着"提前的时间"，分别体现时间性在顺序和韵律层面的变化；新闻生产的整体链条拉长，编辑记者的工作时间增加，带来"拉长的时间"，意味时间性在历时层面的变化；编辑记者工作时间与生活时间界限渐趋模糊或相互嵌入，而不同编辑记者的时间习惯的差异被放大，带来"冲突

---

① 陈敏，张晓纯.告别"黄金时代"：对52位传统媒体人离职告白的内容分析[J].新闻记者,2016(02).

② Bourdieu, P..Outline of a Theory of Practice (Trans. R. Nice)[M]. London: Cambridge University Press, (1977); 转引自罗萨.加速：现代社会中时间结构的改变[M].董璐译.北京：北京大学出版社,2015.

的时间",使时间性在协调层面出现新问题。

这些时间性变化的表现虽然各自不同,但其影响却并非相互割裂,而往往是彼此纠缠、齐头并进,甚至同时同步、多管齐下地作用于新闻的日常实践。对新闻实践的影响首先体现在促使新的工作常规的出现,即,编辑部因应时间性变化,发展出相应的策略予以回应,带来固有生产组织形式的变化以及新形式的形成和模式化。这样的新常规包括,一是编前会数量增加,编辑部沟通协调比以往更加频繁;二是"AB角"设置,原先的一个岗位一人负责制变为现在的两人或三人同做一份工,轮流排班,以实现24小时全时段覆盖;三是永远在线、全天候运作的"不打烊编辑部"成为流行趋势。

而更进一步,时间性变化不仅改变着新闻的生产组织方式,也改变着从事新闻的人的状态,使编辑部弥漫着一种焦虑文化。编辑记者不仅对其工作的对象物——新闻——逐渐失去掌控感,处在时刻被追赶、被修正的状态;而且对其所从事的职业产生怀疑,逐渐失去专业新闻人应有的价值感和荣誉感;同时,面对新闻加速过程中"永动机式"的工作要求,编辑记者作为有着生命与精力极限的个体面临着巨大的身心挑战,导致其自我焦虑不断积累。早在互联网技术出现之初,法国社会学家维希留就提出过警示,新技术带来的速度在给人类社会带来便利的同时,也可能使人类处在一种无形的速度政权(dromology)的控制中,造成不是人掌控速度,而是速度掌握一切的境况,①本研究中数字化技术环境下普遍出现的新闻人焦虑文化可谓这一论断的再次警醒。

虽然不可否认网络数字化媒体等新技术的可供性使现代社会更加便捷快速,带来了新的可能性和想象力,但技术和速度的影响是一把"双刃剑"。就新闻来说,新闻从来都是科技敏感性行业,一定程度上,新闻本身就是科技。② 新闻业从诞生起就在科技的助力下不断追逐时间,虽然时间总快一步永远无法被超越,③但在无限追逐中,新闻业建立了自己作为一个与时

---

① Virilio, P..Speed and politics: An essay on dromology[J]. NY: Semiotext,1986/2006.
② Pavlik,J..The Impact of Technology on Journalism[J].Journalism Studies, 2000, 1(2): 229-237.
③ Barnhurst,K.G..Nightingale,A.W.,Time, realism, news[J].Journalism, 2018, 19(1): 7-20.

间赛跑的事实讲述者（truth-teller）的专业权威（authority）和社会合法性（legitimacy）。①从早期的印刷术，到后来的电报、电话、电视，再到初期的互联网，新闻业凭借对科技的驾驭，对外获得公众信任，对内建立专业自信，在对更高速度和更快时间的承诺和追求中，持续地与时俱进地维护和巩固着新闻业权威和社会合法性。但时至今日，在从Web2.0到Web3.0到Web4.0的一路迭代中，互联网技术带来速度无极限的想象，一方面，社会和大众对新闻速度的期待往往超出了新闻机构可以提供的范围；另一方面，新闻工作者在勉力追赶但差距却越来越大的压力中，经历着专业自信的动摇以及职业价值感和意义感的流失。在这种情况下，技术和速度对新闻权威及其社会合法性不是巩固和维护，而是相反地，如本文所展示的，在起着消解作用，演绎着新闻与科技关系的悖论。那么，在当今新媒体环境下，新闻如何建立与科技的互洽关系，如何与社会协商建立合理的速度期待，如何理顺内部工作常规和职业价值文化，让新闻工作者找到时间性的平衡点，对于新闻业在趋向"无限媒体"（infinite media）的科技环境中②持续保有权威性和社会合法性，便变得至关重要。

当前新闻业处于转型的关键时期，很多新情况、新问题业已超出人们的既有经验范围和想象，一些经典理论难以提供有效解释。在这一背景下，理论资源的开拓和创新尤为重要，新闻时间性的研究角度代表着可能的方向之一。作为介于物质世界和象征世界之间的概念，时间性为我们理解作为文化的新闻、作为工作的新闻业和作为社会过程的新闻产消实践如何与现代社会中无处不在的新媒体科技互动、协商提供了一个新颖且合宜的视角，本文即是对其研究潜力的一次有力展示。

当然，学术是一个不断累积的过程，新闻时间性的后续研究亟待推进。首先，时间性概念相当抽象，涵盖范围也相当广泛，本文尝试的是从历时、

---

① Zelizer,B..Journalists as interpretive communities[J].Critical Studies in Mass Communication, 1993, 10(3): 219-237.

② Gray,S..The end of the Mass Media Era.Media Reset Blog, 2012.https://mediareset.com/2012/04/30/part-ii-the-end-of-the-mass-media-era/; 转引自潘忠党, 刘于思. 以何为"新"？"新媒体"话语中的权力陷阱与研究者的理论自省 [J]. 新闻与传播评论, 2017:5.

顺序、韵律、频率、协调五个维度分析新闻时间性变化，但是这五个维度是否适用于分析所有与新闻有关的实践？在此之外是否还应有其他的维度？每个维度具体的可操作性概念和分析方法为何？后续研究可做更多的理论性和可操作性探讨。其次，本文主要从实践的角度研究了新媒体技术环境下新闻生产的时间性变化及其对新闻的工作常规、编辑部文化和编辑记者个体工作状态的影响，但是技术对新闻时间性的影响是全方位的，不仅包括新闻生产，同时也包括新闻内容呈现和新闻消费，后续研究可以从内容和受众角度，使用文本分析、内容分析、受众焦点小组、民俗志观察等方法探究不同层面的时间性变化。此外，本研究并未涵盖新闻生产的所有行动者，仅聚焦于我国主流报业集团的融合新闻生产工作者，那么，其他属性和形态的媒体，如电视、电台、政务媒体、创业媒体、平台媒体等的新闻从业者是否经历同样的时间性变化，也同样值得后续研究的关注。

（作者王海燕系中山大学传播与设计学院副教授。本文为教育部人文社会科学研究规划基金项目"媒介融合对新闻边界工作影响的研究"［项目编号17YJA860021］的阶段性成果）

第三辑
中国新闻业年度观察报告（2020）

年度观察

平台媒体驱动下的视觉生产与技术调适

——2019年中国新闻业年度观察报告

张志安 龙雅丽

【摘要】

本文以2019年相关案例、事件和数据为基础，从新闻行动者、新闻内容、新闻分发渠道、新闻受众四个方面描述本年度中国新闻业的发展图景，概括年度变化特点和预测未来趋势。研究发现：本年度媒体融合面向移动互联时代进入更加纵深化发展阶段，专业媒体的规模进一步整合压缩，自媒体的监管政策加强。新闻内容产品呈现出混合情感传播模式主导下的可视化形态特征。传播渠道上，媒体通过平台化和移动化不断拓宽传播的覆盖面和到达率，并进一步将传播渠道下沉到基层。算法推荐和人工编辑相结合成为内容分发的主要机制。新闻受众方面，网络新闻与短视频的用户数量持续增长。适逢新中国成立70周年、中美贸易战等重大事件，网民的爱国情绪表达与媒体的宣传形成共振，全网的爱国主义情绪高涨。总体上看，平台媒体驱动下的视觉生产与技术调适是2019年新闻业变化的主要趋势。展望未来的发展趋势，视频将成为更加主流的内容产品形态，传媒业也将深入探索5G技术在传播领域的应用场景。

【关键词】

新闻业 平台媒体 视觉生产 短视频

2019年媒体融合进入纵深化发展阶段，一批中央和省级专业媒体持续朝平台化和移动化运营方向发展。在新中国成立70周年等主题报道中，以短视频为代表的可视化产品带来海量关注。人工智能、大数据、算法推荐等技术更深刻地影响到新闻生产和分发的各个环节……本文以2019年相关案例、事件和数据为基础，从新闻行动者、新闻内容、新闻分发渠道、新闻受众四个方面描述本年度中国新闻业的发展图景，并概括去年中国新闻业的变化特点和预测未来趋势。

一、新闻行动者：专业媒体持续整合，自媒体监管加强

1.专业媒体持续整合

《2019中国传媒产业发展报告》显示，2018年全年报刊行业经营持续断崖式下跌，报纸的广告收入距离2011年峰值已缩减超80%。[1]在经济下行压力与舆论场话语权争夺形势下，更多专业媒体面向移动互联网深度转型，媒体融合进入纵深发展阶段。

本年度，中央广播电视总台启动了涉及19个电视频道、3个新闻网站及央视客户端的改版，推出了以短视频为主的"央视频"移动客户端，整体改革突出"台网并重、先网后台、移动优先"，体现出全媒体平台的内容布局。[2]此外，人民日报也加快了自身的平台化布局。2019年9月，人民日报智慧媒体研究院成立，由人民日报社新媒体中心打造的以PUGC(专业生产内容+用户生产内容)和"人民问政"为主要特色的短视频聚合平台"人民日报+"正式上线。[3]

央媒改革的同时，省市级媒体也在加快整合。继2018年天津日报社、今晚报社和天津广播电视台合并组建天津海河传媒中心后，2019年出现了全国第二例省级日报社和广播电视台整合的案例——宁夏日报社与宁夏广播电视

---

[1] 《2019中国传媒产业发展报告》发布[EB/OL].人民网，(2019-08-24). http://media.people.com.cn/GB/n1/2019/0824/c40606-31314877.html.

[2] 快讯！中央广播电视总台四大新动向[Z/OL].微信公众号"传媒内参"，(2019-09-26).

[3] "人民日报+"！人民日报新媒体上新了[Z/OL].微信公众号"人民日报"，(2019-09-20).

台合并整合为全新的媒体单位。①地市级媒体层面,湖北鄂州、河北张家口、广东珠海等地相继进行了党报和电视台合并整合。②③

专业媒体的规模进一步整合压缩,有利于淘汰过剩产能、减少内耗,集中整合优质资源。媒体融合是内容生产、资讯分发等流程上的调整。学者胡正荣认为,传统媒体可将人力和内容等资源向移动、多屏、跨屏转化,"提高媒体供给达到需求的精准度,并在此基础上实现内容和服务的垂直化和细分化,深度挖掘用户以实现价值转化"④。比如,新京报的媒体融合是"一托二(北京晨报、千龙网)"模式。报社撤销新媒体部成立了报纸编辑部,引导全员从以报纸为中心转向以移动端、以全网络和平台渠道为中心。同时,又扩大微博、微信媒体矩阵规模,积极入驻今日头条、一点资讯等流量平台,以拓展内容传播渠道。截至2019年11月,新京报"报、网、端、微、抖音、快手"等渠道网络覆盖用户超1.1亿人,报纸内容每天全网络平台的阅读量超3亿人次。⑤

2.自媒体政策监管加强

2018年,长春长生疫苗等热点事件的发生体现出自媒体强大的传播力和社会动员作用,本年度对自媒体的治理和监管也比较突出。2018年底,国家网信办开启新一轮自媒体集中清理整治行动,处置了"唐纳德说""傅首尔""紫竹张先生""有束光""万能福利吧""野史秘闻""深夜视频"等9800多个自媒体账号,并约谈微信微博等多家平台强化整改。⑥2019年6月,"环球老虎财经""金融街侦探信托圈""宁南山"等多个财经自

---

① 又一省级媒体合并!宁夏广电与宁夏日报将于月底合并[EB/OL].江苏省广播电视局,(2019-06-21). http://jsgd.jiangsu.gov.cn/art/2019/6/21/art_69985_8368318.html?from=singlemessage.
② 《中国电视剧(2018)产业调查报告》发布 视频会员付费模式成主流|传媒大佬们的每周必读资讯[Z/OL].微信公众号"德外5号",(2019-03-30).
③ 传媒湃|以珠海报业、珠海广电为基础组建珠海传媒集团[EB/OL].澎湃新闻,(2019-04-30). https://m.thepaper.cn/newsDetail_forward_3381191.
④ 胡正荣,李荟.走向智慧全媒体生态:媒体融合的历史沿革和未来展望[J].新闻与写作,2019(05):5-11.
⑤ 新京报社社长宋甘澍:不忘初心 一路同行[Z/OL].微信公众号"新京报传媒研究",(2019-11-06).
⑥ "组合拳"整治自媒体乱象[EB/OL].中共中央网络安全和信息化委员会办公室,(2019-03-20). http://www.cac.gov.cn/2019-03/20/c_1124259403.htm.

媒体账号被封。微博大号"公元1874"被关，媒体人王志安微信公众号、头条号、微博账号也被关停。①2019年2月，咪蒙旗下微信公众号"才华有限青年"发布了《一个出身寒门的状元之死》引发质疑和争议，导致咪蒙微博永久关停、"咪蒙"公众号注销。此外，新浪微博、凤凰网、今日头条等平台跟进发布声明将关停咪蒙相关账号。②

而另一方面，自媒体与主流媒体的版权争议也备受关注。2019年1月，"呦呦鹿鸣"公众号发布了通过甘肃武威官员落马事件展现地方官场与媒体角力的文章《甘柴劣火》，一位财新传媒记者对此发出了"洗稿"的质疑和批评。"呦呦鹿鸣"负责人回应指出文章的组织梳理有自身独特的叙事手法，财新网只提供了一部分新闻事实，并质疑财新没有垄断新闻传播的权力。③整合新闻报道、进行二次加工，到底算不算洗稿？多大程度上的不当引用才算洗稿？这些问题的争议进一步引发了关于引用与抄袭的边界乃至自媒体时代的商业模式、版权立法等话题的讨论。"甘柴劣火"事件反映出大众传播时代自媒体与主流媒体的版权探讨和内容生产冲突，为此，对原创内容的版权保护亟待规范。

二、新闻内容：混合情感传播模式主导下的可视化呈现

1.短视频成为新闻内容视觉传播的主流形态

《2019中国网络视听发展研究报告》数据显示，截至2018年底网络视频用户规模已达7.25亿。包括短视频在内的网络视频已经成为仅次于即时通信的第二大互联网应用，高于搜索和网络新闻。④与文字相比，短视频新闻建构了一种新的"微叙事"模式，其中包括以标题为重点的文字"激活"，在前几

---

① 王志安等账号被封 | 为何自媒体乱象"高烧难退" [EB/OL]. 搜狐, (2019-06-08). https://www.sohu.com/a/319259214_650786.
② "咪蒙"微信公众号注销 多家平台关停相关账号 [EB/OL]. 人民网, (2019-02-22). http://media.people.com.cn/n1/2019/0222/c40606-30895650.html.
③ 甘柴劣火刷屏之后 [EB/OL]. 新京报, (2019-01-13). https://m.bjnews.com.cn/detail/154736715114239.html?from=timeline.
④ 《2019中国网络视听发展研究报告》揭示八大核心发现 [EB/OL]. 新华网, (2019-05-28). http://www.xinhuanet.com/video/2019-05/28/c_1210145354.htm.

秒内引起用户兴趣的"秒级"响应和给观众身临其境的在场感。①本年度，主流专业媒体持续加大了在视频领域的投入，保持了更加稳定的短视频内容产出。比如，成立于2016年的新京报视频栏目"我们视频"，日均生产原创新闻视频数量稳定在100条，新闻视频的内容生产量已达到全社总量的1/3，全网日均播放量2亿。②

综观本年度的新闻报道产品形式，视频成为媒体内容创新的主赛道，H5、VR等可视化形态被普遍运用于重大题材的报道中。以澎湃新闻为例，在2019年"新春走基层"报道中，推出了"Z112列车上的中国"全程48小时直播报道返乡乘客故事与行经的南北城市景观变化，直播记录的同时还呈现了100条短视频、1首原创歌曲、1篇数据分析报道、2个H5产品，以及文字特稿、评论、采访手记等内容。③2019年全国两会报道中，人民日报官方微博也推出了"人民日报新媒体记者两会Vlog"专题，截至2019年5月，该话题的阅读量已达1.5亿次。

《新媒体蓝皮书：中国新媒体发展报告（2019）》也指出，"视频日志"（Vlog）既具有短视频的轻快特性，又承载了较为丰富的内容，是短视频下半场争夺的重点。抖音、西瓜视频等短视频平台相继推出了Vlog创作者相关的流量扶持计划。④ 2019年11月，央视主持人康辉推出随同国家领导人希腊、巴西国事访问前后一系列Vlog。"Hi，大家好，这是我第一支Vlog，这就是中央广播电视总台，我的单位，今天我来上班了……"用镜头带网友体验大国外交最前线和央视主播的工作日常，康辉的Vlog引发全网关注热潮。两周时间，康辉的第一支Vlog在央视新闻微博平台观看次数已达3900万，点赞次数超过150万。⑤

---

① 彭兰.短视频：视频生产力的"转基因"与再培育[J].新闻界,2019(01):34-43.
② 对话新京报副总编王爱军：我们视频三千亿流量底气何在？[Z/OL].微信公众号"记者站"，(2019-10-25).
③ 媒体融合关键点：澎湃如何构建内容"护城河" |【芒种·案例】[Z/OL].微信公众号"腾讯媒体研究院"，(2019-10-08).
④ 报告精读 | 新媒体蓝皮书：中国新媒体发展报告No.10（2019）[EB/OL].社会科学文献出版社，(2019-06-27)，https://www.ssap.com.cn/c/2019-06-27/1078880.shtml.
⑤ 康辉Vlog第一季完结！有哪些高能瞬间？课代表划重点了！[Z/OL].微信公众号"央视新闻"，(2019-11-17).

本年度恰逢新中国成立70周年，各大媒体运用多种可视化形态实现全平台内容分发、共造重大节庆日的传播盛况。其中，H5作品百花齐放各有巧思，如人民日报联合腾讯微视推出的H5互动产品"我的民族照"，依托人脸识别技术将参与用户的照片与特定的56个民族服装形象进行面部融合；人民网的"我的年代照"还原各个年代的场景风格，通过个体的成长面貌展现时代变迁。注重内容可视化呈现的同时，各大媒体的新闻产品也重视用户的互动体验。例如人民日报策划的"时光博物馆"产品，用户输入出生年份即可获得一张专属的报纸头版，用户使用其另外一款"家国梦"游戏时可选择地域、参与建设祖国等。在新华社联合网易新闻上线的"AR大阅兵"小游戏中，用户可选择成为火炮手或飞行员等参与线上模拟阅兵活动。

国庆前后，以央媒为首的多家主流媒体联合腾讯、网易等互联网平台打造多渠道融合、线上线下联动的立体化传播格局。主流媒体通过运用H5、AI、VR、AR、5G等视觉形态，推出了多种可视化形态产品，各大互联网商业平台发挥其产品、技术优势，助力主流媒体融媒体产品的传播覆盖。数据显示，2019年7月1日至10月6日，全网新闻网站、新闻客户端、微博、微信公众平台、博客论坛等网络平台与新中国成立70周年主题相关的信息约2.5亿条。国庆一周与70周年阅兵相关信息的全网传播总量达到了1.3亿。各大媒体、互联网平台围绕"我和我的祖国"主题策划的爆款产品频出，网络上对"新中国成立70周年"相关话题的讨论持续高热。[①]

2.主流媒体内容生产的混合情感传播模式凸显

主流媒体适应当前移动化、碎片化和社交化的传播场景，以主题人物、热点事件和温情故事等为主要题材，通过碎片化的视觉表达和情感化的传播模式，在内容生产模式上逐渐形成了一种混合情感传播模式。[②]短视频、H5、VR等视觉化形态呈现出的新闻产品涉及新闻生产调整重构的同时，其背

---

① 全网融合 全民参与 | 新中国成立70周年庆祝主题网络传播大数据报告 [Z/OL].微信公众号"清华传媒评论"，(2019-10-14).

② 张志安，黄剑超.融合环境下的党媒情感传播模式：策略、动因和影响 [J].新闻与写作,2019(03):78-83.

后的传播策略和传播模式也发生了转变。

媒体国庆主题的一系列新闻产品策划，无论是运用时间、空间叙事，采取换装等游戏设计还是基于定位打卡身份认证等方式，其底层逻辑都以情感为切入点。将个体视角的"微叙事"与国家的宏大叙事相对接，激发受众的爱国情感，进一步参与传播。这种混合情感传播模式，有效地将用户卷入到官方主导的宣传活动中，用户获得参与、体验的满足感的同时，也强化了对国家、制度和党政的认同感。融合后的党媒内容生产，一定程度上打破了其相对严肃的刻板印象，通过推出运用情感传播策略的可视化形态内容产品，激发受众的共鸣，重塑有温度的媒体形象，进一步实现主流媒体强化价值观、塑造共识的社会功能。①

伴随混合情感传播模式的凸显，主流媒体的话语逐渐从严肃理性向平民化、情感化方向转变。比如，迄今为止已开播41年的《新闻联播》在2019年做出的大胆变革。7月29日，《主播说联播》短视频栏目正式推出，在一分钟左右的竖屏短视频中，《新闻联播》主持人一改之前严肃、有距离感的形象，运用通俗的网络语言，表达对重大事件和新闻热点的个性评论，给广大网民带来新鲜体验。《主播说联播》推出一个月，每期视频在央视新闻微博上的播放量平均达千万以上，在央视新闻微信公众号的平均阅读数超过40万。②

三、新闻分发渠道：算法推荐机制升级，传播渠道更加下沉

1.内容分发的平台化与移动化

一方面，更多主流媒体在入驻微博、微信、今日头条等基础上，进入抖音、快手等短视频平台，以拓宽内容分发渠道，实现多平台联动的内容传播。《媒体抖音元年：2018发展研究报告》显示，2018年抖音平台上经过认证的媒体账号已超过1340个，累计发布短视频超过15万条，总播放次数超过

---

① 张志安,彭璐.混合情感传播模式：主流媒体短视频内容生产研究——以人民日报抖音号为例[J].新闻与写作,2019(07):57-66.
② 新京报传媒研究|41岁的《新闻联播》都玩起了短视频、变身顶流IP,我们就甘心坐着摇椅慢慢变老？[Z/OL].微信公众号"新京报传媒研究",(2019-08-29).

775.6亿，获赞超过26.3亿次。①

以庆祝新中国成立70周年的传播为例，数据显示超过九成网友关注并参与了该主题的网络内容。微信、腾讯新闻客户端、社交与视频平台、人民网、新华网等渠道都有较高的用户触达频率。其中新华网、人民网等是用户主动关注70周年相关报道的首选网络媒体，微博、抖音等社交、视频平台在热点话题互动和吸引用户参与方面发挥了重要角色。②2019年7月1日至10月6日，全网与新中国成立70周年主题相关的信息中，微信公众号（含转载）内容达1.9亿条，微博相关信息达3783万条，新闻网站相关资讯（含转载）约300万篇。③

另一方面，主流媒体也在积极布局、建立和完善自己的客户端，尝试打造更加具有聚合、智能传播优势的移动平台。人民日报新媒体中心打造的短视频聚合平台"人民日报+"上线，中央广播电视总台推出"央视频"APP。主流媒体充分意识到，入驻互联网商业平台，目的在于借助平台的用户和技术优势等增强输出内容的覆盖面，而建立自身的客户端平台，则有助于其积累用户数据、增强渠道黏性，以实现更加具有自主性和可持续性的运营。

2.算法推荐与人工编辑相结合

2019年，各大平台积极采用算法推荐与人工编辑机制相结合的方式进行内容分发，不断升级算法推荐机制，在满足用户个性需求、智能推出基础上既尝试拓展用户的潜在需求，又回应公共传播的价值需要。

例如全球知名社交平台Facebook在2019年8月宣布将重新引入人工编辑来管理新闻标签。人工编辑与算法划分不同的职责和分工，编辑将负责审核和选择平台精选文章和突发新闻，除此之外的大部分内容将由算法推荐分发。④2019

---

① 2018中国媒体融合传播指数报告发布[EB/OL].人民网,(2019-03-26).http://media.people.com.cn/n1/2019/0326/c120837-30994743.html.
② 新中国成立70周年网络传播特点及用户行为洞察报告 | 芒种报告[Z/OL].微信公众号"腾讯媒体研究院",(2019-11-11).
③ 全网融合 全民参与 | 新中国成立70周年庆祝主题网络传播大数据报告[Z/OL].微信公众号"清华传媒评论",(2019-10-14).
④ 算法"垄断"后，FB想来剂"后悔药"：人工与机器，不是单选题[Z/OL].微信公众号"全媒派",(2019-09-23).

年推出的人民日报客户端7.0版本，也强调推出"主流算法"，在原有频道基础上增加"推荐"频道，借助算法通过内容质量审核系统，结合专业的内容分发经验，通过个性化推荐、关联推荐和热门推荐等三个场景算法推荐实现智能内容分发。而原有的"热点""问政"等内容依然采用人工编辑推荐机制呈现优质内容。①

目前，谷歌、百度等搜索平台，微博、微信等社交平台和资讯定制平台是全球主流的算法实践平台。主流的推荐算法主要分为基于用户行为、基本情况等相似性的协同过滤，基于用户自身标签和历史浏览等匹配的内容推荐，以及正在积极开展的相似语义匹配的语义推荐机制。②多种算法推荐计算模型，都在考虑对用户背景数据资料、用户网络行为等的理解和洞察，实现用户、场景、信息的匹配。

算法推荐与人工编辑相结合的推荐机制，逐步成为业界共识。一项用户调查发现，平台算法推荐的"拓展阅读"和"相关推荐阅读"对于用户具有较强的吸引力。而用户对于算法推荐的内容大多呈被动接受的状态，并且对新闻真实性的核实意愿低。③有学者提出，算法推荐使用者特别是市场化传播平台要有价值自觉和责任担当，对推荐的信息内容严格认真把关，不能以牺牲导向为代价片面追求经济效益，也不能将把关程序全部交给机器。④各平台不断完善技术优化算法的同时，引入人工编辑不失为一个算法推荐之外的补充方式，有助于内容审核和优质内容推荐分发的控制。算法推荐与人工编辑相结合机制，在实现海量内容与用户匹配个性化推荐高效分发的同时，又能在一定程度上规避算法的弊端、有效控制优质内容的分发。

---

① 人民日报客户端7.0版本上线 主流算法正式亮相[EB/OL].凤凰网，(2019-09-19). http://tech.ifeng.com/c/7q6C3MJP1OH.
② 孙少晶,陈昌凤,李世刚,肖仰华,徐英瑾,张涛甫,张志安,赵子忠,周笑,张岩松."算法推荐与人工智能"的发展与挑战[J].新闻大学,2019(06):1-8+120.
③ 黄忻渊.用户对于算法新闻的认知与态度研究——基于1075名算法推荐资讯平台使用者的实证调查[J].编辑之友,2019(06):63-68.
④ 人民日报大家手笔：把好算法推荐"方向盘"[EB/OL].人民网，(2019-04-11). http://opinion.people.com.cn/n1/2019/0411/c1003-31023528.html.

3.县级融媒体中心建设助推传播渠道下沉

QuestMobile调查数据显示，截至2019年3月，中国三线及以下城市的移动网民规模超过6亿，此类群体移动互联网的人均使用市场超过一、二线城市网民，对短视频等泛娱乐应用和资讯信息应用存在较高的需求。①

一、二线城市之外的广阔下沉市场不可小觑，在国家政策支持和市场刚性需求的双重助力下，2019年县级融媒体中心建设快速推进，助推专业媒体传播渠道的持续下沉。浙江湖州的长兴传媒集团被视为县级融媒体建设的典型范例之一。由长兴广播电视台、长兴宣传信息中心、县委报道组和政府门户网站整合而成的长兴传媒集团，整合信息资讯与政务服务功能，提供本地新闻和交通出行、医疗教育、文化旅游等多方面生活信息服务的同时，依托党政部门资源的整合同时实现用户申报审批、注册办证等政务服务的受理，构建成为集信息发布、政务服务和生活服务等于一体的融合传播平台。截至2018年底，长兴传媒集团在电视、广播、两微一端等不同传播渠道的用户数量已超过60万。②

较之传统主流媒体的职责，县级融媒体中心的角色更加多元，不仅要为本地用户提供新闻报道和生活资讯，更要面向基层群众提供有价值的公共服务。③县级融媒体中心依托本地平台定位建设的新闻矩阵和政务传播体系，可打通信息传播的最后一公里，更好地满足公众日常生活的信息和服务需求。同时，县域融媒体中心也在尝试将内容输出到主流媒体或商业平台上，以追求资讯传播效能的扩散。如长兴传媒集团2019年强化了H5、短视频、直播等可视化形态内容产品，打造短视频栏目"掌心视频"，全年依托新华网等平台做互动直播超过50场。④

---

① QuestMobile下沉市场报告：6亿的下沉用户，千亿级市场该怎么玩[Z/OL].微信公众号"QuestMobile"，(2019-05-21).
② 李莹.互联网时代如何打造智慧型县级融媒体中心——以长兴传媒集团为例[J].传媒,2019(01):76-78.
③ 史安斌,王沛楠.2019全球新闻传播新趋势——基于五大热点话题的全球访谈[J].新闻记者,2019(02):37-45.
④ 县级融媒体中心建设一年间，"长兴模式"取得哪些新进展？[Z/OL].微信公众号"网络传播杂志"，(2019-08-22).

四、新闻受众：网络视频用户增长迅猛，网民爱国主义情绪高涨

1.网络视频用户快速增长

2019年，我国网络新闻用户数量继续增长。CNNIC发布的第44次《中国互联网络发展状况统计报告》显示，截至2019年6月，我国网络新闻用户规模达6.86亿，数量较2018年底增长3298万，占网民整体的80.3%。其中，手机网络新闻用户规模达6.60亿，占手机网民的78.0%。迄今为止，我国网络视频用户规模达7.59亿，占网民整体的88.8%，其中短视频用户规模为6.48亿，占网民整体的75.8%。[1]

伴随短视频用户规模的快速增长，短视频消费更加深入地渗透到用户的各类生活场景中。索福瑞媒介研究(CSM)报告显示，过去半年各视频媒体形式中，短视频的网民使用率最高，3分钟以内的短视频最受用户的欢迎。假设未来三天内只能接触一种媒体娱乐形式，高达29.7%的网民选择短视频。在短视频新闻消费层面，短视频用户最感兴趣的新闻内容领域主要集中在突发事件、民生新闻、国内时政、国际新闻和娱乐新闻。用户的内容消费需求呈现多元化，休闲娱乐、讯息获取和社交分享构成用户使用短视频的主要诉求。同时，28.2%的短视频用户会自制、上传短视频，既是内容消费者，同时也是内容生产者。用户参与内容生产的两大主要驱动因素分别是"个人爱好"（60.9%）和"记录生活"（60.8%）。[2]

2.网民爱国主义情绪高潮

回顾全年，中美贸易战、香港"修例风波"、新中国成立70周年等大事件频发，网民的爱国情绪表达与媒体的宣传形成共振。

2019年，Dior、Coach等多个在中国地图上出错的国际品牌遭到网友的声讨和抵制，网友集体喊话"中国一点都不能少"，并表态拥护国家主权

---

[1] 第44次《中国互联网络发展状况统计报告》[EB/OL]. 中国互联网网络信息中心, (2019-08-30). http://www.cnnic.net.cn/hlwfzyj/hlwxzbg/hlwtjbg/201908/t20190830_70800.htm.
[2] CSM：2018—2019短视频用户价值研究报告 [EB/OL]. 搜狐网, (2019-03-12). http://www.sohu.com/a/300755521_483389.

和领土完整。10月5日，NBA休斯顿火箭俱乐部总经理莫雷在社交网络上公开发布了一张称"为自由而战，和香港在一起（Fight for freedom, Stand with Hongkong）"的图片，引发了舆论广泛质疑，网民对此涉港不当言论表达了强烈不满。事件持续发酵，多家与火箭队有合作关系的企业表示抗议和反对，多家主流媒体发声表达批评。同时，一项关于主流媒体抖音号短视频用户参与度的研究显示，在涉华国际新闻事件中，体现爱国主义价值观的短视频更容易引发用户的点赞、评论和转发分享等行为。①用户情绪与媒体宣传共振，共同助推爱国主义情绪热潮。

新中国成立70周年庆典将全民的爱国情绪推向高潮。主流媒体多种可视化形态产品多渠道分发提前渲染气氛，网民成为传播中的重要角色，积极参与、表达和进一步传播分享。数据显示，超过九成网友通过互联网关注了国庆70周年主题内容及活动，其中七成用户直接参与了H5、小游戏等线上互动活动，超六成网友参与了观影等线上线下联动活动。新浪微博上人民日报发起的"30天表白祖国"、央视新闻发起的"我和国旗同框"，阅读量均突破10亿。"写给祖国的三行情诗""你爱上中国的理由"等话题阅读量过亿，"深圳快闪表白祖国"话题阅读量超过千万。②微信平台上，"请给我一面国旗@微信官方"刷屏，网友纷纷点亮国旗头像……在媒体宣传和用户参与、平台助推下，网民的爱国主义情感表达空前热烈。

五、年度变化总结与2020年趋势预测

综观2019年中国新闻业，新闻内容全面走向短视频为代表的视觉表达形式。作为外在呈现的视觉内容背后，离不开底层的技术支撑，技术更深地介入到新闻生产和分发等各个环节。视觉是外在内容变化，技术是内在影响逻辑，新闻业坚持追求优质内容的同时，正在积极吸纳技术带来的效率提升与

---

① 杨凤娇，孙雨婷.主流媒体抖音号短视频用户参与度研究——基于《人民日报》抖音号的实证分析[J].现代传播（中国传媒大学学报），2019,41(05):42-46.
② 中国网民爱国热情高涨 和国旗同框 向祖国表白[EB/OL].光明网, (2019-09-13). http://politics.gmw.cn/2019-09/13/content_33157134.htm.

传播赋能。平台驱动下的视觉生产与技术调适成为2019年新闻业变化的主要趋势。

一方面，视觉内容特别是包含声画信息的视频成为媒体挖掘的重要资源，最突出的特征在于传统媒体、网络媒体与社交平台都逐渐从内容结构和生产团队结构上推动静态内容到视频内容的转变。[①]央视市场研究（CTR）总经理徐立军认为，"视频将成为社会通用的表达方式，成为一种语言渗透到人类生活的各种场景之中——视频将无处不在，无处不用！"[②]短视频因其轻快和碎片化等特性占据了当前视频内容新闻产品的主流表达形式，更符合受众的场景化消费需求。

另一方面，作为驱动传播创新的智能技术正在深刻影响新闻业的内容生产和行业变革。《智媒时代的新生产力——2019新媒体发展趋势报告》提到，智能技术参与到信息采集、文字和视频内容的加工、信息搜索和智能分析、信息核查与判断、基于算法的内容分发等多个流程中，重构着新闻内容生产力。[③]2019年3月，新华社联合搜狗公司推出了全球首位AI合成女主播，并在上线后立即投入到两会报道中。[④]央视新闻新媒体，首次将AI技术成功应用到短视频剪辑中，助力国庆70周年阅兵报道，时长达1分钟以上的正片视频，AI剪辑能迅速在1—3分钟内完成输出。[⑤]人工智能技术对新闻生产中的劳动分工和角色分配产生影响，促使记者、编辑的角色从直接的信息筛选、加工和写作等逐渐向对算法规则等进行管理和内容审核的间接角色转变。

综上所述，平台驱动下的"视觉"与"技术"是2019年中国新闻业变化的关键词，这一重要趋势也将持续影响新闻业的未来发展。面向2020年，我们可以大体预测两个重要趋势：

---

① 王沛楠.视频转向与国际传播理念创新[J].电视研究,2019(07):28-31.
② CTR徐立军：中国传媒发展的新"四化"|德外独家[Z/OL].微信公众号"德外5号"，(2019-11-22).
③ 《2019新媒体发展趋势报告》：流量不是内容生产者和平台评价生产力的唯一指标[Z/OL].微信公众号"新京报传媒研究"，(2019-05-18).
④ 首个AI合成女主播今日上岗[EB/OL].新华社,(2019-03-03). http://www.xinhuanet.com//politics/2019/03/03/c_1124186591.htm.
⑤ 央视新闻上线AI剪辑师；百度PC浏览器正式宣布停止服务|新榜情报[Z/OL].微信公众号"新榜"，(2019-09-30).

其一，传媒业将积极探索5G技术的应用场景。2019年被称为5G的商用元年，6月6日，工信部向中国电信、中国移动、中国联通和中国广电发放5G商用牌照，正式启动了5G的商用服务。5G被认为是未来关键网络的基础设施，是新一代信息技术的发展方向。①移动互联网时代，5G技术将如何助推新闻业变革？5G技术与人工智能共同助力媒体融合的同时，或将给新闻业生产模式、业态格局与边界带来新的挑战。②伴随着5G商用服务的正式启动，2020年传媒业将深入探索5G技术的应用场景，挖掘更多内容生产和行业创新方面的潜能。

其二，视频直播将成为更加主流的内容产品形态。4G时代，随着短视频的出现，视频逐渐介入社会影响力的中心，在主流事件、重要事项的关键性发展中发挥作用。"5G所带来的视频的突起，势必会使社会表达的核心表达、关键性的交流都被视频所取代。"③在5G大带宽、高速率的技术优势助推下，相较于短视频内容更丰富、更厚重的中长视频，特别是具有实时传播优势的视频直播或将迎来快速增长期。当短视频消费、视频直播嵌入到公众日常生活和移动新闻消费中，网络视频行业如何强化其伦理边界、提升其社会价值成为重要议题。

（作者张志安为中山大学传播与设计学院教授、全媒体研究院副院长，复旦大学信息与传播研究中心特约研究员;龙雅丽为中山大学传播与设计学院2018级硕士研究生。本文为2016年度教育部人文社科研究重大攻关项目"大数据时代国家意识形态安全风险与防范体系构建研究"[项目编号16JZD006]成果）

---

① 5G将带来什么？引入广电意味什么？与4G网络如何互补？——工信部相关负责人谈5G热点问题[EB/OL].新华网, (2019-06-06). http://www.xinhuanet.com/fortune/2019-06/06/c_1124592033.htm.
② 蔡雯, 翁之颢.专业新闻的回归与重塑——兼论5G时代新型主流媒体建设的具体策略[J].编辑之友,2019(07):5-9+22.
③ 喻国明, 曲慧.边界、要素与结构：论5G时代新闻传播学科的系统重构[J].新闻与传播研究,2019,26(08):62-70+127.

2019年重大传媒事件

范以锦　聂　浩

【摘要】

2019年,党和政府对新时代的传媒发展提出了新的战略规划,进一步推动媒体融合、构建"四全媒体",在新技术新平台的助力下,传媒在信息内容的生产力、传播力、影响力等方面不断得到增强。本文详细梳理并分析了2019年重大传媒事件,从中既可以看出新闻与传播事业发展中的新变化,也可以看出尚未突破的难点困惑以及正在进行的艰难探索。

【关键词】

重大传媒事件　融合发展　互联网治理　舆情

2019年是中华人民共和国成立70周年,也是全面建成小康社会的关键之年。岁月如歌,随着国家社会的蓬勃发展,中国的新闻传播事业也在砥砺奋进中不断壮大。2019年,党和政府对新时代的传媒发展提出了新的战略规划,进一步推动媒体融合、构建"四全媒体",在新技术新平台的助力下,传媒在信息内容的生产力、传播力、影响力等方面不断得到增强。在这意义非凡的一年里,与媒体传播相关的热点事件纷繁多样,既有振奋人心的改革和创新引领新闻与传播事业迈上新的台阶,也有尚未突破的难点困惑以及正在进行的艰难探索。此外,涉及媒体舆论的事件接二连三,值得进行深入思考和分析。

一、中共中央政治局就全媒体时代和媒体融合发展举行集体学习，"四全媒体"概念推动媒体融合向纵深发展

事件回放：

中共中央政治局1月25日上午就全媒体时代和媒体融合发展举行第十二次集体学习。中共中央总书记习近平在主持学习时强调，推动媒体融合发展、建设全媒体成为我们面临的一项紧迫课题。要运用信息革命成果，推动媒体融合向纵深发展，做大做强主流舆论，巩固全党全国人民团结奋斗的共同思想基础，为实现"两个一百年"奋斗目标、实现中华民族伟大复兴的中国梦提供强大精神力量和舆论支持。

点评： 在这次学习中，习近平总书记提出"全程媒体、全息媒体、全员媒体、全效媒体"的"四全媒体"概念，分别从时间空间、技术平台、社会受众、信息生态四个层面对媒体形态进行了深入而形象的论述，为中国媒体的未来融合创新指明了发展道路和努力方向。媒体实现各种媒介资源、生产要素的有效整合，将形成科学高效的全媒体传播体系，推动中国传媒事业的高质量发展。

二、央视高清全景技术直播国庆大阅兵，各媒体矩阵运用新技术新平台奏响主旋律

事件回放：

10月1日上午，中华人民共和国成立70周年大阅兵在北京正式举行，央视首次使用5G+4K高清全景技术，通过基于"央视新闻云"的AI自动剪辑功能、宽色域、高色深、三维全景声地对阅兵仪式进行直播。此次阅兵也是中央媒体首次与短视频直播平台合作，通过多路信号、多种视角同时播放，向世界传递中国声音。

点评： 包括央视在内的各媒体矩阵利用自身的传播优势和新技术、新平台对新中国成立70周年庆典的相关活动进行了多角度、全方位的报道。中国

特色社会主义建设系列专题、爱国主义主旋律电影电视剧、军民一体H5小程序联动等传播内容和传播形式丰富多彩，大大增强了传播的影响力和感染力，激发了全国人民的爱国热情，并将中国故事传播到海外，意义非凡。

三、国务院"互联网+督查"平台上线，实现督查增效和基层减负并举

事件回放：

4月22日，国务院办公厅设立国务院"互联网+督查"平台，开通国务院"互联网+督查"小程序，围绕中央经济工作会议部署和《政府工作报告》提出的目标任务，面向社会征集问题线索或意见建议。5月7日，国务院"互联网+督查"曝光台上线，发布了第一起通报——《关于山西省大同市医保机构拖欠定点零售药店医保费用问题的督查情况通报》。

点评： "互联网+督查"平台，是主动接受人民监督、建设服务型政府的重要举措。平台开通之后，有效整合督查力量和信息资源，形成统筹、规范、便捷、高效的常态化督查新格局。既有利于更加全面精准地解决企业和群众关心的难点堵点问题，促进党和政府的利企惠民政策落地见效，又有利于压减集中督查次数，提高督查的针对性和时效性，实现督查增效和基层减负并举。

四、中宣部和国家广播电视总局联合发布五项规范，推动县级融媒体中心建设

事件回放：

1月15日，中宣部和国家广播电视总局联合发布《县级融媒体中心建设规范》和《县级融媒体中心省级技术平台规范要求》。2月19日，中央广播电视总台"全国县级融媒体智慧平台"暨央视网新版全终端正式上线。4月11日，中宣部和国家广播电视总局联合发布《县级融媒体中心网络安全规范》《县级融媒体中心运行维护规范》《县级融媒体中心监测监管规范》。

点评：在县级融媒体中心建设的过程中，既要深刻把握顶层设计理念，又要结合自身现实条件对症下药，避免无效化建设。这5项规范文件以国家和行业相关政策、标准为依据，对县级融媒体中心的建设安全进行了规范，明确了运行维护及监控的要求，完善了相关应急保障和规章制度。而"全国县级融媒体智慧平台"的上线，也为指导全国县级融媒体中心建设提供了基础性技术支撑。

五、抖音成为央视春晚独家社交媒体传播平台，主流媒体用好商业平台可强化传播影响力

事件回放：

2019年春节，中央电视台春晚在用好商业平台方面呈现一大亮点：抖音成为央视春晚独家社交媒体传播平台。此外，抖音还联手人民日报讲述春节故事，日均播放量近10亿，上线一周超74亿播放量，点赞量超过2.5亿，评论数超过1126万。新京报、澎湃新闻等76家媒体抖音号也共同参与相关活动。

点评：从主流媒体的一系列动作中可以看到，媒体与商业互联网公司的合作已成趋势，而且其优越性已显现出来。当然，主流媒体要主动"圈地"并将用户引流到自己的领域，创造出精准的具有传播影响力的"触角"，深入其固有区域的忠实用户群体。主流媒体自己能做到的事情要尽力做好，自身做不了的，就要强化与商业平台的合作，实现互利共赢，这样的尝试和实践不失为转型发展中的一条好路子。

六、人民日报的纸媒改版与推进智慧媒体转型并举，对主流媒体具有示范和引导作用

事件回放：

1月1日起，人民日报社进行新一轮的改革，纸媒版面作了调整，并实现历史上第一次全彩印。9月19日，人民日报智慧媒体研究院宣告成立。体现主流算法的人民日报客户端7.0版、短视频客户端"人民日报+"、人工智能媒

体实验室、全媒体智慧云和融媒体创新产品研发与孵化项目正式亮相。

点评：人民日报社的做法对其他主流媒体具有示范和引导作用。2019年有多家传统媒体对标人民日报社建立媒体研究院，向智慧媒体转型。伴随着新媒体技术的蓬勃发展，智慧媒体时代已经到来。主流媒体机构必须在改革中把握自身的核心竞争力，在对纸媒进行改革创新的同时，搭建媒体智慧平台，向智慧媒体转型，从中走出一条新的发展之路。

七、工信部正式发放5G商用牌照，中国进入5G时代

事件回放：

6月6日，工信部正式向中国电信、中国移动、中国联通、中国广电发放5G商用牌照，中国正式进入5G商用元年。8月12日，中国电信决定9月率先在北京发放5G专用号段的手机号码。10月31日，三大运营商公布5G商用套餐，并于11月1日正式上线5G商用套餐。

点评：工信部正式发放5G商用牌照标志着中国正式进入5G商用时代，这对于推动传媒行业的发展有着重要的作用。5G网络将为"万物互联"赋能，彻底打通传统的"线上"与"线下"，深刻改写社会大众的媒介使用习惯。在与AI、大数据、边缘计算、物联网等新兴技术结合中，为不同行业注入新的发展力量。值得注意的是，在开拓5G技术应用的同时，应该理性看待5G技术，避免过分鼓吹或盲目崇拜。

八、"央视频"5G新媒体平台上线，为实现做大做强目标打下坚实基础

事件回放：

11月20日，我国首个国家级5G新媒体平台——中央广播电视总台"央视频"5G新媒体平台正式上线。据媒体报道，这是中央广播电视总台基于"5G+4K/8K+AI"等新技术全新打造的综合性视听新媒体旗舰。

点评：中央广播电视总台这一新举措，标志着该台媒体融合迈上了新台阶。作为国家级的权威主流媒体，在传播国家重要决策、重大活动，化解社会矛盾方面肩负着重大职责。因此，其以新技术引领，实现"台网并重、先网后台、移动优先"的战略实施，将能更好地履行其作为权威媒体的职责。从媒体自身的改革发展来看，这一举措对实现做大做强的目标也打下了坚实基础。

九、粤港澳大湾区媒体峰会举行，媒体为大湾区经济的发展及人文精神的提升鼓与呼

事件回放：

5月19日，首届粤港澳大湾区媒体峰会在广州举行。参会的人员有中央相关部门和驻港、驻澳负责人，粤港澳三地政府官员以及来自中央、粤港澳台、泛珠地区等八省区的媒体相关负责人等。5月20日至22日，主办方还组织参会的媒体开展"粤港澳媒体湾区行"大型主题采访活动。

点评：《粤港澳大湾区发展规划纲要》明确提出，要塑造湾区人文精神。新闻传播事业是人文精神的重要构成部分，积极参与粤港澳大湾区建设是媒体强化人文精神的好机会。从媒体承担的社会责任来看，助力粤港澳大湾区建设也是媒体必做的时代课题。专门举行粤港澳大湾区媒体峰会，可以让包括港澳媒体在内的各类媒体进一步了解大湾区的相关情况，凝聚强大传播力量，为大湾区经济的发展及人文精神的提升鼓与呼。

十、全球首位AI合成女主播上岗，新华社智能化传播又出亮点

事件回放：

3月3日，新华社联合搜狗发布全新升级的站立式AI合成主播，并宣布全球首位AI合成女主播在该社上岗。

点评：2018年11月7日，新华社联合搜狗发布全球首位AI合成男主播。如今AI合成女主播与男主播一起上岗，并通过一系列的技术升级使AI合成主播

变得更加栩栩如生。这一最新突破性成果，成为新华社智能化传播的又一亮点。传媒学界和业界不仅要关注这一成果，还要了解这一成果诞生的模式，从而推动更多新型的内容产品和优质的传播手段诞生。

十一、AI谣言粉碎机与科学辟谣平台上线，政企合力治理网络谣言

事件回放：

4月1日，由阿里巴巴达摩院机器智能实验室研发的谣言识别程序"AI谣言粉碎机"发布，该程序可通过社交平台和新闻网站从源头锁定谣言。8月30日，由中国科协、卫生健康委、应急管理部和市场监管总局等部门主办的"科学辟谣平台"正式上线。

点评： 作为互联网领军企业的阿里巴巴依托新技术新方法进行尝试，为谣言治理提供了新的思路和渠道，这一塑造清朗网络空间的行为值得点赞。网络谣言治理难度大、成本高，只依靠政府的力量进行治理是不够的，需要社会各界多渠道参与才能做好。

十二、多个管理规则出台规范短视频，旨在解决平台良莠不齐问题

事件回放：

1月9日，中国网络视听节目服务协会发布《网络短视频内容审核标准细则》和《网络短视频平台管理规范》。细则和规范特别要求开展短视频服务的网络平台必须持有《信息网络传播视听节目许可证》（AVSP）等法律法规规定的相关资质，并严格在许可证规定的业务范围内开展业务。细则和规范对短视频内容提供和内容审核提出了严格要求，对21类不得出现的内容进行了详细的说明。

点评： 随着网络视频行业的蓬勃发展，我们既要看到短视频逐渐成为网

民获取信息、娱乐放松的重要方式，也要认识到短视频行业出现的内容质量低下、传播乱象频发等问题。在政府的主导下，行业内部建立健全行业规范条约，自觉承担社会责任，营造良好的市场运营环境很有必要。

十三、国家广播电视总局规定未成年人节目不得肯定早恋和教唆犯罪，净化少年儿童健康成长环境是社会共识

事件回放：

国家广播电视总局4月3日发布消息，公布《未成年人节目管理规定》。该规定自4月30日起施行，规定包括未成年人节目不得肯定早恋，不得教唆犯罪等内容。

点评： 当下未成年人节目问题较多。有的渲染暴力、血腥、恐怖，有的教唆犯罪，有的涉黄涉性且与正规的性教育背道而驰。因此，国家广播电视总局出手发布规定，严格未成年人节目的播放标准，净化少年儿童健康成长的传媒环境，获得了教师、家长及社会方方面面的支持。

十四、"教师用课本抽打逃课学生被严厉处罚"引发媒体关注，舆论呼吁给老师一定的惩戒权

事件回放：

4月29日，山东五莲县教师杨某用课本抽打逃课学生，经学生家长投诉后学校对杨某作出停课停职、赔礼道歉、取消其评优资格以及党内警告、行政记过等处分。7月2日，县教体局对杨某作出了追加处分：扣发一年奖励性绩效工资，责成五莲二中新学年不再与杨某签聘用合同，将其纳入五莲县信用信息评价系统"黑名单"。央视著名主持人白岩松发声："明确教师惩戒权，势在必行。"7月23日，五莲县教体局已撤销追加处理决定。

点评： 本是优秀教师，却因用课本敲打了学生几下，就受到极为严厉的处罚。不只是白岩松为一线教师群体发声，还有人民日报客户端也发表《善待基层教师,别动辄"追加处理"》的文章。其他媒体和社会大众也呼吁给老师一定的惩戒权,从而推动此事件的解决。新时代教育要掌握好惩戒的尺度不是轻而易举的事情,各种意见和讨论还在进行中。不过,对勇于管教学生的老师需给予理解和支持的社会呼声几乎是一致的。

十五、"赵某制止侵害反被拘"案情扭转,民意舆情与检察机关共同推动此案朝着正确方向发展

事件回放:

2018年12月26日,赵某出手制止男子李某非礼一女子并在这一过程中打伤李某。12月29日,福州市晋安区警方以涉嫌"故意伤害罪"将赵某刑事拘留。2019年1月10日,当地检察院作出不予批捕的决定。1月20日,警方又以涉嫌"过失致人重伤"将赵某移送检察机关。网络舆论和媒体对警方提出的涉嫌罪名及回应不满,该事件一度成为网络热点。2月21日,福州警方发布通报称,检方认为赵某属正当防卫,但超过必要限度,为鼓励见义勇为,检方对赵某作出不起诉决定。在最高人民检察院的指导下,当地检方于3月1日撤销"防卫过当"这一认定。

点评: 这一事件发生后,曾引起较为强烈的网络舆情,舆论普遍为"制止侵害反被拘"的赵某鸣不平。因此,检方对赵某作出不起诉决定被不少人认为是舆论介入的结果。其实,舆论对这一结果的作用只是其中的一个方面,而检方按照法律的程序履行其职责是出现这一结果的重要原因。当地检方从一开始就认定"正当防卫",到后来进一步撤销"防卫过当",可以看成是民意舆情与检察机关共同推动此案朝着正确的方向发展。

十六、"黑洞照片"风波引发对"视觉中国"的质疑,以"维权"名义侵权必然使自己在舆论旋涡中掉进"黑洞"

事件回放:

4月11日,"黑洞照片版权归'视觉中国'"这一消息在网上刷屏。紧跟

着,共青团中央的微博对"视觉中国"质疑"国旗、国徽的版权也是贵公司的?"苏宁、百度等公司也质疑"自己公司的图片也是你们的版权?"随后,"视觉中国"网站暂时关闭,进行自查和整改后复出。

点评: "视觉中国"因"黑洞照片"版权使自己掉进了"黑洞",令人深思。版权运营需合理合法,"视觉中国"在某些方面未把握好尺度,因而出现了以"维权"的名义去侵犯他人版权的问题,这必然引发舆论的强烈质疑。对损害行业发展的问题国家管理部门不会坐视不管,4月26日,国家版权局、国家互联网信息办公室、工业和信息化部、公安部联合启动打击网络侵权盗版的"剑网2019"专项行动,其中把图片版权保护纳入专项行动中,对图片版权付费市场进行规范。

十七、"咪蒙"公众号注销,"状元之死"一文只是导火线

事件回放:

1月29日,网红"咪蒙"旗下的微信公众号"才华有限青年"发布文章《一个出身寒门的状元之死》,引发网民质疑和争论,有网民提出该文章有些地方造假痕迹明显。随后,"咪蒙"发布公开信称"咪蒙"微信公众号停更。2月21日,公众号"咪蒙"显示已注销。

点评: 有些网民把公众号"咪蒙"注销看成是网文《一个出身寒门的状元之死》惹出的麻烦,其实,社会舆论对"咪蒙"的争议已存在多年,"状元之死"只是导火索。可以理解为政府部门对网络的管理已步步深入且涉及的范围越来越广,越出制度"红线"的自媒体必定要承担相应的后果。正如人民日报官方微博评论所提醒的:"公众号当有公心,自媒体应当自重!"

(作者范以锦为暨南大学新闻与传播学院院长、教授、博士生导师;聂浩为暨南大学新闻与传播学院硕士研究生。本文原载《新闻与写作》2019年第12期,经作者授权转载)

2019年传媒伦理问题研究报告

《新闻记者》年度传媒伦理研究课题组

2019年,《新时代公民道德建设实施纲要》出台、《中国新闻工作者职业道德准则》修订发布,显示了国家治理现代化进程中对社会道德及传媒职业道德建设的高度重视;同时,从年初的《甘柴劣火》引发"洗稿"讨论到岁末对《南方周末》"不寒而栗的爱情"报道的争议,2019年也是传媒伦理热点事件频出、引发热烈讨论的一年。与全球各国近年来就新闻伦理、传媒伦理所关注的要点相比,我国在传媒环境快速变迁的过程中,新技术、新主体、新实践带来了诸多传媒伦理新问题,因此亟须深入研讨,促成共识,型塑规范。[①]在此,我们与往年一样,在对2019年传媒伦理实践主要特点进行梳理的基础上,对相关典型问题案例进行具体的介绍和评点,并对当前传媒伦理问题频发的深层原因、发展趋势进行简要的分析。

一、2019年传媒伦理实践的基本特点

第一,从国家层面推进道德建设,充分发挥道德在社会生活中的作用,相关措施不断出台。

具有纲领性意义的是2019年10月中共中央、国务院印发的《新时代公民道德建设实施纲要》。其中"深化道德教育引导"部分第4条特别要求"以正确舆论营造良好道德环境",把正确价值导向和道德要求体现到经济、社会、文化等各领域的新闻报道中;发挥舆论监督作用,激浊扬清、弘扬正

[①] Plaisance, P. L. 5 Journalism Ethics [J]. Journalism, 2018.19(83).

气；传媒和相关业务从业人员加强道德修养、强化道德自律等。"抓好网络空间道德建设"部分提出加强网络内容建设，培养文明自律网络行为，营造良好网络道德环境等要求。该《纲要》还专门指出，社会公众人物应自觉接受社会和舆论监督；运用经济、法律、技术、行政和社会管理、舆论监督等各种手段，大力惩治失德败德、突破道德底线的行为。

在职业道德方面，中国记协审议通过了新修订的《中国新闻工作者职业道德准则》，并于12月15日向社会公布全文。新修订的《准则》充分吸收党的十八大以来以习近平同志为核心的党中央关于新闻舆论工作一系列富有创见的新思想新论断新要求，适应全媒体时代新情况新变化的新要求，体现对新媒体从业人员的规范引导。

此外，年初中国记协向全国新闻工作者发出倡议，增强脚力、眼力、脑力、笔力，更好履行新闻舆论工作职责使命；年末《网络信息内容生态治理规定》发布；"净网行动"持续展开等，都显示了道德建设在国家治理中越来越突出的地位，以及传媒业在促进社会道德进步中的关键作用。可以想见，今后对传媒道德的要求将越来越高，对违反道德规范的行业、专业、职业问题的治理将越来越严格。

第二，转型中的专业媒体①坚守阵地、履职尽责，体现主流模范力量，但突破道德界限、挑战伦理底线的问题也时有发生。

11月20日，新华社国际部专稿中心主任、高级编辑徐勇在工作中突发疾病去世，传媒人朋友圈被悼念、追忆这位新闻老兵的文章"刷屏"。同事们回忆，徐勇对文字、对稿件的要求近乎苛刻，因为他相信做新闻要有品位，新闻人要有专业精神。他在一封邮件里写道：如果不是因为有一份忠诚，对纯粹新闻的忠诚，我们无以支撑。②徐勇是无数中国专业媒体人的一个缩影，媒体人对他的纪念体现了这一群体对新闻专业精神、新闻理想的尊崇与坚守。

---

① 本文的"专业媒体"指那些专门从事新闻信息生产与传播的媒体组织，以与对用户开放内容上传的同时进行内容抓取与分发的平台型媒体、政府部门开设的政务媒体，以及个人或企业注册的自媒体等"非专业媒体组织"相区分。在本文引用的一些文章中也称之为"新闻媒体""机构媒体""传统媒体"等。

② 党琦. 明灯——悼徐勇 [Z/OL]. 微信公众号"说我想说的话"，(2019-11-24). https://mp.weixin.qq.com/s/Y7c6u1IoI8myEUw2lFQq9A.

但另一方面，专业媒体若干失范行为也引发专业人士的严厉批评。比如，针对"上海少年跳桥自杀事件"报道乱象，上海交通大学媒体与传播学院教师魏武挥写道："能让我尊重的新闻媒体已经不多了。"①而在"刘强东案"报道过程中，传媒研究者方可成②直斥某些"机构媒体的堕落与溃败"。这些批评尽管是针对某些具体问题，不乏激愤之余的冲动，但也从一个侧面反映了大变革时代一些专业媒体在专业领域难有建树，专业理念和职业规范迅速滑坡、"失魂落魄"的状态。

第三，传媒伦理主体多样化，权责尚未明晰，鱼龙混杂，争议频发。

数字媒体环境下传播权力的开放，使传媒伦理主体多样化，伦理实践中的主导价值多元化，而相应的规则尚未完善，在价值判断、行为选择上出现诸多模糊地带。多样化的传播主体在以全新方式满足人民的知情权、表达权、参与权、监督权的同时，也出现种种值得反思、探讨的问题。

比如，在政务媒体方面，6月初，《中国青年报》评论员曹林发文批评，"政务新媒体热，实际上并没有给扩大政务公开和透明带来多少进步，扎堆的入驻，花哨的技法，浮华的泡沫，至多只是给一些平台奉献了流量而已"③。他建议"政务的归政务，媒体的归媒体，不要不务正业了。远离流量，老老实实地做好部门政务信息发布的平台，以'政务公开'作为评价标准，以服务公众知情为核心"。曹林的批评引发争议，特别是不少公安部门政务媒体发文反驳其观点。6月10日《人民日报》刊发评论指出："政务新媒体的发展，不仅要注重'形'，更要注重'实'"，"丰富传播形式、增强互动能力，切实提升信息发布、解读回应、办事服务的整体水平，政务新媒体才能不断增强群众的获得感"。④讨论虽然暂告一段落，但10月10日无锡高架桥坍塌事件中"无锡发布"的新闻发布又引发争议，关于政务媒体代表政

---

① 魏武挥. 能让我尊重的新闻媒体 已经不多了[Z/OL]. 微信公众号"扯氮集", (2019-04-21). https://mp.weixin.qq.com/s/XOVm3S-Hny5XDhvoz0ugFQ.

② 方可成. 刘强东案音视频：机构媒体的堕落与溃败[Z/OL]. 微信公众号"新闻实验室", (2019-04-24). https://mp.weixin.qq.com/s/EEj0Hrp3Tq6BFF5EAPWG-Q.

③ 曹林. 政务归政务，媒体归媒体，多数政务新媒体都该关停[Z/OL]. 微信公众号"吐槽青年：曹林的时政观察", (2019-06-02). https://mp.weixin.qq.com/s/zsYE2Fu9A6c8fcT3Iig2hg.

④ 张凡. 引导政务新媒体规范发展[N]. 人民日报, 2019-06-10(005).

务机构利益、遵循宣传主义逻辑与服务公众知情权之间的矛盾冲突不能不引起更多深入思考。

在商业自媒体及个人自媒体方面，如何进一步规范发展也不断引起重视。比如，《青岛日报》一名员工伙同他人通过其管理的楼市微信公众号发布地产企业不实负面信息，再以删帖为名向企业索要巨额删帖费。10月31日，青岛市黄岛区法院对这起案件一审宣判，被媒体称为"自媒体敲诈第一案"①。再如，因"寒门状元之死"涉嫌造假，流量IP"咪蒙"被销号，引发对"心灵毒鸡汤"的警惕与反思。

传播主体的多样化打破了传统媒体时代传播垄断格局，提供了开放的表达渠道；多样化主体的传播行动反映自身的利益取向与主体特征，突破了传统媒体时代建构起来的基于专业共同体的伦理观。在开放表达空间、鼓励多元表达的前提下，也有必要积极规范疏导，展开相应的实践协商和理论研讨。

第四，人工智能迅速发展，伦理规范须未雨绸缪。

人工智能技术的迅速发展及广泛应用，使"真实"与"虚假"的界限更易模糊。克利福德·克里斯琴斯（Clifford G. Christians）在《数字时代的媒介伦理和全球正义》中指出，智能化和全球化两大趋势给媒介伦理带来了新的挑战。②搜索引擎的封闭性带来了隐形的霸权，而AI换脸视频和深度伪造（deepfakes）技术除对隐私权、肖像权造成侵害外，还可能引发新形式的虚假新闻制作与传播。③人工智能伦理问题成为政府机构与社会各界关注的热点，相关部门也未雨绸缪出台管理措施。如国家网信办等印发《网络音视频信息服务管理规定》等。

随着2018年以来对算法伦理的讨论和治理，新技术带来的伦理挑战日

---

① 卫佳铭.青岛"自媒体敲诈第一案"宣判：3人索删帖费，最高判了十年[EB/OL].澎湃新闻，(2019-11-08). https://www.thepaper.cn/newsDetail_forward_4900891.
② Christians, C. G..Media Ethics and Global Justice in the Digital Age[M]. Cambridge:Cambridge University Press,2019:xii.
③ Open Hearing on Deepfakes and Artificial Intelligence[EB/OL].(2019-06-13). https://www.youtube.com/watch?v=tdLS9MllWOk&utm_campaign=the_algorithm.unpaid.engagement&utm_source=hs_email&utm_medium=email&utm_content=73698648&_hsenc=p2ANqtz-_4ZpnieVyMfpZ-YYabE_bdSMjDAn3qTeZwIfjwD8vDA67TdzmxUd5K7s-Z7FUO0KSPlUmJaCreKlo6k89ootCpnpmUKQ&_hsmi=73698648.

益复杂。当越来越多的人类判断与决策让渡给算法，技术对人的操控不断增强，由此带来的伦理风险有待进一步深入探讨。①

二、2019年度传媒伦理争议问题典型案例

伦理学具有情境性的特点，同一套规范性原则，在不同情境中也许会有不同的合乎正义的抉择。因此，很多学者甚至认为"除了真实的日常生活，没有其他途径可以真正学习伦理学"②。而"借助新闻伦理的正当性论证，社会对新闻的道德控制作用于新闻从业者的价值认知与理性判断，最终将参与新闻从业者的自我建构过程"③。这也是我们每年选择十个传媒伦理争议问题加以研讨的原因。这些案例的选择，考虑了舆论的关注度，同时也注意其典型性、趋势性。

1.《甘柴劣火》再引"洗稿"之辩
【事件】

1月11日，微信公众号"呦呦鹿鸣"发布万余字长文《甘柴劣火》，回顾甘肃官场一系列腐败案件以及官员同媒体人的关系，该文迅速成为网络"爆款"，点击量冲上10万+。但财新传媒记者王和岩提出质疑，认为《甘柴劣火》"照搬"了多篇王和岩及财新传媒其他记者采写的调查性报道。她在微信朋友圈说："原来，所谓爆款文章可以根本不用采访，不花任何成本，不冒任何风险，利用付费阅读壁垒，就可以攒吧攒吧炮制出爆款来。"④王和岩的批评引起不少媒体同行的声援，指责"呦呦鹿鸣"涉嫌"洗稿"。腾讯微信随即撤销了《甘柴劣火》的原创标记以及"呦呦鹿鸣"公众号的原创标记和打赏功能。

---

① Ananny, M..Toward an Ethics of Algorithms[J].Science,Technology&Human Values,2016.
② [美] 菲利普·帕特森,李·威尔金斯.媒介伦理学：问题与案例（第4版）[M].李青藜,译.北京：中国人民大学出版社,2006：2.
③ 王金礼.新闻德性论：原则框架[M].北京：北京大学出版社,2016.
④ 财新记者质疑《甘柴劣火》抄袭 作者呦呦鹿鸣回应[EB/OL].新浪财经，(2019-01-12).https://tech.sina.com.cn/i/2019-01-12/doc-ihqhqcis5506630.shtml.

对此，《甘柴劣火》的作者、"呦呦鹿鸣"公众号负责人黄志杰1月12日发布《社会在崩塌——关于财新网记者攻击呦呦鹿鸣一事的说明》称，"超过一万字的《甘柴劣火》是呦呦鹿鸣独创的、原创的，更是雨（原文如此）有感情的，是财新网团队写不出来的。呦呦鹿鸣也是一个真正的原创公众号"。

黄志杰在"说明"中指出，《甘柴劣火》的"所有信息，都在文中列明了出处，足以给大家核对"，并罗列了18种信源出处。他还表示，财新的"报道本身也是公共行为，呦呦鹿鸣将媒体作为报道主体，理所当然。文中引用了王（和岩）女士公开发表的在其个人青岛大学讲座的照片，已经表明这种将报道者作为主角的态度"。

1月13日，财新传媒主编凌华薇表示，"《甘柴劣火》不是洗稿，而是涉嫌赤裸裸的抄袭和侵权"，"此文抄了财新的一篇封面报道及两篇独家报道"，"从全文结构看，说核心事实都来自财新也不为过"。

【点评】

2018年，自媒体"洗稿"问题就成为热议话题，一些媒体平台也出台了保护原创、处罚变相抄袭的措施。① 在这一案例中，《甘柴劣火》究竟是否属于"洗稿"，成为舆论关注的焦点。

所谓"洗稿"，魏永征教授认为，就是以更换一定的表达方式（句式、词汇、结构等）来将他人（一件或多件）新闻作品的内容（事实或观点）变成自己作品的行为。② 更换表达方式如：更换同义词、调整语词结构、转换语序、增删非关键词语、变动段落等，但是洗稿作品与他人作品的主题、观点以及总体内容则高度相似。针对《甘柴劣火》一文，重庆大学新闻学院张小强教授团队运营的微信公众号"小强传播"通过万方相似性检测系统检测认为："虽然本文只是用部分比对源做了检测，但可以初步认定《甘柴劣火》存在洗稿式抄袭和版权侵权。若扩大比对库，把财新的文章纳入，肯定

---

① 年度传媒伦理研究课题组.2018年传媒伦理问题研究报告[J].新闻记者，2019(01).
② 魏永征.魏永征教授讲授"洗稿"与自媒体[EB/OL].魏永征的博客，(2019-07-30). http://yongzhengwei.com/archives/33800.

能发现更多问题。"①微信公众号"山寨发布会"采取"信息块"比对方式，对《甘柴劣火》和财新王和岩的相关稿件进行比较发现，《甘柴劣火》前五小节中有三个小节，出于财新的内容比例超过2/3，第三节更是达到100%，第五小节直接出自财新的内容也超过了1/3。而前五小节35个信息块中，注明出自财新或王和岩的，总共只有3处。②由此可见，《甘柴劣火》遭遇财新传媒及诸多媒体人的"洗稿"讨伐，不为无据。

"洗稿"以变换表达方式来规避侵权行为，很难从法律层面进行惩处。因此，以写作为业的传媒人对"洗稿"同仇敌忾，不难理解。而围绕《甘柴劣火》这一热点事件的讨论，对达成"洗稿"标准的共识，规范平台媒体管理制度，加强传媒伦理的约束力无疑有积极意义。

但是，对于《甘柴劣火》这一案例，作者却未必存着"洗稿"的故意。其在文章开头就写道："本文所有信息，均来自国内官方认可、可信赖的信源，敬请诸君知悉。"其实，在传统媒体时代，各媒体间用"综合稿"的形式整合其他媒体的报道内容，已是多年来的操作"惯习"。此次"惯习"失效，恐怕与财新传媒实施"付费墙"的经营模式有关。财新以高品质的独家报道，支撑起付费阅读的经营模式，内容版权是其核心利益所在。胡舒立表示，虽然一些有价值的深度报道读者可以免费阅读，但检索或引用的时候，财新会进行一定的收费。③也就是说，即便"呦呦鹿鸣"以注明出处的方式整合相关报道，但同样违反了财新版权保护的要求。

另外，许多讨论者也注意到版权保护与鼓励有价值的内容生产的平衡问题，他们特别指出在我国媒体管理制度下，自媒体没有新闻采访与发布权，"呦呦鹿鸣"等自媒体选择整合新闻的操作方式展开具有公共价值的讨

---

① 小强传播."甘柴劣火"抄袭检测鉴定报告（万方相似性检测系统）[Z/OL].微信公众号"小强传播"，(2019-01-13). https://mp.weixin.qq.com/s/Z9QJ4_PJj0cVx9dtvG1yUA.
② 冲科技内容部.折《甘柴劣火》读十余篇财新，一种洗稿鉴别机制初试 [Z]. 微信公众号"山寨发布会",2019-11-15, https://mp.weixin.qq.com/s/d7yQrXG62V8YKfHtg5XMnw.
③ 叶铁桥，等.胡舒立：记者有人搞贪污腐败偷偷发财，也有很多人坚定不移做新闻 [EB/OL]. 刺猬公社头条号, (2019-08-01). https://www.toutiao.com/i6720018221832864269/?tt_from=weixin&utm_campaign=client_share&group_id=6720018221832864269&from=groupmessage&timestamp=1564736903&app=news_article_social&utm_source=weixin&utm_medium=toutiao_ios&req_id=201908021708220100160 6609377837ED&wxshare_count=2&pbid=6720494267468596744.

论，不宜苛责。如南京大学新闻传播学院杜骏飞认为，《甘柴劣火》不能算是一篇合格的新闻稿，但其关怀社会正义，是有良知、有笔力的"准新闻评论"，在这一立场上，讨论《甘柴劣火》"洗稿"与否已不那么重要。①中国传媒大学副教授黄典林认为，付费墙政策不是一刀切，把具有重大社会影响的报道传播出去，让更多的人阅读到，是媒体作为社会公器的一种责任担当。②作者黄志杰也表示，《甘柴劣火》是一种独家叙事，讲述的并非新闻，而是媒体与党政系统持续的冲突。此文以对多种信息来源内容整合为主，但是由于采取独特的梳理视角，具有价值。当然，真正意义上的整合不等于"洗稿"，而是通过对相关信息的重新梳理，建立新的逻辑关系，以揭示事件另外的面相。③2018年引发行业"地震"的《疫苗之王》，正是作者在之前专业媒体相关报道及有关上市公司年报的基础上"整合"而成的一篇佳作。英国《经济学人》甚至提出：我们从不做独家新闻，你只要花上20个小时通过谷歌搜索，我们提供的信息都能找得到。《经济学人》的真正价值有赖于它对于一切事物聪明的分析——它所认为值得知道的东西——以及精悍的形式，这将成为数字时代里最后一种真正非凡的贡献。④

在自媒体大行其道的今天，如何鼓励优质内容的生产，规范言论的合理表达，推动公共信息的传播，亟待研究。中国人民大学新闻学院王思文、陈绚的意见值得重视：要给予合理使用制度以适当的司法解释，首先要为权利主体创造公平公正的竞争环境，讨论"呦呦鹿鸣"是采用了"洗稿"方式还是其本为独创性综述实际上并没有太大的意义，毕竟其对开启民智还是有好处的。在中国目前的著作权保护制度下，更需要讨论的可能是该如何给合理使用制度一个较好的使用环境，以更好地实现社会利益的平衡。⑤

---

① 杜骏飞.讨论课：《甘柴劣火》（杜课第778期）[Z/OL].微信公众号"杜课"，(2019-01-13). https://mp.weixin.qq.com/s/wlyvI_86TGlWMtOre8BB_g.

② 蔡浩爽,等.《甘柴劣火》被质疑"抄袭"之后，我们采访了业界和学界大拿[Z/OL].微信公众号"新京报"，(2019-01-14). https://mp.weixin.qq.com/s/BJynVfHeQCNToW6PcU07hw.

③ 黄志杰.社会在崩塌——关于财新网记者攻击呦呦鹿鸣一事的说明[Z/OL].微信公众号"呦呦鹿鸣"，(2019-01-12). https://mp.weixin.qq.com/s/QYrwbfH-SlVmQ83fHD5DsA.

④ 刘鹏.传统媒体融合转型的若干趋势[J].新闻记者,2015(04).

⑤ 王思文,陈绚."微时代"新闻传播的"合理使用"与传播权益：以"甘柴劣火"为例[J].国际新闻界,2019(10).

2.百度为"百家号"引流凸显搜索引擎"隐形霸权"

【事件】

1月22日,微信公众号"新闻实验室"发表方可成的文章《搜索引擎百度已死》指出,近半年来通过百度搜索的结果,第一页基本有一半以上会指向百度自家产品,尤其频繁出现的是"百家号"。"百家号"是百度的自媒体平台,刚推出的时候曾经主打过优质作者和高品质内容,后来几经调整,现在成了一个以营销号为主体的内容平台——内容包罗万象,数量很大,质量堪忧。①

方可成的文章引发舆论关注,次日百度官方进行回应表示:目前百度搜索结果中,百家号内容全站占比小于10%;现有百家号创作者覆盖了全部的权威媒体和资讯机构,也包含了大量优质的自媒体。

鉴于百度以"全站占比"回应"第一页搜索结果"的指责,上观新闻使用12520个搜索热词在百度搜索上进行了测试,返回结果显示,50.3%的关键词在第一页有一半以上的结果指向了百度自家的网站,这其中有59.3%指向百家号。也就是说,如果第一页有10个链接是百度自己的网站,那么6个都是百家号。如果再把范围扩大一点,89.8%的关键词在第一页结果中包含百度自己的网站,84.5%有百家号。②

魏武挥认为,在此事件中,百度扮演了流量分配者的角色,操控了人们能够看到哪些内容,同时也从流量分配上获得了巨大的利益,因此应该对导流内容承担"主体责任",加强自我审核。③

【点评】

百度给自家产品引流,似乎并不违反商业伦理——就像一家百货商场,把自己生产的产品放在醒目位置吸引顾客购买,不是很平常的事?然而,搜索引擎的作用绝不同于百货商场。搜索引擎的信息检索主要涉及三方:网页作者、搜索引擎以及搜索用户。在海量网络信息的环境下,搜索引擎依靠可

---

① 方可成.搜索引擎百度已死 [Z/OL].微信公众号"新闻实验室",(2019-01-22). https://mp.weixin.qq.com/s/OL-WcP0LgGktNgL5yd1hiQ.
② 肖书瑶,脱崟.我们用12520个热词测试了百度搜索,发现了这些规律 [N/OL].上观新闻,(2019-01-25). http://data.shobserver.com/www/newsdetail.html?contId=1000632.
③ 魏武挥.重病患者百度 [EB/OL].魏武挥的博客,(2019-01-24). http://weiwuhui.blog.caixin.com/archives/197329.

检索性（retrievability）与可见性（visibility）两个指标，重构了网络结构，将信息内容和用户需求方便快捷地匹配起来。由于网页显示的有限性，大量的站点和页面并不会因为可检索就一定可见，这也构成了搜索引擎公司与网页/内容生产者围绕网络结构和用户使用展开的最为广泛的竞争。

此次事件中，百度搜索引擎算法赋予了"百家号"更多的可检索性和可见性。"百家号"作为一个由百度主导的多种主体共同参与的内容生态圈，通过算法技术和话题设置，处于该内容生态圈的创作者可以方便地参与到百度搜索建构出的内容螺旋中，在以流量为驱动的生产模式中采用如搜索引擎优化等技术将信息资讯、社交需求、流量变现、商业植入等进一步组合起来。百度给出的这样一个集中指向"百家号"的搜索匹配方案，实际上型塑了用户的信息接收秩序，新闻内容的重要程度被呈现的"位置"所取代，"真相"被"搜索排名最靠前的结果"重新定义了。①

正因如此，不能仅仅将百度看作一家商业公司。就像杜骏飞所说："搜索引擎作为目前互联网应用极其广泛的应用工具和信息平台，它其实已经承担了新闻媒体和公共信息检索平台的功能，实际上它就是一个媒体，甚至从功能和效用上看，比媒体更媒体，从客户端的体验来说，被认定为超级新闻媒体（新闻媒体的媒体）也是题中应有之义。所以我们可以说，它的应用属性不完全是商业性的，而且牵涉到公共领域的合法性、公共服务的公益性。"②在这个意义上，作为一家搜索引擎的百度需要着眼于公众的知情权、接近权，以公平、公正、开放的伦理标准设计其算法原则。

而另一个问题在于，搜索引擎返回的结果是"准确"的吗？与一般想法不同的是，搜索引擎不是"自然地"返回搜索结果。换句话来说，搜索引擎从来都不是被动地"反映"用户的关键词搜索结果，而是主动地对信息进行"有文化依据的组织形式重构"③。搜索引擎可以方便地呈现搜索结果，除对于既有的信息资源的征用之外，还高度依赖政治环境、经济利益、技术因素

---

① 方师师.搜索引擎中的新闻呈现：从新闻等级到千人千搜[J].新闻记者.2018(12).
② 杜骏飞.搜索霸权与网络社会的新危机——"百度屏蔽门事件"评析[EB/OL].爱思想网站，(2008-11-03). http://www.aisixiang.com/data/21896.html.
③ 方师师.搜索引擎中的新闻呈现：从新闻等级到千人千搜[J].新闻记者.2018(12).

和用户使用。从前几年的三鹿负面信息"屏蔽门"事件、竞价排名事件、魏则西事件到今年的引流百家号事件、假冒章子欣父亲发言事件、山西招办提醒考生不要用搜索引擎搜索填报志愿网站等，百度的技术架构、商业模式、企业文化引发争议不断。这体现出了网络技术主体对于信息传播所具有的"双重可能"：一端是更为广泛的高效传播与便捷反馈，另一端则是以牺牲公共利益为代价的被特殊利益殖民化。

更值得注意的是，搜索引擎位于互联网经济的核心，如此重大地影响着人们生活中的诸多关键决策，但其社会影响形式却是隐秘的。[1]此次争议也暴露出百度搜索引擎对"百家号"链接的强可见性，实则是滥用了用户对于搜索引擎返回结果的自然信任，设置了算法偏向，垄断了在线内容的可检索性，其效果类似于搜索引擎操纵。2012年美国皮尤研究中心的调查显示，73%的用户会认为"大多数用搜索引擎得到的信息是真实且准确的"，大部分用户对搜索引擎的返回结果相当信任，并强烈偏向于排位较高的链接，即使该内容与搜索关键词相关性较低。[2]

需要明确的是，媒介技术一方面型塑了我们的思维方式和生存方式，另一方面也造就了现代传媒帝国的霸权。[3]百度为百家号引流事件再次提醒我们，研讨确立搜索引擎伦理已是不容回避的重要课题。除去一般意义上的本能反应，我们更应该深入到事物的机理，厘清其中的技术逻辑与社会逻辑，倡导建立更为科学合理的可被多方共同监督质询的法律规范和评估体系，正视搜索引擎的"隐形霸权"。

3. "寒门状元之死"显现煽情主义传播危害

【事件】

1月29日，微信公众号"才华有限青年"推送的《一个出身寒门的状元之

---

[1] Introna, L. D., Nissenbaum, H. Shaping the Web: Why the Politics of Search Engines Matters[J]. Information Society, 2000, 16(3): 169-185.
[2] Purcell, K., Brenner, J. & Rainie, L..Search Engine Use 2012[EB/OL]. Pew Research Center Internet & Technology. 2012, http://www.pewinternet.org/2012/03/09/search-engine-use-2012/.
[3] 杜骏飞.构建公平健康的网络社会[EB/OL].和讯网, (2008-11-11). http://opinion.hexun.com/2008-11-11/111090680.html.

死》一文引发关注。文章讲述了一位出身贫寒却努力上进的高考"状元",坚持道德原则在生活中却屡屡受挫,最终因病早逝。文章使用了纪实的笔法,并在文末声明为了保护隐私,隐去了主人公真实的学校、姓名等。

"寒门状元"的遭遇引发网友们的同情以及对人生和社会境况的反思,纷纷转发此文,然而很快也有网友对其真实性表示了质疑。有人指出,文中称2013年参加高考的主人公高中时就看过《灵魂摆渡》,但实际上《灵魂摆渡》的上线时间是2014年。文章还提到主人公毕业2年就成为阿里巴巴P7级员工,阿里巴巴随后回应此情况不属实。

公众号"才华有限青年"是知名微信公众号"咪蒙"旗下公众号矩阵之一。针对质疑,咪蒙回应称:文章不是一篇新闻报道,这是一篇非虚构写作。故事背景、核心事件绝对是真实的。

虽然"寒门状元之死"很快就"因违规无法查看",但围绕文章以及公众号"咪蒙"写作风格的争论并未停息。

1月30日,《人民日报海外版》旗下的"侠客岛"微博表示:"焦虑心态的确存在,一定程度上反映了社会现实,要我们一起努力改变。但更眼前的是,你的焦虑倒成了他人的生意经。这种虚假故事熬出的'毒鸡汤'营销是不是情感欺诈?"

2月1日,"咪蒙"团队发布道歉信,并宣布即日起"咪蒙"公众号停更两个月,"咪蒙"微博永久关停。但是随即"人民日报"微博发表《人民微评:自媒体不能搞成精神传销》称,道歉信"避实就虚,避重就轻,暴露出一贯的擦边球思维"。

2019年2月21日,"咪蒙"及"才华有限青年"微信公众号注销。新浪微博、头条号、凤凰网等多家互联网平台同时宣布,"为履行企业主体责任,落实对自媒体管理的相关管理要求,严厉打击通过'贩卖焦虑'以及其他通过消极低俗内容获取流量的行为",关闭"才华有限青年""咪蒙"等账号。

【点评】

"咪蒙"的文章一向因其亦真亦假的"事实"、亦正亦偏的极端化价值观受到诟病，甚至朋友圈里一度流行"含咪量"测试（微信朋友圈关注"咪蒙"公众号的好友数量）来判断自己的人际关系网的品质。虽然如此，却不能否认咪蒙是数字媒体时代的"流量明星"，而是否有足够多的流量，则是数字媒体经济是否成功、能否变现的关键。因此，以"咪蒙"为代表的很多自媒体人俨然成为今天传媒业的成功人士，到处传授他们的"爆款方法论"。而他们制造"爆款"的方法，最基本的就是迎合受众、煽情传播。

煽情主义以激发读者的感官刺激和情感唤起为目的，具有帮助读者融入社会的功能，但也被视为"以诚实、准确、公正为准则的传统新闻的道德滑坡和价值体系崩塌"。①"咪蒙"系的写作就如澎湃新闻的评论所说，往往事先揣度读者的心态和情绪，再炮制出相应的情绪填充物，所有的情绪、构思、表达乃至想传达的意思，都缺乏最基本的诚实，它们或夸大，或杜撰，或断章取义，或哗众取宠。古代文人强调"修辞立其诚"，但是现代社会文人从精神生产者变成商品生产者，甚至将文字当作赚钱的工具，在一个商品化的年代，"咪蒙"系的写作必然长期存在，因为受众的情绪才是根源。这也是为什么每次反"咪蒙"运动都轰轰烈烈，但"咪蒙"仍然屹立不倒，隔一段时间就有爆款刷屏。②

的确如此，"咪蒙"关闭了，但我们看到，数字媒体世界煽情主义传播风头未减，还会有新的网络大V甚至专业媒体以这种方法蹿红更受追捧。比如同样在2019年引发争议的卢克文，《新京报》评论认为，"咪蒙是通过'编故事'达到'贩卖焦虑'之效，卢克文则是通过'编故事'获得想要的证据，达到预想的戏剧化效果。在他们那里，事实本身都可以让位于目的"，"为了达到目的，可以对事实本身'不择手段'，这是二人的共通之处"。③

---

① 闫岩.从八卦到软新闻——历史、功能与争论[C]."多闻论坛"会议论文.南京,2019-04.
② 曾于里."反咪蒙运动"：一样的爆款冲动，始终的失效话语[EB/OL].澎湃新闻,(2019-01-31). https://www.thepaper.cn/newsDetail_forward_2933570.
③ 狄宣亚."编故事"的卢克文，让我想到了咪蒙[EB/OL].新京报网,(2019-11-19). http://www.bjnews.com.cn/opinion/2019/11/19/651688.html.

4.上海少年跳桥事件中的自杀报道乱象

【事件】

4月17日,上海卢浦大桥上发生一起跳桥自杀事件。据调查,跳桥者为一名17岁在校高二男生,经120确认当场死亡。

很快,事件现场视频就在网络上流传开来。画面中,车水马龙的卢浦大桥道路上一辆白色轿车突然停下来,一个少年打开后座车门,冲到桥边直接跳了下去。孩子母亲来不及制止,倒地痛哭。大量专业媒体、自媒体报道了这一事件,同时转发了这段视频,为让读者看得更加清楚,有些还截取片段做了动图展示。

在批评和提醒的声音下,部分媒体删除了相关报道及视频,但直到本文写作时在网上搜索,跳桥自杀视频仍大量存在,其中也包括某些央媒。

【点评】

此事发生后,上海人民广播电台《市民与社会》节目组织了一期讨论,一位女听众打进电话,说了她的故事:她正好和孩子处于一种略带冷战感的状态。她看到了17岁少年的跳桥视频,一开始并没有当回事。然后,她的孩子拿着手机过来,让她看这个视频。她说了一句看过了,还是没太放心上。但当她抬头看了一眼小孩,从其眼神中似乎读出了什么,那一瞬间,整个背寒毛竖了起来。受邀参加节目讨论的魏武挥说:"我理解她那个刹那的恐惧。"

对于自杀事件,国际媒体大都遵行一条原则:一般不要报道自杀事件,绝不能渲染式地报道自杀事件。各种关于媒体应如何报道自杀的伦理规范有很多,比如世界卫生组织(WHO)与国际预防自杀协会(IASP)联合出版的《预防自杀:供媒体工作者参考(2017年版)》中就对媒体如何"负责任地报道自杀"提出"六不要",包括:

• 不要将有关自杀的报道放在显著的位置,也不要过度重复这样的报道。

• 不要使用煽情或者将自杀正常化的语言,也不要将自杀描述为个体面对问题时一种有建设性的解决方案。

- 不要详细描述自杀所使用的方法。
- 不要提供关于自杀地点/位置的详细信息。
- 不要使用耸人听闻的新闻题目。
- 不要使用照片，现场录像或社交媒体的链接。

可以说，大多数专业媒体和自媒体在这一事件的报道中违反了上面全部六条原则。心理学家长期以来一直警告人们要注意自杀的传染效应（contagion effect），对象的死亡方法和情绪状态很可能会促使处于类似情绪状态的其他人复制悲剧故事。①而媒体之所以要有这些规范，也是因为对媒体和自杀关系的研究得出较为一致的结论：媒体报道自杀会导致自杀行为的增加。与自杀行为相关的图片会被易感的读者在处于个人危机等负性情况下激活，并可能促发他们的自杀行为。②

除了对"维特效应"的警惕，报道自杀行为时还需注意保护当事人家属的隐私，并避免对他们的再次伤害。前述WHO"规范"提醒：在使用自杀死亡者照片的时候要特别小心。如果使用了图片，要首先征得死者家人的同意方可。从居丧者那里获得的访谈信息的准确性也有待斟酌，因为他们对自杀者的回忆、陈述或者行为会由于正处于居丧期而有所偏倚。尊重他们的隐私比写一个戏剧性的故事更重要。这可能会引起他们痛苦的回忆和情绪波动。

但是，众多专业媒体、自媒体并没有做到这些，他们试图还原少年跳桥之前与母亲的冲突，甚至连母子间的对话都"报道"出来。没有对生命的敬畏的媒体被有些读者斥为"吃人血馒头"③，并不为过。

除了相关媒体报道的乱象，可能还需要追问：当时场景的视频是从哪里流出来的？恐怕这已不属于传媒伦理问题，但是任何权力的滥用以及对公民权利的侵害，都应该受到追究。

---

① Romer, D., Jamieson, P. E., Jamieson, K. H.. Are News Reports of Suicide Contagious? A Stringent Test in Six U.S. Cities[J]. Journal of Communication, 2010,56(2): 253-270.
② 世界卫生组织, 国际预防自杀协会. 预防自杀：供媒体工作者参考（2017年版）[EB/OL]. https://www.who.int/mental_health/suicide-prevention/suicide_prevention_journalists_zh.pdf.
③ 魏武挥. 能让我尊重的新闻媒体 已经不多了 [Z/OL]. 微信公众号"扯氮集", (2019-04-21). https://mp.weixin.qq.com/s/XOVm3S-Hny5XDhvoz0ugFQ.

5. 刘强东案中的"利益集团式新闻"

【事件】

2018年9月，京东CEO刘强东在美国明尼苏达州因涉嫌性侵女大学生被捕，京东官方回应称这是一起不实指控。当年年底，美国检方宣布对此案调查后决定不予起诉。2019年4月，指控刘强东性侵的女生刘某在美国正式对刘强东提起民事诉讼，并索赔5万美元，刚刚平息的舆论重回沸点，各种专业媒体及自媒体纷纷对案情展开报道。

4月22日，此前从未发过微博的用户"@明州事记"发布了两则视频，并配文字"刘强东明州案晚宴视频曝光，女方未醉酒主动跟随"；"仙人跳实锤？明州案公寓视频曝光 女方举止亲密主动邀请刘强东进入"。这些来源不明、未经查证的视频直接成为许多专业媒体报道的内容。《南方都市报》更于4月23日晚发表题为《网传刘强东"明州案"公寓监控！匿名录音曝光女生向律师索要钱财》的报道，除介绍上述微博账号发布的视频内容，称刘强东与"明州案"女方当事人共同进入了一公寓，"双方步态自然，并时有挽手等举动"之外，还报道"此前南都记者收到匿名邮件称，有刘强东代理律师和女方当事人的谈判录音"。《南方都市报》发布并翻译了这段录音。

【点评】

对于相关报道，特别是《南方都市报》放出一段匿名消息源提供的音频一事，曾供职于《南方周末》，后赴宾夕法尼亚大学安纳伯格传播学院修读博士学位的方可成在其微信公众号"新闻实验室"发表文章批评说："如果说把不知名小号放出来的视频未经验证就进行转发是机构媒体的堕落的话，那么作为曾经中国最好报纸之一的某报，直接放出未经验证的录音，那真是low得底线都已经完全没了。"①

数字媒体实现了"人人都有麦克风"，因此，"明州事记"可以匿名方式发布具有明显倾向性的信息。在美国学者比尔·科瓦奇和汤姆·罗森斯蒂尔看来，这种报道可以称为"利益集团式新闻"——他们制造新闻的目的不

---

① 方可成. 搜索引擎百度已死 [Z/OL]. 微信公众号"新闻实验室", (2019-01-22). https://mp.weixin.qq.com/s/OL-WcP0LgGktNgL5yd1hiQ.

是传播信息，而是控制新闻流程，影响舆论。对于专业媒体而言，涉入此类报道应当遵循"新闻必须全面而均衡"，好的一面或坏的一面都得报，"这样才能为公众呈现一幅公正而全面的新闻画面"。①在此案例中专业媒体应该做的事情是：核实视频真实性、调查视频信息的完整性（是否刻意剪掉了部分段落），并将核实之后的内容与女方起诉书进行比照。而《南方都市报》等媒体却像看热闹的"吃瓜群众"一样，"不知真假、不知是否完整、没有当事人的回应"，就把"自媒体"内容原样发布，"一家重要媒体就这样把自己完全当成了某一方的传声筒"。②

传媒人王志安在自己的微博中也对《南方都市报》的报道提出质疑，而且批评"南都的文字标题和内容，明显具有倾向性。他们在标题中隐去了女方要求道歉的字句，直接归纳为'索要钱财'"。"有据可查的是，京东是南都的大客户，相当大的客户。"

针对当前大变革中的专业媒体，有学者指出，市场化初期所带来的丰厚利润曾经支撑了中国新闻业者对于专业性的追求，也带来业者的"从容"，然而数字化对于媒体市场利润的冲击则摧毁了这种"从容"，商业上的焦虑已经构成了这个群体的支配性情感经验。③毫无底线的操作频生，专业媒体的商业焦虑恐怕是重要原因之一。

在刘强东案报道中，还有一个名为"北美留学生日报"的微信公众号发表题为《重磅！刘强东案149页警方档案公布：激吻、裸睡、鸳鸯浴、发生关系……》的文章，不但倾向性极强，而且内容低俗，随即遭到大量投诉被封。没想到三天之后即被解禁。公众号"科技那点事"发现，腾讯是"北美留学生日报"的投资方。④

---

① [美]比尔·科瓦奇，汤姆·罗森斯蒂尔.新闻的十大基本原则[M].刘海龙，连晓东，译.北京：北京大学出版社，2011:52-54.
② 方可成.搜索引擎百度已死[Z/OL].微信公众号"新闻实验室"，(2019-01-22). https://mp.weixin.qq.com/s/OL-WcP0LgGktNgL5yd1hiQ.
③ 李艳红，陈鹏."商业主义"统合与"专业主义"离场：数字化背景下中国新闻业转型的话语形构及其构成作用[J].国际新闻界，2016(09).
④ 科技那点事.因涉黄被封的公号北美留学生日报，三天后就活了，腾讯是股东[Z/OL].微信公众号"科技那点事"，(2019-08-01). https://mp.weixin.qq.com/s/h3En3H8N1m41cM3pR2EA4A?scene=21#wechat_redirect.

在隆隆的商业主义力量碾压之下，新闻的尊严荡然无存。

6.低俗文章推送凸显"新把关人"问题
【事件】

6月6日，演员林志玲在微博宣布与日本艺人AKIRA的婚讯。6月8日18点左右，新浪财经推送了一篇自媒体"商业锐眼评论"的文章《为什么说林志玲结婚是一次失败的IPO》。

该文将林志玲比作一个创业项目，因为找了一个名不见经传的人，所以"这个婚姻绝对是一次失败的IPO"。文章低俗不堪，引起网友的声讨。

新浪财经迅速删除了文章，并在当天22点多发布道歉声明表示：我们向用户错误推送了自媒体文章《为什么说林志玲结婚是一次失败的IPO》，给新浪财经的各位用户造成困扰，尤其给林志玲女士造成极大伤害，在此诚挚致歉。我们决定将推送文章的编辑负责人，以及负责审核的编辑予以开除和劝退处理。这篇文章及其公众号已经从新浪网及自媒体平台删除，并且永久拒绝其入驻。我们将深刻反省，并采取措施杜绝类似情况再次发生。

【点评】

"蹭热点"是提高网络传播流量的常见手段，"商业锐眼评论"作者深谙此道。而新浪财经编辑之所以选择推送这条文章，应该也是判断这篇"蹭热点"的文章能够为网站带来极高流量，哪怕它的价值观之扭曲、格调之低俗一目了然。

"把关人"是新闻学研究中的一个重要课题。学者从个体、常规、组织、制度和系统等不同层面考察把关过程，审视把关中的各种"力量"（forces），因为正是这些因素，决定着一起潜在的新闻事件是通过关口成为新闻，还是不为大众所知。而新媒体环境下，新的把关主体大量出现，他们决定了把关的内容、对象、关系、机制和效果，成为当前"把关人"研究的热点。①平台媒体的网络推送编辑，以及大量的审核员，还有看不见的推

---

① 白红义.媒介社会学中的"把关"：一个经典理论的形成、演化与再造[J].南京社会科学,2020(01):106-115.

送算法，都属于新的"把关主体"。然而与传统媒体时代的把关人不同，他们大多没有接受过专业教育，甚至是否有基本的媒介素养也存疑。比如，本案例中新浪财经发布的道歉信，第一次版本语句不通，意思完全弄反了。再如，8月12日，腾讯视频发送一则《山东省应急厅消息：台风利奇马已致全省人死亡，7人失踪》的推送，成为笑料。看得到的，是低级推送失误，由此类推，必然还有更多看不到的，是对优质内容毫无理由的拦截。

有媒体曾经披露过平台媒体审核员的工作："你要是做过新闻，真正在报社待过，肯定看不上这个工作。为什么？这跟你的价值观不一样。它就为了钱，没有启蒙教育意义，也没有责任心。你像我们写稿子，说这是希望能给老百姓带来一点改变，能为弱势群体做些什么，是吧？人家这就是，我能赚多少钱，你这效益什么样，成本是多大？""有人曾经说过，为什么网上发的一些东西，莫名其妙就没了，都是一帮什么都不懂的小屁孩，坐在办公室删的。"[①]李普曼认为媒体建构的"虚拟现实"决定了人们对外部世界的认知，而这些"新把关人"，决定了我们"能看到什么"，其对社会认知的影响不应小觑。

7.暗访按摩店不雅画面及不当暗访
【事件】

7月27日，四川电视台新闻频道晚间节目中，播出一条暗访涉黄按摩店的报道，视频中竟然出现不雅画面。在节目里，按摩女把暗访偷拍者带进房间，暗访者做了个"正规按摩"，然后"借故离开"。

网络上出现大量对该视频画面的转发、批评。7月29日，四川电视台新闻频道发表道歉信称，"在制作编辑节目及审片过程中，由于编审人员责任心不强、疏忽大意、审核不严，导致当时并未发现节目中的不当画面。出现这样的严重错误，我们难辞其咎，深感自责"。道歉信呼吁网友们不要再次传播不雅画面，避免不良影响继续扩散，同时还表示，频道已成立调查组，查

---

① 刘子珩.正午|"我决定了你能看到什么"[EB/OL].正午故事,(2018-09-06). http://www.sohu.com/a/252224145_550958.

清事实、区分责任，责令相关栏目进行全面整改，对相关责任人做出停职处理，彻底检视、反思发稿流程和审核播出制度，坚决杜绝类似错误。

【点评】

正如四川电视台道歉信中所说，审核把关不严，的确是造成这一播出事故的重要原因，但除此之外，从传媒伦理角度，此事还有更重要的可议之处。

在道歉信中，四川电视台表示，"尽管我们的初衷是对社会不良现象进行舆论监督"。这里，恐怕是对什么是"舆论监督"有一点误解。舆论监督一词是20世纪80年代我国新闻学术界提出，被党的文件、相关法规采纳，成为中国共产党新闻和宣传理论中的一个重要概念。它具有党和政府领导、管制职能的延伸的特点，其核心是针对政府和社会公共事务的批评。① 而这种报道题材的选择，真的够得上舆论监督吗？有媒体同行对此也表示"不敢恭维"，"人物对话、场景选择、字幕显示，无一不具有强烈的暗示性。这样的表现形式，难免不让人觉得，制作这则新闻到底是为了获取按摩店及其周边的真实信息，还是为了博眼球、抢流量？"②

另外，这条新闻采取了暗访的报道方式。对于隐性采访（暗访），新闻学术界一向要求尽量避免，谨慎行事，而新闻实践者则从转型社会特殊语境出发，更倾向于支持隐性采访。③ 但是这并不意味着对隐性采访中的一些原则没有共识，比如，不能采取诱导式采访，在对违法犯罪活动的暗访中不能进行"体验式采访""参与式报道"等。④ 尽管四川电视台接受媒体采访时称视频中进行暗访的是"线人"，但也无法撇清不当使用隐性采访方式的责任。

---

① 魏永征. 新闻记者权利浅说：传媒规范简论[M]. 北京：世界图书出版公司, 2015；陈力丹，主编. 马克思主义新闻观百科全书[M]. 北京：中国人民大学出版社, 2018:189.
② 李勤余. 如此暗访，不要也罢[EB/OL]. 澎湃新闻, (2019-07-29). https://m.thepaper.cn/newsDetail_forward_4032533.
③ 陈力丹，王辰瑶，季为民. 艰难的新闻自律[M]. 北京：人民日报出版社, 2010:188-197.
④ 魏永征. "福喜事件"和"卧底采访"的限度：传媒规范简论[M]. 世界图书出版公司, 2015-08:200-207.

8. AI换脸技术普及催生"深度伪造"风险

【事件】

2019年初,一段借助"AI换脸"技术制作的94版《射雕英雄传》在网上流传,在这段题为"如何让杨幂拥有朱茵的演技?"的视频中,原来黄蓉扮演者朱茵的脸被换成了女星杨幂的,换后杨幂的表情、动作自然流畅,甚至被赞"颇有灵气"。

8月30日,一款名为"ZAO"的视频换脸APP在各大应用商店上线,引发疯狂下载,仅2小时服务器就满载告急。ZAO自称是一款"使用顶尖AI技术的换脸神器","仅需一张照片,出演天下好戏"。由于换脸效果惟妙惟肖,非常容易以假乱真,并且收集用户手机号码、面部识别特征等大量个人信息,因此引发人们对个人隐私、内容版权、网络安全等问题的极大担忧。之后ZAO被工信部约谈,并于三天后下架。不过,目前一些视频网站依然可以搜到很多"换脸"内容,甚至还有专门从事换脸视频制作的博主。

【点评】

ZAO在中国主要引发侵犯用户隐私权的担忧,但从技术应用的国际趋势看,AI换脸技术更严重的威胁,则是虚假信息制作与传播的问题。[①]

AI换脸技术与国外流行的"深度伪造"(DeepFakes)类似,是一种基于人工智能的图像合成技术,它使用"生成性对抗网络"(Generative Adversarial Networks,GANs)的机器学习技术,将现有图像和视频进行组合并叠加到源图像或视频上。[②]"深度伪造"的出现和发展本来是学术机构的科研项目以及由在线社区的业余爱好者使用,随着技术的快速发展,不但能制造更加逼真的图像,软件使用起来也更加简便快捷,并且易于访问。2016年,Face2Face计划修改了一个人脸部视频片段,用来实时模仿另一个人的面

[①] 隐私护卫队. 换脸软件 ZAO 疯传背后存巨大风险 隐私护卫队建议注册时谨慎点击"同意"![Z/OL]. 微信公众号"隐私护卫队",(2019-08-31). https://mp.weixin.qq.com/s/u6IlIvnYWPnLP5AWOs8SDw.

[②] Hao, K.. Inside the world of AI that forges beautiful art and terrifying Deepfakes[EB/OL].(2018-12-01).https://www.technologyreview.com/s/612501/inside-the-world-of-ai-that-forges-beautiful-art-and-terrifying-deepfakes/?utm_campaign=the_algorithm.unpaid.engagement&utm_source=hs_email&utm_medium=email&utm_content=73698648&_hsenc=p2ANqtz-_4ZpnieVyMfpZ-YYabE_bdSMjDAn3qTeZwIfjwD8vDA67TdzmxUd5K7s-Z7FUO0KSPlUmJaCreKlo6k89ootCpnpmUKQ&_hsmi=73698648."

部表情。①2017年的"综合奥巴马项目"（Synthesizing Obama program）修改了美国前总统奥巴马的视频片段，对应了他在一段单独的音轨中的口型。②这两个项目使得深度模仿技术更加逼真，并且不需要用相机实时采集对象的动作和表情，普通用户即可上手制作。

之后这种技术走出学术研究领域开始普及，用途就出现了变化。"深度伪造"这个词就源于2017年底红迪网站（Reddit）上一个网名为"deepfakes"的用户。他在红迪社区中分享了大量仿造的色情视频，其中男女演员被替换成很多名人的样子。③而除了色情视频，深度伪造还被用来歪曲知名政治家。比如2019年1月，福克斯电视台的附属公司KPQ播放了一则特朗普在办公室演讲的深度伪造视频，借此嘲笑他的外表和肤色。2019年5月，美国众议院议长南希·佩洛西（Nancy Pelosi）成为两个深度伪造视频的造假对象，特朗普在Twitter上分享了其中一段视频，标题是"佩洛西在新闻发布会上口吃"。这些视频被主流媒体认定为深度造假，并引起了美国众议院情报委员会的注意。

2019年6月，美国国会众议院常设情报特别委员会召开公开听证会，讨论人工智能、媒体操纵和深度伪造技术对国家安全的挑战。听证会认为，对于一个潜在的严峻的"后真相"未来，公共部门、私营部门和整个社会都应思考该如何应对，在其中应该发挥怎样的作用。德国政府也表示，AI视频换脸技术会从根本上削弱公众对录音和录像真实性的信任感，因此也会降低公共信息可信度。这种技术一旦被用于操纵舆论，将给社会和政治带来巨大风险。

对传媒业而言，深度伪造技术的流行具有深远的影响：深度伪造编辑"现实"的技术挑战了媒体记录现实和保存图像证据的能力，"有图"甚至

---

① Thies, J., Zollhöfer, M., Stamminger, M., Theobalt, C., Nießner, M.. Face2Face: Real-Time Face Capture and Reenactment of RGB Videos[C]. IEEE Conference on Computer Vision and Pattern Recognition ACM,2016: 2387-2395.

② Suwajanakorn, S., Seitz, S. M.. Kemelmacher-Shlizerman, I. Synthesizing obama: learning lip sync from audio[J]. ACM Transactions on Graphics (TOG), 2017,36(4): 95.

③ Cole, S., Maiberg, E..Deepfake Porn Is Evolving to Give People Total Control Over Women's Bodies[EB/OL]. (2019-12-26). https://www.vice.com/en_us/article/9keen8/deepfake-porn-is-evolving-to-give-people-total-control-over-womens-bodies.

"有视频"都不再有"真相"，各种事实要素被滥用；深度伪造对真实人物的身份进行了双重或多重化的演绎，便于对其实施侵权行为，还可能煽动暴力、仇恨和冲突；深度伪造扰乱和改变公共叙事，对新闻的线索和周期进行了重组，强化了制作者操纵公众观念和意识形态的能力；通过计算宣传和个性化的微瞄准工具，深度伪造能够带来虚假内容的病毒式传播，扰乱信息秩序，削弱事实核查的效力。鉴于目前检测深度伪造内容的技术难度很大，因此必须通过伦理规范的未雨绸缪及有效的法律手段予以约束，比如美国国会两党议员分别在众议院、参议院同时提出《2019年深度伪造报告法案》（*Deepfakes Report Act of 2019*）。11月30日，由国家互联网信息办公室等印发的《网络音视频信息服务管理规定》强调，网络音视频信息服务提供者和网络音视频信息服务使用者利用基于深度学习、虚拟现实等的新技术新应用制作、发布、传播非真实音视频信息的，应当以显著方式予以标识，不得利用基于深度学习、虚拟现实等的新技术新应用制作、发布、传播虚假新闻信息。

9. "眼睛塞纸"轰动一时与媒体炒作之责

【事件】

11月11日，河南省广播电视台都市频道公众号发表题为《7岁女童眼里取出几十张纸片？知道真相所有人都愤怒了》的报道称：禹州市大涧小学二年级的一位小女孩（本文化名小花）在学校遭到同学欺负，两名小男生按住她，另外一名小男生往她眼睛里塞纸片。从9月29日至今，小花眼睛里会时不时冒出一些小纸片，一个多月的时间，小纸片竟至少有几十张！家人带着小花多次前往医院就诊，从她眼睛里取出的小纸片多达几十张！

这样一起恶性校园霸凌事件引起人们的愤怒，全国媒体纷纷转发并跟进报道。由于涉事学校校长在接受都市频道电话采访时说，"七八岁的小孩他们也没啥恶意，就是说小孩们在一块就是玩了"。除了关注校园霸凌行为，校长轻描淡写的回应被认为是推卸责任，引发更大一波舆情。

第二天，禹州市教育体育局公开回应称：女孩经北京同仁医院诊断"眼睛里已经没有纸片和症状"，几方协商一致，签订了赔偿协议。市教育体育局决定对磨街镇教育总支书记进行约谈，责令该校校长和该班班主任写出深刻检查，并全市通报。学校及老师对受害者家长赔礼道歉。《新京报》就此发表评论文章《7岁女孩眼睛被塞纸片，岂能把校园欺凌当"闹着玩"》，认为涉事校长跟班主任遭处分，是"咎由自取"。

11月14日，针对仍难以平息的舆情，禹州市政府宣布已成立由分管副市长任组长的联合调查组，对事件进行全面深入调查。

然而，11月25日，澎湃新闻的一篇报道使事件出现反转。报道采访事发当天接诊的禹州市人民医院副主任医师杨国禹，他说当时检查，小花眼睛确实有些红，但没发现纸片，"开了些眼药，病人就回去了"。杨国禹认为，往眼睛里塞几十张纸片，"理论上是不可能的，医生也放不了那么多"。澎湃新闻多次打电话、发短信给小花母亲，均未获回复。11月16日，小花奶奶向澎湃新闻称，小花妈妈带着小花出门了，"不说了不说了，事情解决好了"。

【点评】

河南都市频道的报道开头，就引用一句俗语：眼睛里揉不进半粒沙子。同时，还配发了女孩家长留存的小纸片，有几十张之多。但是，以我们的常识就可以判断：眼睛里怎么可能塞进如此多的异物？当然，常识未必是真理。澎湃新闻采访多位眼科专家，他们也都认为：眼睛里塞几十张小纸片，不可能，违背科学！①

都市频道的报道只凭女孩家长的投诉，便对如此违背常识的情况毫无警惕，照单全收，显然违背平衡报道的专业准则。无论中西，客观公正被认为是新闻专业理念的奠基石，尽管客观性原则在实践中是不完善的，但并不意味着记者不应该将其作为追求的目标。其中平衡报道的操作手法，就是实现客观性追求的基本规范。②如果秉持平衡报道规范的话，对于争议性事件就不能只听一面之词，而应该对希望向媒体倾诉的一方保持质疑的态度，对于争议各方都应采访并完整呈现他们提供的事实和意见。而根据当地教体局的

---

① 段彦超，胡丹萍. 眼科专家谈"女童眼睛被塞几十张纸片"：不可能，不科学 [EB/OL]. 澎湃新闻，(2019-11-2). https://m.thepaper.cn/newsDetail_forward_5063068.
② 陈力丹，周俊等. 中国新闻职业规范蓝本 [M]. 北京：人民日报出版社，2012.

回应，事发当天班主任就陪同小花去医院检查，后来家长发现小花眼睛里仍有纸屑出来，在禹州市人民医院办理住院手续，住院期间学校先后安排两名老师全程陪护，并垫付了治疗费用。10月25日，在家长要求下，学校老师陪同小花家长带孩子到北京同仁医院，先后有医生、专家、特需专家检查得出结论：眼睛里已经没有纸片和症状，可以回家。在北京的治疗费用由学校垫付。这些情况，在都市频道的报道中完全没有呈现，记者仅仅给校长打了个电话，正显示出对平衡报道规范的敷衍塞责。

毫无疑问，小花的确遭到了校园欺凌，但是，如果没有眼睛里塞几十张小纸片这样惊悚的情节，这不过是一起平常的校园新闻，未必能够被媒体报道，更不可能引起全国媒体的重视，当然也无法掀起巨大的舆论风暴。当有疑处而不疑，未必是记者缺乏常识，更可能是抱着搞个大新闻的炒作之心。家长里短、鸡毛蒜皮的民生事件是都市类媒体报道的擅场，然而稍不谨慎，媒体自己也会沦为一地鸡毛。

如此荒唐的事情，全国一大批媒体并不质疑，而是竞相转发、跟进，发表了一篇篇"义正词严"的评论，也值得深入反思。这种网络共享的方式，似乎免除了其他媒体的核查责任。就像美国记者奥弗霍尔泽所说："一旦一则新闻出笼，似乎与之相关的所有新闻都是真实的，报道被一家媒体所决定——被一家报纸或电视台的叙述所决定……部分原因是新闻机构已经被联合在一起，部分原因是电子媒体的报道方式，我们都在一个槽里进食。"①

10. "不寒而栗的爱情"引发伦理争议
【事件】

12月12日，《南方周末》微信公众号及纸媒头版发布了记者柴会群采写的报道《"不寒而栗"的爱情：北大自杀女生的聊天记录》引发舆论热议。文章披露了"一个发生在高校学生间的不寻常的恋爱样本"。

同日，《三联生活周刊》微信公众号发表署名"尤铭"的文章《有罪

---

① [美]比尔·科瓦奇，汤姆·罗森斯蒂尔，新闻的十大基本原则[M]，刘海龙，连晓东，译．北京：北京大学出版社，2011: 78.

推定?——为什么我们不这么报道"不寒而栗"的新闻》,认为"一个公共媒体,不应该发这么一篇轻率的报道"。从新闻伦理角度,"尤铭"的文章批评说,"这件因为感情引发的悲剧,男女双方的冲突是核心",《南方周末》的报道未能遵循平衡报道原则,导致"不愿意配合采访"的一方被"舆论踩在脚下"。同时对女方使用化名,男方却以实名报道,未能公平地保护被采访对象的隐私;另外,报道呈现了一个"因果关系特别简单明确的'故事'",而现实中悲剧的发生往往有更为复杂的原因。

当天晚些时候,自杀女孩的同学通过微信公众号发表《我是包丽的朋友,真相远比你知道的更可怕》,提出包丽之死的根本原因在于男方对其进行的精神控制和精神暴力,同时贴出大量两人微信对话的截图作为证明。

引起广泛关注后,《南方周末》的报道和自杀女孩同学的文章在微信公众号上消失,但是争论仍在继续。

【点评】

围绕《南方周末》的报道及相关批评,业界展开了激烈的讨论,比较多的意见认为,《南方周末》的报道有瑕疵,但并未严重违背新闻伦理,《三联生活周刊》的指责则显得不够专业。

《南方周末》的报道的确容易令人产生"三联"同行的疑虑:"一个发生在高校学生间的不寻常的恋爱样本",是具有公共价值的社会问题案例,还是出于猎奇目的报道的个人感情纠纷?由于女方自杀已经"脑死亡",男方拒绝接受采访,报道几乎全部依托女方家人提供的材料叙事,对男方展开"道德审判",是否存在不平衡的问题?

涂尔干的研究早已证明,任何一个自杀事件都属于社会问题。从《南方周末》的报道来看,其以两性间的精神虐待、精神控制为主题,其后也在读者中就此话题引发广泛而深入的思考和讨论,证明了报道的公共价值。

平衡、对等报道是实践新闻"客观性法则"的最重要的操作要领,是西方新闻专业主义的重要原则,但在实践中也往往流于"策略性仪式"。[①]在中

---

① 陆晔.美国新闻业"客观性法则"的历史演进[J].新闻大学,1994(6).

国新闻业界，媒体人更强调的是给对立各方以平等发声的机会，而不是在一方拒绝采访时就放弃报道，甚至在某些舆论监督报道中为"倒逼"那些不愿出来面对公众的权力部门而使用仪式性平衡报道。比如柴静援引梅尔文·门彻在《新闻报道与写作》里的说法——"尽可能给每一方，尤其是受到指证的一方说话的机会"提出，"尽可能"的意思就是即便有人拒绝采访，媒体也要把他的态度呈现出来，"有些人的观点在片子中必不可少，那就把为了得到他的观点而采取的措施呈现出来"。①这是多数媒体人对《南方周末》报道在平衡问题上表示认可的原因。

当然，《南方周末》的报道也存在无可辩驳的缺失，比如，其对女孩自杀的详细介绍显然违反了媒体自杀报道的要求。另外，也有媒体人指出，"传递信息和事实只是媒体的社会功能之一，还要寻找事件、现象、趋势背后的共性和原因。即既要回答'是什么'，还要回答'为什么'，只有这样，我们才能看清事件背后的土壤和形成机制，才能亡羊补牢，避免更多憾事和悲剧"。而此文"只聚焦'是什么'，而没有回答'为什么'，即悲剧背后有无更隐藏和深刻的原因，转折是怎样发生的？类似的问题还有多少？如何避免和解决……"②此外，是否有必要对男方进行实名报道，也是值得商榷的。

我国媒体同行间互不批评，是多年以来的一个默认规则，这次《三联生活周刊》公开批评《南方周末》的报道，是传媒业很少见的现象。尊重媒体同行，并不意味着不允许互相纠错、互相监督，但是，批评一定要以专业的形式。比如，2018年10月19日，《科技日报》在头版发表文章，直指《黑龙江日报》"非转基因大豆报道严重失实"。文章通过采访中国疾病预防控制中心、华中农业大学教授以及中国农业科学院生物技术研究所等机构的专家，对前一天《黑龙江日报》刊登的原黑龙江省大豆协会副秘书长王小语专访内容进行了严厉批驳。《科技日报》是我国科技领域最重要的媒体之一，

---

① 柴静. 调查性报道中的平衡技巧 [J]. 中国记者，2005(03).
② 叶伟民. 争议《"不寒而栗"的爱情》，到底在争议什么？[EB/OL].(2019-12-15). https://zhuanlan.zhihu.com/p/97520462.

其报道也建立在对相关领域重要专家采访基础上,对于严肃科学传播、澄清科学认知是有价值的,这样的媒体相互监督也值得提倡。而《三联生活周刊》与《南方周末》同为主打调查性报道的新闻媒体,专业的纠错方式应该是通过同题报道、更深入更专业的采访调查,展现不一样的真相。至于编辑个人对于新闻业务的批评探讨也值得提倡,但更适合发布在相关专业媒体或个人自媒体上。

在这里还必须指出的是,腾讯新闻在转载《南方周末》文章的时候,将标题改为《不寒而栗的爱情:因为不是处女,北大女生遭男友精神折磨后自杀》,显失偏颇。新修订的《中国新闻工作者职业道德准则》对此有明确规定:"抵制严重歪曲文章原意、断章取义等不当摘转行为。"

三、结语与讨论

与往年相同,我们选取十个传媒伦理典型案例进行梳理和点评。需要指出的是,除此之外还有不少引发讨论、传播甚广的案例:比如1月25日河南《漯河日报》刊登《善良心灵绽"金花"》,报道中聋哑婆婆说了话,该报随后道歉。类似正面宣传过分拔高,陷入荒诞窘境的案例也曾发生在《内江日报》,我们在《2017年传媒伦理问题研究报告》中曾进行过分析。① 再如,3月13日《新京报》刊发岳阳"慰安妇"幸存者报道,引起相关当事人对报道内容虚假、当事人未全部同意公开真实姓名等问题的质疑,《新京报》虽然进行了反驳与解释,但也提醒媒体对悲痛事件报道需要更加审慎,防止"二次伤害"。又如,4月初视觉中国冒充"黑洞"照片著作权方,并引发媒体对其"碰瓷式维权"的讨伐,从而暴露了一种有违商业道德的盈利模式。另外,各类媒体各种离谱的文字差错仍然不断,如12月9日《半岛都市报》报道国足参加东亚杯的23人名单中,竟有15人名字出现差错。有报道称是由于记者对接不上足协,没有拿到通稿,也未与权威渠道核实造成差错,这暴露了

---

① 年度传媒伦理研究课题组.2017年传媒伦理问题研究报[J].新闻记者,2018(01).

一些记者靠通稿"采访",媒体核实机制缺位的老问题。

传媒伦理实践中的争议案例,体现出数字传播环境下传媒伦理的"三重紧张"(tensions on triple levels):

第一重是专业媒体与在线媒体的价值紧张:传统新闻文化所具有的准确性、平衡性、事实核查、专业把关等,同在线媒体的精准性(分发)、倾向性、事后纠正、技术过滤等,虽然不是完全针锋相对,但是在价值观念上已经拉开距离。

第二重是机构媒体与自媒体的影响力紧张:"数字通信的速度并没有创造出新的不道德形式,但却使不道德行为的实施得以在几乎不被注意的情况下迅速成为可能。"[1]一系列案例证明,大量涉及传媒伦理的事件都是在自媒体上引燃的,机构媒体甚至还没反应过来发生了什么,热点已经过去了,甚至是在新闻核查这样的强项上,很多时候机构媒体还没跟上,自媒体已经"自查自纠"完毕,机构媒体的影响力进一步被边缘化。

第三重则是平台媒体和新型技术对传媒领域的侵入紧张:以互联网、大数据、算法为驱动力的技术公司转型为平台媒体,以5G、人工智能、深度学习为形式的新技术渗透进内容生产和信息分发,这些正"降维攻击"新闻传播领域,衍生出新的伦理恐慌。

而与此同时,专业媒体内部依然没能强化最基本的伦理底线,导致在外部紧张重压下,自身伦理基石不断崩塌。新闻伦理被称为是新闻职业的"道德代码"(code of ethics)和"加农大炮"(canons of journalism)[2],而随着新闻伦理的逐步演变和转移[3],传媒伦理问题的频发显示了传播革命对原有传媒伦理框架带来的巨大挑战。"新闻伦理"之所以会成为一个问题,本质上关照的是如何将新闻从职业提升为专业[4],而对于更多新闻伦理、媒介伦理的观察和研究者来说,这直接来自于对媒介现实的深刻忧虑:

---

[1] Finnemore, M..Ethical Dilemmas in Cyberspace[J].Ethics & International Affairs, 2018, 32(4).
[2] Bertrand, C. J..Media Ethics and Accountability Systems[J]. Routledge,2018.
[3] Jennings, M..The Evolution and Devolution of Journalistic Ethics. imprimis [EB/OL].hillsdale.edu. Imprimis, (2019-07). https://imprimis.hillsdale.edu/the-evolutionand-devolutionof-journalistic-ethics/.
[4] 王金礼,新闻德性论:原则框架[M],北京:北京大学出版社,2016.

第一，新传播环境下传统新闻工作者的社会功能、职业角色等都发生了剧烈变化[①]，专业伦理规范需要重新厘定[②]；

第二，信息传播由过去的专业活动变成人人都可以为之的社会活动，不同传播主体担负的权利和义务不同[③]，社会传播规范有待建立；

第三，数字技术改变了传媒业的基本形态，但技术并非中立，其潜在的价值观实际地改变着社会认知，相应的数字媒体伦理（digital media ethics）、赛博伦理（ethics in cyberspace）也有待人文学者与科技工作者共同研讨。[④]

传统的媒介伦理注重在环境、组织、个体之间建立基于"伦理价值文化"的意识形态连接，而新的传媒伦理重点，则是要构建"职业伦理+社会伦理+技术伦理"的基本框架。[⑤]在这一新型伦理框架建构过程中，必然需要开放的多元主体就传媒伦理当前面临的一系列核心困境：价值冲突、最小伤害、隐私保护、平衡透明、技术伦理等，进行平等、理性、建设性的讨论与协商。本文的研究也正展现了这一过程，并期待对达成新的伦理共识能起到一定的推动作用。

（本文执笔刘鹏为南京大学新闻传播学院研究员，上海报业集团高级编辑；方师师为上海社会科学院新闻研究所助理研究员。感谢上海市新闻工作者协会新闻道德委员会办公室对本课题的支持与指导。感谢课题组专家《新闻记者》特聘顾问魏永征、吕怡然、贾亦凡，《新闻记者》编辑周岩，复旦大学新闻学院白红义教授，上观新闻尤莼洁、朱珉迕的指导意见）

[①] Himelboim, I., Limor, Y..Media institutions, News Organizations, and the Journalistic Social Role Worldwide: A Cross-National and Cross-Organizational Study of Codes of Ethics[J]. Mass Communication & Society, 2010, 14(1): 71-92.

[②] Singer, J. B..Norms and the network: journalistic ethics in a shared media space[J]. Journalism ethics: A philosophical approach, 2010:117-129.

[③] Patterson, P., Wilkins, L. & Painter, C..Media ethics: Issues and Cases[J]. Rowman & Littlefield,2018.

[④] Ward, S. J.. Digital media ethics. Center for Journalism Ethics[EB/OL]. University of Wisconsin-Madison, USA.2012, https://ethics.journalism.wisc.edu/resources/digital-media-ethics.

[⑤] Rodgers, R. R.. Media Ethics Beyond Borders: A Global Perspective[J]. Journalism and Mass Communication Quarterly,2008, 85(4): 944；Plaisance, P. L., Skewes, E. A., Hanitzsch, T.. Ethical Orientations of Journalists Around the Globe: Implications from a Cross-National Survey[J]. Communication Research, 2011, 39(5): 641-661.

2019中国数据新闻年度观察

戴 玉 李唯嘉

2019年度（2019.6-2020.7），是数据新闻进入新闻成熟期和作品理性期的一年。数据新闻的新闻性进一步强化，曾风靡一时的可视化热潮明显回归实用，而新型冠状病毒肺炎疫情也帮助沉淀已久的数据新闻闯入主流舆论场，开始具有"出圈"的影响力。

当数据新闻作品逐渐成熟、稳定，其生产也就更加标准化、流程化，这些可复制的经验让人才培养从零散的技能学习逐渐拓展出了综合性的职业训练。同时，数据新闻的平台化也日趋成熟，各数据新闻团队不仅定位更加明晰，而且开始在供给、发布等环节相互配合和补充。

具体来说，2019年度的中国数据新闻有了如下变化。

一、疫情期间的数据新闻：数据新闻的数量、种类和关注度都得到爆发式增长，新闻性和服务性大大增强，各类团队"破圈"制作了不少数据新闻作品，行业出现更加开放和联动的趋势

新冠疫情给中国的数据新闻带来了一次大爆发。当疫情造成武汉封锁、全国守家的时候，从武汉现场得到的有限信息远远难以满足全国乃至全世界对这一事件的巨大信息需求，而数据新闻由于其天生的远程优势，可以让世界各个地方的人都参与到疫情数据的挖掘和展示当中，在最短时间内传递出更全面、客观的信息，这令数据新闻的生产、曝光、传播和美誉度在疫情期间得到迅速提升。

中国新冠疫情暴发期的典型数据新闻案例

名称	制作方	2020年第一次发布时间
以非典数据为参考,这次疫情到了哪个阶段?｜DT数说	DT财经	1月
离开武汉的500多万人都去了哪里?大数据告诉你	新一线城市研究所	1月
新型冠状病毒肺炎疫情实时动态	丁香园	1月
新型冠状病毒感染的肺炎确诊患者同行程查询工具	人民日报客户端 无糖信息 360集团	1月
疫情晴雨表	北京大学可视化与可视分析实验室	1月
关于新冠肺炎的一切	回形针PaperClip	2月
实时更新:你的定制防疫地图	第一财经	2月
计算机仿真程序告诉你为什么现在不能出门	Ele实验室	2月
向下吧,小黄线	人民日报微信公众号	2月
图释两千年传染病史:若瘟疫无法被根除,该如何与之相处?	美数课	2月
新冠逝者:数字之后不应被遗忘的人	财新网	3月
中国战"疫"时间线	人民日报微信公众号	3月
新冠肺炎全球疫情形势系列海报	人民日报微信公众号	3月

疫情这一事件本身,也有较多能够帮助数据新闻优势得以发挥的特点。

首先,面对未知病毒,及时的科学释疑显得尤为重要。医学方面的最新量化研究成果、过往的疫情数据和相关论文、医学知识普及等,都成为数据新闻的素材来源,这类内容也在恐慌情绪蔓延时非常受关注。数据新闻所带来的客观和理性,正中疫情期间的需求。

其次,疫情导致新闻现场变得十分危险,人们的外出行为大大减少,这让可以全程线上操作的数据新闻在一定时间内成为优先于现场直击报道的新闻形式，以减少选题操作给人身安全带来的风险。

再次，疫情前后会产生非常多的重要数据，能直观反映现实情况。比如说确诊/疑似/死亡人数、致死率、确诊患者群体特点、病毒传播和人口流向，等等。疫情高峰期过去后，还会有经济数据变化、复工复产情况、消费习惯恢复等一系列数据值得报道。当人们减少了外出之后，社交、工作、学习、休闲等行为本身就开始迁移到网上，这也促成了线上数据更有群体代表性而且更加丰富。

最后，疫情形势的变化十分迅速，信息即时更新和就近查询成为迫切需求。不论是疫情数据实时更新的网页，还是和确诊患者同行程查询、疫区医疗物资急缺情况查询等，都是围绕数据变化或基于数据库所做的数据信息开发和传播。数据新闻所含的交互技术呈现方式，让这些H5都在疫情期间起到了非常好的传播效果，甚至能直接影响人的决策、行为。

澎湃数据新闻主编吕妍："像武汉这样的疫区是不太容易突破的，所以它的现场比较少，公开数据反而成了第一落点。然而正常情况下，公开数据其实是第二落点。从某种程度上来讲，数据新闻在新冠疫情报道里面占据了天然的C位。我们跟新冠相关的报道，都会非常容易地登上澎湃头条区的推荐位，这些议题非常切合媒体的关注点。从受众的角度来讲，他们核心关切的问题可能天然地更适合用数据去表达。"

在疫情期间，原本来自不同领域的团队都开始用大数据分析、数据图设计、交互技术、量化研究等各自擅长的角度切入了数据新闻当中，涌现了各式各样的数据新闻作品。一些平时联系不太紧密的团队，也开始共享数据源、合作生产、联动转发，让数据新闻行业形成合力。这样的行业协作在平时还较为少见。有代表性的举动是，澎湃美数课将所有疫情信息的明细数据进行公开共享。

新冠疫情让越来越多的人接触到数据新闻，并且开始认识到其现实价值。比如人民日报新媒体利用南丁格尔玫瑰图制作的疫情海报，在不断更新数据的基础上，连续进行发布，让越来越多没有接触过数据新闻的人记住了南丁格尔玫瑰图的设计样式，甚至也激发了一些数据可视化的商业化需求。

【人民日报新媒体《新冠肺炎全球疫情形势》】①

由于迫切需要了解自己身边的确诊患者数量、活动轨迹,越来越多的人使用了H5的位置调取功能去查询附近的确诊人员情况,从而避开可能感染的地区。

但是,新冠疫情给数据新闻的"高光位置"只是暂时的,最终并不一定能给行业带来可以持续的实质性的变化。

界面数据频道总监陈臣:"疫情仅仅是给数据新闻一次展头露面的机会,但并没有那么大的影响,疫情相关的数据新闻还是在可想象的范围内,中规中矩。疫情本身是一场灾难,但也确实给了数据新闻一个可发挥的舞台和契机,只不过最后数据新闻并没有'涨'得那么多。因为疫情的数据本身也有局限性,发挥的空间其实也不是特别大。"

二、数据新闻的内容:新闻性和时效性大大加强,可视化程度减弱,图文类数据新闻占据主流,创新型的融合作品非常少

一个很明显的特点是,2019年度的数据新闻缺乏让人眼前一亮、富有创新性的年度重磅作品。这和越来越紧张的经济形势有关,广告在媒体行业的投入、媒体在

---

① https://mp.weixin.qq.com/s/LmesmSryK8qJPFce8L-NLw.

可视化方面的投入一旦收紧，会直接影响数据新闻重大项目。创新性作品的制作能力纵然仍在，但需求和产出却在锐减。

另外，当疫情成为报道的中心，数据新闻也越来越聚焦于动态变化的情况，而非自主策划的长期项目。各支数据新闻团队更多的是在维持日常更新，而不是投入精力继续推进产品创新。

从另一面来看，2019年度的数据新闻在新闻性和时效性方面进一步加强，这帮助数据新闻的传播力得到提高。比如在老干妈成为舆论焦点时，澎湃美数课的相关作品就登上了微博热搜。

为了在追上热点的同时优化可视化设计，很多单图海报类的数据新闻出现，也涌现了许多以数据更新为主要内容的系列动态报道。这类报道以固定的数据指标为切入点，通常有固定的设计样式，随着该指标数据的变化，以固定频率或者在重大节点时推出数据更新后的报道内容。

最典型的案例是人民日报的确诊数据海报。疫情期间人民日报会及时更新当日的确诊数据，图片设计十分简洁，且重点突出，主要包括了新增确诊数、确诊总数、日期、地区以及确诊类型等信息，让读者对当日的疫情数据一目了然。

【澎湃美数课《把商标注册成族谱的，不止老干妈这一家》】①

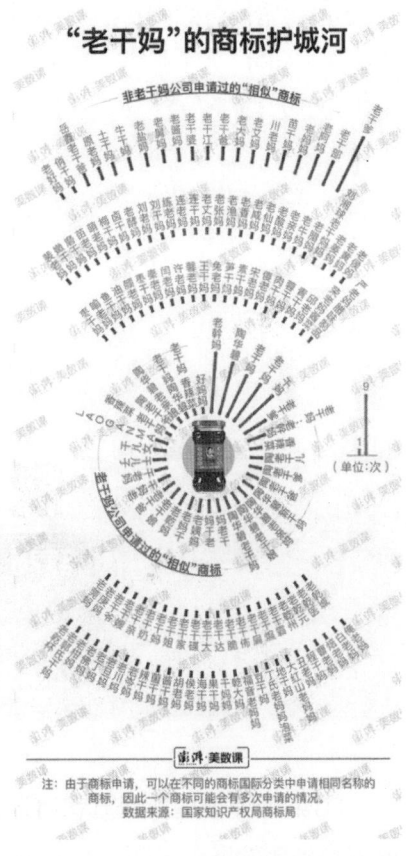

---

① https://www.thepaper.cn/newsDetail_forward_8086104.

【人民日报《严防！新增确诊37例，其中本土病例30例》】① 　　【DT财经《以非典数据为参考，这次疫情到了哪个阶段？》】②

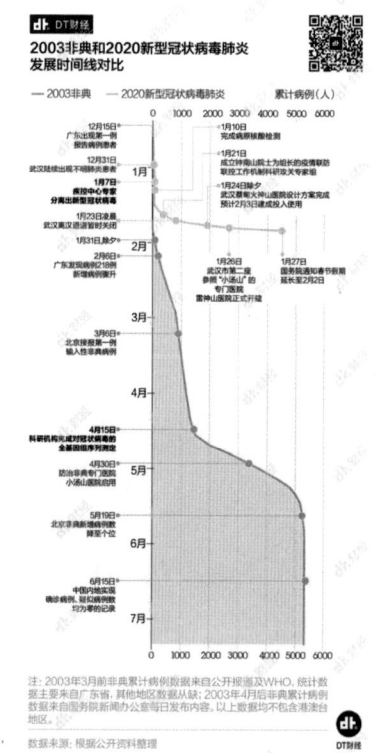

DT财经整理了新型冠状病毒肺炎和非典的对比数据，帮助读者理解当下的疫情到底发展到了哪一个阶段。为了让读者了解到疫情的最新动态，这条时间对比线也会适时更新。

数据更新类的系列报道在以往非常少见，因为只有足够重要、能持续引起关注的数据才能成为此类系列报道的内容。由于同一类数据持续更新、设计样式会重复出现，所以对这类报道的记忆点会比较深。

但令人意外的是，除了随时更新确诊人数的H5，这类动态报道多以单图

---

① https://mp.weixin.qq.com/s/FW89oDImYuqNdOG6SrUClg．
② https://mp.weixin.qq.com/s/d4EEW0AbMAxLCZZyqTNneA．

或图文形式推出，而不是H5形式。实际上，推出一个可以多次进行数据更新的H5可能会是更常见的选择。

这一结果可能和多种因素相关：H5开发的成本比单图或图文形式更高，尤其是开发后对于数据需要持续进行更新，数据维护的压力可能比H5开发的压力更大；以往熟悉H5形式的门户网站，此次并没有特别亮眼的作品，而传统媒体在交互报道方面的能力偏弱；平面设计图更适合在各类渠道中进行广泛传播，而H5的传播渠道相对局限。

单从平面图表的设计水平来说，2019年度也出现了比较优秀的作品，风格日渐与国际接轨。比如烽火数闻团队向CGTN供稿的Crunching Numbers系列数据新闻报道，聚焦于中美贸易战给半导体业、教育业、化工业、零售业等各行业带来的外贸数据变化，其平面设计水平较高。

【CGTN 中美贸易摩擦Crunching Numbers系列报道】①

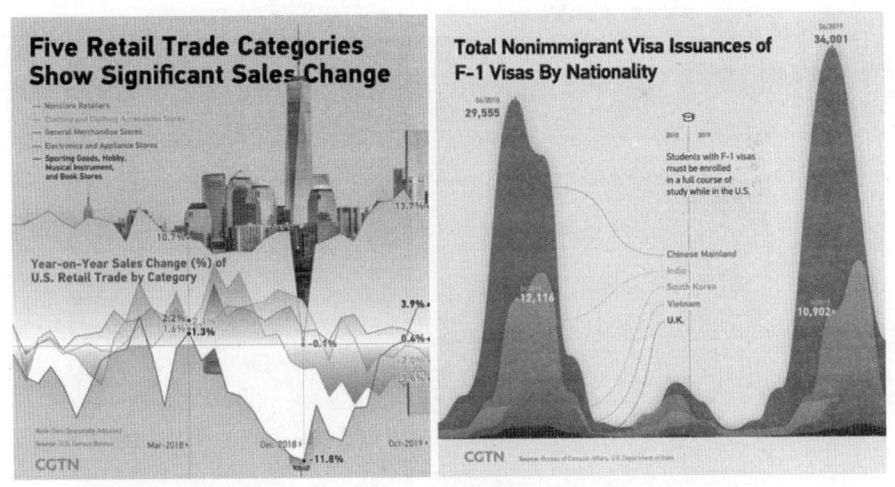

曾在2018年度风靡一时的数据新闻视频，在2019年度稍有弱化，但仍然不乏代表性的作品。视频团队"回形针"的《关于新冠肺炎的一切》，从新

---

① https://news.cgtn.com/news/2019-11-02/Surprise-visa-trends-show-importance-of-Chinese-students-to-the-U-S--LhUGo1FHJC/index.html ； https://news.cgtn.com/news/2019-12-29/Crunching-Numbers-Trade-war-slowing-U-S-retail-trade-industry-MOqrpNAhXy/index.html.

冠肺炎的传播方式、死亡率、传播速度以及如何防范等角度，解答了当时人们最为关心的问题，内容直观、深入浅出。比如，为了解释飞沫传播，内容制作者计算了人在打喷嚏、咳嗽以及说话时产生飞沫的数量，并且模拟了这些飞沫的运动轨迹，起到了很好的科普性作用。

2019年度的H5作品，则是十分稀少。即便是在这次疫情期间具有现实影响力的H5作品，其功能也是以直接解决需求和痛点为主，突出工具化和服务性，但主要还是限于用户位置调取等功能，其技术上的前沿水平是大幅减弱的。越来越少的机构还在尝试成本较高的H5新闻。

澎湃数据新闻主编吕妍："大概2018年开始，我们团队会完全专注于做数据驱动的内容。其他很多的互动类H5，我们基本上都不再做了。然后

【财新网《新冠逝者：献给疫情中离去的生命》】①

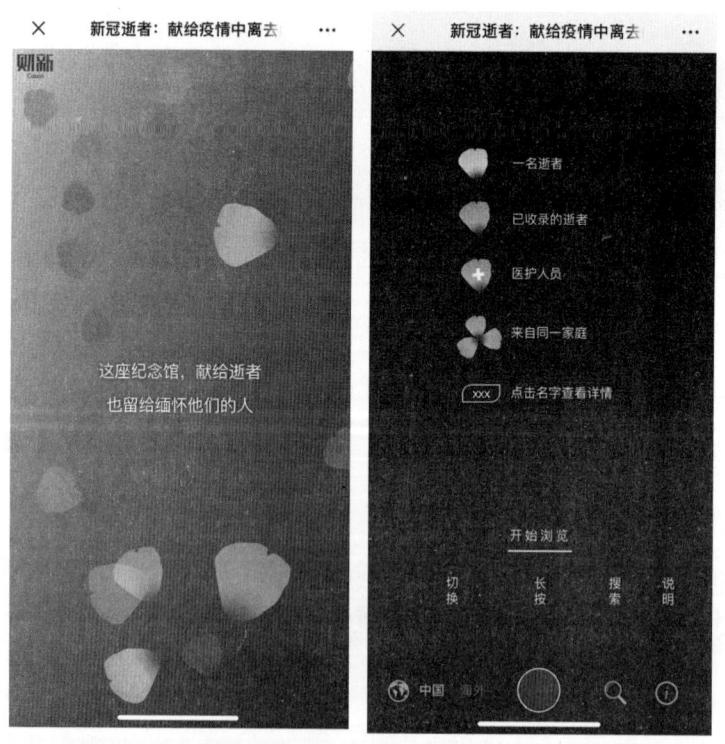

① http://datanews.caixin.com/interactive/2020/THREEJS/blossom/.

2018—2019这两年的时间，我们在内容深度和表达上面其实做了很多很好的尝试。2020年开始，我们注重于让这些尝试被更多人看到，产生更多影响力。"

在2019年度出品的综合性比较高的H5作品是财新的《新冠逝者：献给疫情中离去的生命》。这一作品用一片花瓣代表一个逝去的生命，以可视化的方式为逝者建立了一座"数字纪念馆"。读者也可以将逝者的信息发送到指定邮箱，工作人员审核之后，会把这些信息收录在H5内。

CGTN与中国传媒大学合作，推出了Foreigners in China 1949—2020（外国人在中国1949—2020）这一H5作品。基于对70多年来媒体报道的内容分析，全景展现了在华外国人与中国社会的互动，具体涉及签证发展、来华旅游、外商投资、涉外婚姻、学术交流等内容。

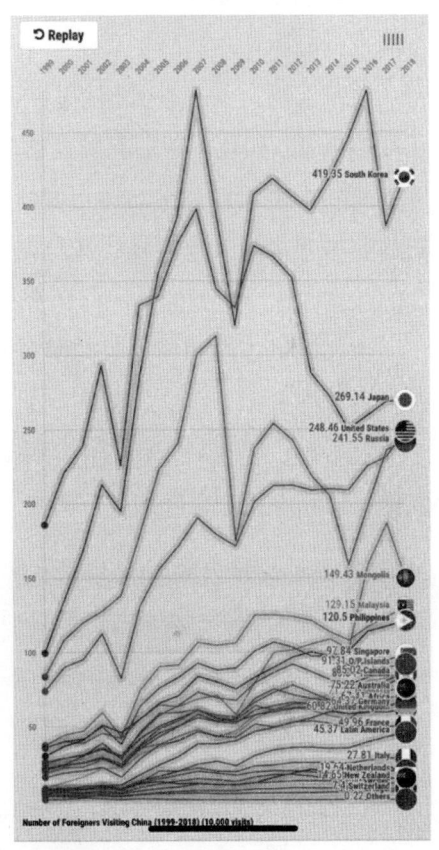

【CGTN & 中国传媒大学 Foreigners in China 1949—2020】①

比较明显的是，2019年度推出的视频和H5形式的重要数据新闻作品，在内容方面越来越深入。前几年"形式大于内容"的数据新闻几乎已经不见踪影。换言之，内容和形式的水平越来越匹配，作品的综合性和平衡性也越来越强。

从新闻内容的层面来看，2019年度的大数据新闻稍有弱化，基于统计的数据新闻越来越普遍，传统媒体开始青睐人工统计类型的数据新闻。一方面

---

① https://news.cgtn.com/event/2020/foreignersinchina1949-2020/index.html?from=groupmessage&isappinstalled=0.

是因为大数据调取的成本较高，愿意免费提供大数据支持甚至派专人做数据传播的公司越来越少；另一方面是传统媒体为了加强内容深度，开始往统计方向进行挖掘。

这其实暗含着一种数据新闻与普通新闻的边界越来越模糊的趋势。数据新闻越来越新闻化，普通新闻也越来越数据化。

另一个表现是，在2019年度的数据新闻中，对人的采访内容与纯数据分析内容融合得越来越顺畅。甚至在一些融合度比较高的作品里，很难看出过深的数据印记，而更像是一篇日常的新闻作品。

比如腾讯谷雨和烽火数闻团队联合出品的《望京写字楼越来越空，互联网公司都搬哪了》一文，就围绕北京望京地区的写字楼空置率和租金价格两个关键数据，将现场走访、电话采访、定点定时拍摄、小程序数据抓取、大数据采访等方式综合起来进行调查。

【腾讯谷雨 & 烽火数闻《望京写字楼越来越空，互联网公司都搬哪了》】①

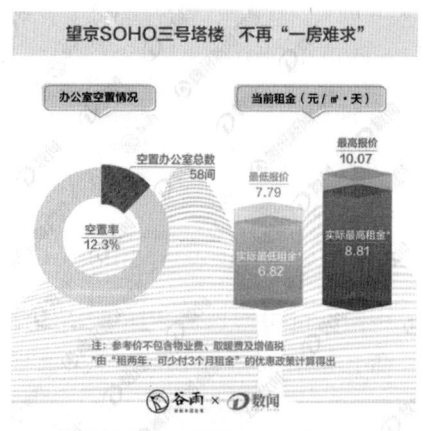

数据新闻与普通新闻的边界日趋模糊，主要是因为数据新闻的可视化优

---

① https://mp.weixin.qq.com/s/gIfW8N8zmD9PB-hruBGwhw．

势大大削弱了，而普通新闻的数据性有所提高，甚至有的已经转化成了数据驱动的作品。与其说边界模糊，不如说两种新闻共同地走向了更融合、更优质、更成熟的新闻作品，从而实现了"殊途同归"。

反观数据新闻行业本身，经过了早期的摸索甚至"野蛮式发展"，随着作品和团队日渐稳定，也开始追问一些数据新闻的本源问题。比如，到底什么样的作品才叫数据新闻？如何建立数据新闻的标准化生产流程，从而提高生产效率、降低生产成本呢？

2019年度，数据新闻的专业生产团队开始对数据新闻的每一步流程进行细分和命名，对不同工种的工作内容进行细化。例如笔者所在的烽火数闻团队，就出现了和生产环节相对应的特殊命名。这些命名较为细致地对应着在实际的数据新闻工作中需要执行的流程环节。

烽火数闻团队的部分数据新闻环节缩写

缩写	全称	对应工作任务
DRC	Data Reported Collection	收集该选题已报道过的数据角度
DO	Data Orientation	通过数据分析去定位选题切入角度
DSD	Data Support Degree	判断数据能在多大程度上支持该选题
DC	Data Collection	收集相关数据
NIC	Non-data Information Collection	收集有助于理解选题背景的非数据资料
DA	Data Analysis	对选题数据进行全面分析
TC	Tables Confirmed	确定需要制图的数据表格
O	Interviews Oriented by Data Analysis	基于数据分析结果进行采访
M-writing	Multi-media News Writing	撰写适用于全媒体的数据新闻文案，包括图文文章、微博、Twitter、视频脚本、H5文案等

2019年度，支持数据新闻生产的工具也日渐完善。当台风在浙江省沿海登陆时，新华智云推出了"台风报道机器人"，集成数据洞察、图示台风路径、台风核心事件（时间轴）、台风模板、台风媒资等资源。

三、数据新闻模式：多团队供稿+多平台分发，"制播分离"渐成现实

笔者曾经预测过，数据新闻将向通讯社模式发展。在疫情期间，这种通讯社模式表现得更为明显，数据新闻的"生产端"和"发布端"渐渐分离。其中比较典型的是腾讯新闻谷雨数据和澎湃湃客的买稿模式。

这主要表现在，媒体和平台逐渐接受付费购买数据新闻作品，而不是执意要将内容生产完全包揽到自己的制作团队下；愿意付费购买的平台越来越多，从新闻资讯类信息流平台逐渐扩展到传统媒体转型后的新型媒体；稿费的金额不再只是附加式的奖励性质，而是确实能够支撑起稳定的职业化供稿；原先产出数据新闻内容的团队人多以供稿为副业，其本身是数据或研究机构，如今出现专职化的数据新闻供稿团队。

从供稿团队的角度来看，不同的买稿平台有不同的特点，其在受众定位、选题倾向、数据深度、设计要求、行文风格、稿费水平、推广效果等方面都不相同，需要根据不同买稿方的特点去供给内容。

从买稿方的角度来看，不同的供稿方有不同的擅长领域，其作者构成、行文风格、设计水平、稿费要求、响应速度等方面并不相同，需要根据不同供稿方的特点去安排选题。

但是，目前这种平台化仍然存在一些问题。

第一个问题，就是成熟稳定的商业支持模式仍然没有找到。虽然数据新闻在疫情期间的表现也许让更多人愿意在商务合作时考虑数据新闻或数据可视化，但这距离稳定的商业模式还比较远，数据新闻的资金支持主要还是靠媒体和平台的主动扶持，而且数据新闻能够独立吸引的付费人群也比较有限。

缺乏稳定模式，容易造成数据新闻的购买费用一直偏低，制作水平难以持续提升，甚至购买力和制作成本之间出现倒挂，即由制作团队用高于报酬水平的内容去"补贴"发稿平台。

第二个问题，就是供稿团队水平参差不齐，数据新闻的准确性难以监督，平台也很难将不同风格的团队打造成一个较为统一的数据新闻品牌以吸引稳定的受众，这影响了数据新闻品牌的整体包装和商业化前景。

比如在新冠疫情期间，某视频团队的内容便受到了关于数据准确性、地图完整性等多方面的质疑。

还有一个难以调和的矛盾是，新闻需要回应热点、讲求时效，而在这种平台供稿的模式里，很多供稿人员和团队并非专职、长期、高频率供稿，难以达到真正的新闻生产要求和响应速度。

所以，在数据新闻供稿团队发展成熟、平台运营能力增强之前，平台可能很难完全抛开自己的原生制作团队。在相当长一段时间内，可能是媒体的原生数据新闻团队和外部供稿团队并存的局面，原生团队擅长及时响应和专业新闻操作，而外部团队愿意深耕某一领域，在特定选题或形式上有优势。

第三个问题，就是独立的数据内容品牌能吸引到的忠实用户比较有限。随着数据新闻和普通新闻逐渐彼此学习、靠近，数据新闻的独特性逐渐淡化，数据新闻越来越难以支撑一个独立的门类，而数据新闻平台能否在一个大众化平台的扶持下，直接吸引到足够多的细分用户？

只关注数据新闻的人仍是少数，大部分用户并不能区分也并不在乎数据新闻和非数据新闻的区别。

界面数据频道总监陈臣："数据新闻和传统新闻一定是相辅相成的。在这个前提下，数据新闻是一种形式，并不是垂直的内容，用户不会专门去拣着数据新闻来读，还是以条线为主，先有内容，再看形式。"

要解决这种困境，意味着数据新闻的平台模式可能会往以下方向突围：在数据的基础上，叠加条线特点，比如说只做某一细分领域的数据新闻，在包罗万象的数据新闻中开辟出特定的垂直条线；聚焦于符合平台整体特点的数据新闻，让数据新闻去"点缀"平台，而不会往数据新闻领域纵深发展；

坚持在数据新闻行业本身深耕，扩大和锁牢数据新闻的垂直用户群；让数据新闻平台成为只针对数据新闻买稿方和忠实用户的内容"中台"，并不直接面向广大普通用户，后续的分发传播还得靠其他的机构。

四、数据新闻团队：团队定位更明确，从业者逐渐"换代"成专业人才

从团队的角度来看，2019年度的数据新闻团队更加多样，除了传统媒体开设的一些数据新闻栏目，还有一些秉持特定可视化风格的团队也在内容上辅以数据，已经形成了比较独特的数据新闻作品风格，并且影响力进一步扩大。比如擅长高质量视频内容的"回形针"，擅长3D数据可视化的"金十数据"，以及擅长平面长条图的"帝都绘"，等等。

而媒体机构的原生数据新闻团队，也度过了摸索期，逐渐形成了自己的选题倾向、操作风格和设计样式。地方媒体的数据新闻团队，立足于本土服务，发展定位比较清晰。

川报全媒体集群"MORE大数据工作室"在选题内容方面除了服务媒体报道，也在探索"指数""榜单"等更具智库价值的重体量数据作品，例如《四川47个市辖区数字生活报告》《2020·川茶竞争力榜单》等。此类作品更具获得社会、经济双效益的潜力，可能成为新媒体经营的新增长点。此外，MORE数据团队在探索视频方面做了更多探索，发布了交互视频和具有B站色彩的歌曲。

随着学界越来越重视数据新闻教育，一批掌握了数据新闻基础知识和技能的学生逐渐成长起来，甚至有些学生以数据新闻为专业培养方向，这些新鲜血液为数据新闻人才的专职化打下了很好的基础。

在过去，很多数据新闻行业的人员是先看到岗位空缺、自觉有些感兴趣、入职从事数据新闻行业，再补上数据新闻知识，即"先职业化，后专业化"。但当人才培养逐步跟上，才变成"先专业化，后职业化"。这样可能会保证人才更加适合数据新闻行业，而且在一定时间后也不容易流失。

而2019年度，数据新闻和普通新闻的边界逐渐模糊，也在一定程度上与具有融媒体意识和技能的年轻记者进入新闻行业有关。他们更愿意去接受、理解、学习数据化思维和表达，并将此融入传统的新闻操作中。

当记者的个人能力都能得到全面提高，原本的"数据新闻+"模式就会逐渐完成历史使命。只有当普通记者都开始具有基础的数据分析能力和数据化思维，并且完成融媒体的技能升级，数据记者才能真正从"弥补条线记者弱项"的使命当中"解放"出来，专心推动数据新闻的深入发展。

总体而言，2019年度的数据新闻团队越来越专业、稳定，人才与流程、作品一道都日趋成熟。

（感谢陈臣、高敬、吕妍老师对本文的贡献〔按姓氏拼音排序，排名不分先后〕。作者戴玉现为烽火数讯（北京）科技有限公司CEO，曾历任《南风窗》记者，人民日报中央厨房数据项目负责人，上观新闻数据新闻中心数据新闻主编；李唯嘉为清华大学新闻与传播学院博士生，数据新闻撰稿人，研究方向为受众研究、媒介经营与管理，以及数字化时代的新闻业）

2019中国新闻摄影年度观察

杜 江 于月新 招凤仪

2019年1—11月，报纸广告下降26.2%，"5年来第一次收窄到30%以下"，但专家仍断定"报纸的传统广告模式已经渐渐失灵"，"报业以广告经营为主的时代已经过去"。较之2011年，报业连续8年下滑后指标如下：报业广告从488亿元下滑至44亿元，减少九成；报纸日到达率从65.7%下滑至20.1%，减少七成；①报纸总印刷量为689亿对开印张，耗用新闻纸155万吨，两者均约减少六成。印量曾连续20年（1997—2016）居全国第一的《广州日报》，全年降幅达44.23%，所存9.9亿对开张印量仅及峰值时的一成半。②

但也要看到，目前以各级党报为主的纸媒在印刷与发行上仍有相当大存量甚至增长。更令人振奋的是，由人民日报社带动的新一轮党报改版，对新闻图片提出新的更高要求。

2019年至少39家报纸宣布休停刊，其中32家为都市报，7家是行业报，其中如《成都晚报》（1956年创刊）、《拉萨晚报》（1985年创刊）等办报历史悠久，黑龙江《农村报》（前身为《黑龙江农民》，创刊于1949年11月15日）更是全国最早的涉农报纸。由于停刊的都市报中大半为地市级报，这些地区多由此形成机关报一报独存的局面。③

本报告仍从观看者（摄影机构与摄影记者）、观看对象（重大事件报道）、观看方式（视觉机器）、观看结果（新闻照片运用及新闻摄影评选）、观看伦理等角度出发，梳理传统媒体的新闻摄影生产活动，作为媒体

---

① 陈国权.寻找"非市场需求"——2019中国报业转型发展报告[J].编辑之友,2020(02):63-68.
② 2019年度全国报纸印刷量调查统计报告[J].中国报业协会印刷工作委员会.
③ 如2020年1月1日停刊的《浙中新报》（浙江）、《七都晚刊》（云南）、《本溪晚报》（辽宁）、自贡晚报（四川）、《吉安晚报》（江西）、《百色早报》（广西）、《鄂尔多斯晚报》（内蒙古）。

融合作品的短视频现场新闻、直播、专题报道，以及VR/AR技术在融合创新、创意互动方面的应用作品及典型案例，关注中国新闻业图景中的摄影记者与新闻摄影的处境、变化及其新的可能性①。

因新冠疫情的影响及国内有重要评选（人民摄影报年度中国新闻摄影"金镜头"评选）迟迟未能揭晓，令报告完成时间有所延宕，以上一并致歉及说明。

一、《人民日报》改版："纸端镜里"讲好中国故事

2019年元旦起，《人民日报》实行历史上第14次改版，改为全部20个版彩印（周末与节假日为8块版），"历史上第一次全部版面彩色印刷"，"强化报道质量的提供，强化图片在版面的作用，报纸面貌一新"，"特别是在图片报道的策采编发各个环节，都建立了新的动作机制，鼓励摄影记者和摄影爱好者踊跃提供符合报纸新定位、紧扣版面主题的优质新闻图片"，全年共计刊登8306张（组）新闻图片，精品良作比比皆是。②

鉴于"照片一直是办报的短板，好照片很难得"，人民日报社与中国摄影家协会开展战略合作，开启"人民日报期待你的好照片"全国精品照片征集机制，目标为"每天有收藏、每版出精品、每天都精彩"。由人民日报社和中国摄协的专家团队分52期评出"人民日报收藏摄影作品"91张（组），其中，国家航天局供图的《着陆器地形地貌相机拍摄的玉兔二号在A点影像图》成为首张收藏照片，收藏名单中还有陈杰（新京报）、凯文（Kevin Frayer，Getty驻中国摄影师）等著名摄影记者的作品。③

---

① 作品案例主要来源为中国新闻摄影学会《第三十届中国新闻奖新闻摄影初评报送作品公示》、中国记协新媒体专业委员会《第三十届中国新闻奖媒体融合奖项初评结果公示》。
② 杨浦，主编．纸端镜里——人民日报2019年新闻图片选[M]．北京：人民日报出版社，2020:275．
③ 全年共52期，分别为4张（组）×1期，3张（组）×6期，2张（组）×25期，1张（组）×19期，0张（组）×1期。空缺为第37期。"人民日报收藏摄影作品"作者除获得人民日报常规稿费外，还将获得不低于3000元人民币的稿酬，同时，还可按中国摄影家协会之规定获得申请入会积分。参见"人民日报期待你的好照片"全国精品照片征集启事，http://pic.people.com.cn/GB/n1/2018/1225/c415374-30486643.html?from=singlemessage&isappinstalled=0。

《人民日报》"历来把评论、理论、报道、版面、照片看作是报纸的核心内容"①。在1991年11月举行的"人民日报新闻摄影研讨会"上，时任总编辑邵华泽提出"哪一个版面运用得最好，最受读者欢迎，就给评好版面奖"，"没有好照片，就不能评好版面"②；范敬宜更是"图文并重，两翼齐飞"观点的倡行者，在其"值班日记"中留下"把照片放到与文字并重的地位""力争让新闻摄影上头条""好照片要不惜版面"等诸多记录。③今天的人民日报对好的新闻图片有何期待？需要什么样的图片？李宝善社长提出了"求新、求深、求美"图片标准："一是求新，寻求图片的热度，让读者第一时间看到真正具有新闻价值、真正深入新闻现场的图片；二是求深，寻求图片的厚度，紧跟时代，关注热点，主动策划，回应关切；三是求美，寻求图片的亮度，在保证真实客观的基础上，致力于捕捉光影的美、构图的美、动感的美、人性的美。展望未来，期待人民日报与更多好图相逢，刊登更多能成为读者手机屏保、电脑桌面的精品力作，在纸端镜里继续讲好影像里的中国故事。"④

20世纪80年代，中国新闻摄影界将新闻照片的评价标准概括为"五求"（新、真、活、情、意），其是"三求"在新闻摄影真实性原则的基础上，对报纸版面照片的功能提出了更高、更新的要求，为党报系统树立了新闻照片评价标准的新标杆。

进入2020年，不少中央级和省级党报开始新一轮改版：《光明日报》增设周刊与专刊；⑤《经济日报》（已与中国新闻摄影学会开展相关战略合作）报型变宽，彩版变多，栏目变新；⑥《工人日报》以可视化元素"妆容"一

---

① 米博华. 人民日报在加强和改进新闻摄影工作方面的尝试及想法 [C]. 第八届全国报纸总编辑新闻摄影研讨会议文集, 2007.
② 许林. 读图时代的新闻摄影论说 [M]. 北京：中国摄影出版社, 2002:298.
③ 范敬宜. 图文并重 两翼齐飞：总编辑手记 [M]. 北京：人民日报出版社, 2010:341-364.
④ 李宝善. 与更多好图相逢（序言）[M]// 纸端镜里——人民日报2019新闻图片选. 杨涌, 主编, 北京：人民日报出版社, 2020:1.
⑤ 光明日报编辑部. 只争朝夕，不负韶华——新年致读者 [EB/OL].(2020-01-01). http://news.gmw.cn/2020-01/01/content_33446588.htm.
⑥ 经济日报编辑部. 经济日报改版致读者 [EB/OL].(2020-01-01). http://www.ce.cn/xwzx/gnsz/gdxw/202001/01/t20200101_34026666.shtml.

新；《湖南日报》由"瘦报"改为"宽报"，主动对标《人民日报》。①

照片是版面的核心内容。无疑，由《人民日报》带动的此轮党报改版，对摄影记者与新闻摄影带来了新的机遇与挑战。

二、重大报道：媒体融合中的新闻摄影

[事件1]
江苏响水"3·21"特别重大爆炸事故

3月21日14时48分，江苏盐城市响水县陈家港镇天嘉宜化工有限公司化学品储罐发生爆炸事故，事故造成78人死亡，76人重伤，640人住院治疗，直接经济损失19.86亿元。响水爆炸事故发生后，新华社音视频部立刻启动突发事件应急报道机制，江苏分社视频记者吴新生突破至距离爆炸点不足800米的核心现场，使用手机拍摄和实时传输，于18点20分完成单人、长时段的独家视频直播报道，率先披露事故原因是由苯罐爆炸引发，此"报道及时、准确，是重大突发事件使用手机直播的典型范例"②。分社摄影记者李博同时赶往事发地，航拍爆炸现场照片，并传往新华社摄影部签发内参稿。③当地媒体《盐阜大众报》记者王亚洲、李思远、郜野乔更是第一时间赶赴事故现场，连续数十小时奋战一线，追踪拍摄救援、救治、化学品处置画面，并冒着有毒化学药品污染的危险连续三天五进事故现场工作，"体现新闻摄影报道的完整性与厚重感"。④此外，事故发生次日，新京报记者彭子洋以无人机拍摄结合地面采访完成题为《响水爆炸后的一天》的摄影报道，⑤环球时报摄影记

---

① 湖南日报编辑部.永怀梦想，一路向前——新年改版创新致读者 [N].湖南日报,2020-01-01,1.
② 江苏盐城一化工园区内发生爆炸 救援已展开：中国记协新媒体专业委员会.第三十届中国新闻奖媒体融合奖项初评结果公示 [EB/OL].http://www.zgjx.cn/2020-06/28/c_139172371.htm.
③ 以上内参照片借《江苏响水"3·21"特别重大爆炸事故调查报告公布》之机公开发表。见第三十届中国新闻奖新闻摄影初评报送作品公示 [EB/OL]. http://www.cnpps.org/2020-06/10/content_33896107_2.htm.
④ 第三十届中国新闻奖新闻摄影初评报送作品公示 [EB/OL]. http://www.cnpps.org/2020-06/10/content_33896101_8.htm.
⑤ 响水爆炸后的一天 [EB/OL]. 新京报,http://epaper.bjnews.com.cn/html/2019-03/23/content_750002.htm.

者李昊在事故发生的第四天突入事故核心区，以37张照片对事故核心区情景进行详细报道。①

此报道表明，无论媒介技术如何变化，无论以何种方式进行报道，在重大突发新闻现场面前，仍然要求记者"离现场近些、更近些，如此才能最生动地捕捉真实、传达真实，才能充分履行新闻媒体的使命任务"②。

[事件2]

香港"修例风波"报道

2019年6月始，香港反对派和一些激进势力以"反修例"为幌子，借和平游行集会之名，进行各种激进抗争活动，进而演变升级为暴力行为，肆意践踏法治，恶意破坏社会秩序，公然挑战国家主权和"一国两制"原则底线。

中国新闻社作为以对外报道为主，尤其以涉港、涉澳、涉台报道见长的国际通讯社，在关键时刻发挥积极作用。摄影记者张炜先后拍发了《30余万市民参加"守护香港"集会 维护法治 反对暴力》《香港见闻：市民为执勤警察点赞 警察感谢市民支持》等报道，表现了香港市民"反暴力、撑警队、护法治、保安宁"的决心与诉求；融媒体产品《香港"一人茶餐厅"女老板：撑警我200%不后悔》则通过专访香港银龙咖啡茶座女老板李凯瑚，传播她不顾网络欺凌坚持撑警的正义行为，"报道风格平实，揭露了暴力极端分子对香港社会造成的撕裂，展现了香港撑警爱国人物的勇气"③；同属粤港澳大湾区的南方日报刊发记者张由琼拍摄的《直击香港修例风波》图片报道，以时间跨度近两个月的13张组照，记录了施暴者有组织地袭击警察，围攻警察总部和特区政府总部，使用燃烧弹、汽油弹以及用可伤害眼睛的"镭射枪"和雨伞、铁枝、竹枝等进行攻击的画面；④在暴徒以"声援香港理大"为由破坏

---

① 独家探访响水化工企业爆炸事故核心区 爆炸坑清晰可见 [N]. 环球时报, https://mp.weixin.qq.com/s/7EIg6bf679MLnG7xR4gMZA.
② 中国记协新媒体专业委员会. 第三十届中国新闻奖媒体融合奖项初评结果公示 [EB/OL]. http://www.zgjx.cn/2020-06/28/c_139172371.htm.
③ 第三十届中国新闻奖新闻摄影初评报送作品公示 [EB/OL]. http://www.zgjx.cn/2020-06/28/c_139172321.htm.
④ http://news.southcn.com/nfsj/2019-10/15/content_189990477.htm.

九龙地区暴力程度空前之时，《解放日报·上观新闻》特派香港摄影记者赖鑫琳抵达了核心对峙现场，近距离拍摄了暴动过程的细节瞬间，稿件刊发后引发巨大反响，创下了上观新闻自创立以来原创稿件点击率的最高纪录；①在涉港报道舆论战交锋白热化之时，新华社深圳前方工作组适时推出短视频现场新闻《9分钟看遍6月至今暴力乱港实录》，收集了大量暴徒实施暴行的证据，并作集纳型、全景式揭示披露，供给我国驻外使领馆和相关机构及联合国会议上播放，以回击西方敌对舆论，"体现了国家通讯社，在涉港报道中应有的中流砥柱作用"②。

[事件3]

"新中国成立70周年"系列报道

庆典当日，新华社摄影部115名摄影记者组成了阅兵官方摄影队，动用了包括佳能1200mm /F5.6超远摄镜头在内的大量设备及摇控、全景VR、Gopro等特殊相机，在现场全方位分布40余个点位，形成从地面至50余米高的立体式采集拍摄网，全流程全覆盖直播式报道国庆盛典，其新闻报道准确及时、角度丰富、极富冲击力和感染力。后方组成110余人的编辑团队，分成10个编签小组，实时滚动播发中文图片3700多张，英文图片2800余张，单张采用252家次，数百张照片单张采用超百家次。其中，摄影记者李尕拍摄的群众游行"致敬"方阵中86岁的老一辈退役英模代表关茂林敬军礼擦眼泪的动情瞬间，被摄影部副主任兰红光誉为"这是我见到国庆盛典当天所有照片中最感人肺腑，最让人泪目的照片"③。

中国青年报摄影记者李隽辉捕捉的《快递小哥现身国庆70周年群众游行

---

① 理大拘捕登记千人，暴徒以"声援"为由大肆破坏，九龙经历最黑暗一天 [N/OL]. 上观新闻，https://www.shobserver.com/news/detail?id=189663#top.
② 中国记协新媒体专业委员会.第三十届中国新闻奖媒体融合奖项初评结果公示 [EB/OL]. http://www.zgjx.cn/2020-06/30/c_139177856.htm.
③ 侯俊.我和我的祖国，一刻也不能分割——国家摄影队倾情记录国庆盛典历史性瞬间 [N/OL].人民摄影，2019-10-9, 1// 中国新闻摄影学会.第三十届中国新闻奖新闻摄影初评报送作品公示.http://www.cnpps.org/2020-06/10/content_33896204.htm.

队伍》则让读者感受到大时代庄重时刻的"烟火气"。①

10月2日《解放军报》刊发44个版面的"阅兵专号"的同时，以《H5丨解放军报国庆70周年阅兵专号》②为网友提供了一次掌上"大阅兵"的全新互动式体验，该作品是报网融合的又一创新之举，真正让报纸"活"了起来。③为庆祝新中国成立70周年，人民日报社新媒体中心推出《中国24小时》系列微视频等新媒体作品。《"我爱你中国"全媒体互动》《复兴大道70号》（沉浸式横屏手绘长图H5）的浏览量和播放量从数亿至数十亿不等，是典型的重大事件报道"标志性爆款产品和品牌产品"及"现象级融媒体作品"。其他中央级媒体也表现不俗，《中国妇女报》的短视频现场新闻《创纪录！82岁女飞行员再次冲上云霄》同时献礼新中国和人民空军成立70周年；《中国民族报》的短视频专题报道《70年·在祖国的怀抱里——56个民族，56个儿女，56个故事，56个祝福》以"中华民族全家福"式作品彰显了"中华民族一家亲，同心共筑中国梦"的时代主题；《中新网独家直播香港警队代表团登长城做好汉》④，表达警民一心、撑港警、挺"一国两制"的决心；科技日报社推出《70年浓缩成24小时，最后一小时燃爆！》短视频专题报道，从数百项重大科技成就中撷取36个重大成果，再现中国科技发展的高光时刻；中国日报社与中国传媒大学共同制作的《最燃C大调，大阅兵后再看这组外媒数据，忍不住又红了眼眶！》数据短视频，以外稿报道及世界银行数据变化汇总成数据图表，视听化、形象化地呈现了中国国力上升过程。⑤

此外，"澳门回归20周年"也是年度重大时政热点事件和历时性节点。中新社作品《一张长长长长图，带你感受澳门人的一天》结合摄影图片与漫

---

① 中国新闻摄影学会.第三十届中国新闻奖新闻摄影初评报送作品公示[EB/OL].http://www.cnpps.org/2020-06/10/content_33896204.htm.
② H5丨解放军报国庆70周年阅兵专号.中国军网[N/OL].http://www.81.cn/syjdt/2019-10/03/content_9643402.htm.
③ 中国记协新媒体专业委员会.H5丨解放军报国庆70周年阅兵专号：第三十届中国新闻奖媒体融合奖项初评结果公示[EB/OL].http://www.zgjx.cn/2020-06/29/c_139174476.htm.
④ 中国记协新媒体专业委员会.第三十届中国新闻奖媒体融合奖项初评结果公示[EB/OL].http://www.zgjx.cn/2020-06/28/c_139172369.htm.
⑤ 中国记协新媒体专业委员会.第三十届中国新闻奖媒体融合奖项初评结果公示[EB/OL].http://www.zgjx.cn/2020-07/03/c_139175840.htm.

画元素，富于"代入感"和"体验感"①。南方日报则推出《航拍长长长长图来袭！云端之上，瞰盛世莲花》《2分钟看澳门回归20周年》等作品，也体现了新闻摄影、航拍视频与其他可视化元素的综合利用与融合产出。②

三、观看者：从历史深处到新闻最前沿

[观看者1]

新中国成立70周年功勋摄影人

在新中国成立70周年之际，中共中央、国务院、中央军委特颁发"庆祝中华人民共和国成立70周年"纪念章，多名资深新闻摄影从业者出现在表彰名单中，已知获奖者有王广祥（南通日报）、兰红光（新华社）、乔天富（解放军报）、于文国（工人日报）、张雷（解放军报）、袁云（绍兴日报）、顾棣（晋察冀画报）、钱捍（大众日报）、徐邦（新华社浙江分社）、徐京星（中国日报）、郭建政（山东广电网络集团视觉总监）等。③

以上获奖者新闻摄影的从业时间多超过30年，而最"资深"者莫过于顾棣。他于14岁时在放学路上偶遇沙飞，第一次听到"摄影"二字，第一次见到照相机。1943年9月17日，顾棣成为晋察冀军区第1期摄影训练班学员。跟沙飞、石少华走上新闻摄影之路后，顾棣先后在晋察冀画报社、华北画报社、解放军画报社连续做了13年的资料编辑工作，亲手整理数万张底片，包括1943年冬季反扫荡时以指导员赵烈等"柏崖村九烈士"壮烈牺牲、沙飞等身负重伤为代价而保护下来的四包底片。④1989年离休后，顾棣致力于中国解放区摄影史梳理，先后编撰完成《中国解放区摄影史略》（1989）、《中

---

① 一张长长长长图，带你感受澳门人的一天 [Z/OL]. https://mp.weixin.qq.com/s/wozuISr7wSCIyfeRPyqTuQ.
② 2分钟看澳门回归20周年 [N/OL]. 南方日报, http://epaper.southcn.com/m/ipaper/nfrb/html/2019-12/19/content_46618.htm；航拍长长长长图来袭！云端之上，瞰盛世莲花 [N/OL]. 南方日报, https://mp.weixin.qq.com/s/lQNeArtfRUQH10XpQukUng.
③ 贾晓霞. 纪念章也有摄影人的一份荣光——记获得"庆祝中华人民共和国成立70周年"纪念章的摄影界代表 [N]. 人民摄影, 2019-10-02,1-2；贾晓霞. 他们也是纪念章获得者——再记荣获"庆祝中华人民共和国成立70周年"纪念章的摄影人 [N]. 人民摄影, 2019-10-16,1-2.
④ 顾棣. 红色摄影史录（下）[M]. 太原：山西人民出版社, 2009.

国解放区文艺大辞典》（1992）、《崇高美的历史再现》（1995）、《中国摄影史1937—1949》（1998）。其中，2009年出版的《中国红色摄影史录》为顾棣的扛鼎之作，顾棣被誉为当之无愧的"摄影历史档案的保护神和记录人"（其荣获第九届中国摄影金像奖终身成就奖时颁奖词）。

[观看者2]

蒋铎：抓拍路上不停步

2019年11月24日下午，一场特殊的见面在北京某艺术馆展览现场举行，一方是著名新闻摄影家、原人民日报摄影组组长蒋铎，一方是美团外卖小哥李彦忠，这场见面缘于两年前年届八十高龄的蒋铎在街头抓拍的一张照片。当知道这位曾在送餐路上泪流满面的外卖小哥境遇有所改善时，蒋铎备感欣慰。①

蒋铎曾在其新闻摄影理论专著《抓拍：纪实摄影新闻摄影的方法》中概括了"抓拍"三个方面的可操作性特征：不干涉拍摄对象活动，拍摄对象处于运动状态，从实际出发。②他说，"从1978年走上抓拍之路起，包括退休以后，在多年的新闻摄影实践中，我一直坚守自己的理念，不遗余力、锲而不舍地实践这种拍摄方法，坚持在平凡的生活中抓拍感动的瞬间，反映普通人的喜怒哀乐"③。

"摆拍"和"抓拍"是纪实摄影和新闻摄影领域的一对核心概念，受旧式新闻宣传观念理想化和完美化的影响，"摆拍"或者"组织加工"常常带来形象虚伪及采访公式化和教条主义的问题，而在"实事求是"的政治气氛下，"抓拍"强化了新闻的真实性原则，"按新闻规律办事"弘扬了新闻摄影的主体性。④中国新闻摄影学会创始会长蒋齐生认为，蒋铎著作探讨了新闻摄影采访学的基本问题，"是我国新闻摄影改革经验及中国新闻摄影学会理

---

① 那个哭泣的外卖小哥找到啦！人民摄影报头版图片主人公，流泪原因竟是……[Z/OL]. 人民摄影，https://mp.weixin.qq.com/s/v1MsvaOFWy1A_ctfmdF-Jg.
② 蒋铎.抓拍：纪实摄影新闻摄影的方法 [M]. 北京：北京工艺美术出版社，1994.
③ 蒋铎.探索路上不停步——我的新闻摄影之路 [N/OL]. 人民日报传媒频道，(2019-04-25). http://media.people.com.cn/n1/2019/0425/c120837-31049385.html.
④ 梁君健.当代中国新闻摄影观念的形成——以"抓拍"为个案 [J]. 新闻记者，2017(04):76-85.

论研究成果的结晶",而"抓拍对于新闻摄影事业来说,决不是可这可那的一个技术性拍摄方法问题。没有抓拍,就没有真正意义上的新闻照片,也不会有真正意义上的新闻摄影记者"。①受此影响,1992年6月30日通过的人民日报"组版原则(试行)",规定"优先选用抓拍照片,杜绝明显摆布的照片"。

多年来,除了坚持"抓拍",蒋铎还致力于维护新闻摄影的真实性原则,其在中国新闻摄影学会"广场鸽打假"等事件中发挥了关键作用。

[观看者3]

D.J.Clark:在新闻摄影最前沿

2020年4月,《中国日报》亚太地区多媒体总监D.J.Clark凭借他记录香港示威的作品《港理工战场》赢得了世界新闻摄影比赛("荷赛") Interactive of the Year(最佳年度互动视觉奖)和Outstanding Immersive Experience(最佳沉浸式体验奖)互动故事奖。"最佳年度互动视觉奖"是荷赛组委会新设立的三大奖项之一,与传统大奖"年度最佳图片"同等分量。

该项目评委会主席Zoeann Murphy说:"当我戴上耳机看这段影片的时候,仿佛和记者一起置身现场,我真的很震撼","我认为他对新闻视频报道的理解是非常有力度的"。②

他的同事,中国日报亚太分社社长周立评价Clark:"去年在报道香港风波中,他始终跑在一线,有一天奔走了24公里,相当于跑了半个马拉松,而且背着30多公斤重的器材。为完成此片,他在理工大学蹲守了32小时,以360度全景浸入式报道了理大一役,其中航拍理大的视频在社交媒体播放量达5亿次。"③

该短视频现场新闻《独家航拍:香港理工大学之殇,看看暴徒对它做了什么?》已经入围第三十届中国新闻奖媒体融合奖项初评。中国日报在推荐意见中写道:"该作品是中国日报记者紧跟香港修例风波事态的发展,前往

---

① 蒋齐生.增强抓拍意识认真实践抓拍[J].新闻战线,1995(02):23-24.
② 中国日报官方微博账号.2019-11-20,11:29.
③ 中国日报视频荣膺2020年"荷赛"大奖[N/OL].http://cn.chinadaily.com.cn/a/202004/17/WS5e98fdfaa310c00b73c77a1a.html.

一线拍摄的独家视频,是一个揭露香港暴徒和激进分子暴力行径的简洁而有力的作品……它是一条现场视频报道,更是一段历史证据。"中国记协新媒体专业委员会初评评委则写道:"视频在海内外平台账号及时发布,产生了很好的揭批谎言效果,在舆论场上进一步增强了反暴力、斥暴徒的正义之声。"①

早在2005年前后,流媒体(streaming media)作为新闻摄影的新形态由D.J.Clark博士介绍到中国,在其努力下,英国伯顿大学先后与大连医科大学、北京外国语大学推进相关研究生课程,在东方早报、南方都市报、京华时报、都市快报开始新闻摄影的视频转型。2010年3月,中国新锐媒体视觉联盟将流媒体作品列为评选项目,首次将流媒体纳入国内新闻摄影公共评价体系②。近年来,D.J.Clark在香港建立中国日报亚太视频团队,摘取多项国际大奖,并以"流媒体VR 360°技术"在突发新闻采访方面取得突破与进展。

四、视觉机器与技术性照片

[技术1]

VR:硬件及内容

国外VR摄影机开发与生产基本停摆,国内VR相机领军品牌Insta360完成了数亿元C轮+融资,除Insta-pro专业全景相机外,其以小巧便携的两目全景相机Nano-S、ONE X、EVO等丰富了自身产品线。年底,深圳圆周率科技Labpano推出的8K四目全景相机Pilot One,集成全景云直播、全景开放系统、全景漫游功能;头显(HMD)方面仍以"头部6DoF+手部3DoF"一体式机为主,前者以Facebook推出的 Oculus Quest 为代表,后者则有华为仅重166g的VR Glass。此外,基于AI的注视点渲染技术DeepFovea,可将计算资源量减少多达10—14倍,以全面提升AR/VR显示器水平;纽约时报"每日360"(The Daily 360)、今日美国"虚拟在场"(VRtually There)、卫报"卫报VR"

---

① 中国记协新媒体专业委员会.第三十届中国新闻奖媒体融合奖项初评结果公示[EB/OL].http://www.zgjx.cn/2020-06/28/c_139172238.htm.
② 王瑶.当代中国新闻摄影发展史(1978—2008)[M].长春:吉林人民出版社,2009:284-285.

（GuardianVR）等VR栏目均已停更，最近的作品是纽约时报产出与黑人民权运动有关的两部高质量360°纪录片《黑人出行时》（*Traveling While Black*）与《铭记艾默特·提尔》（*Remembering Emmett Till*）。①

年初，央视新闻客户端推出VR频道，继全国两会期间完成"5G+VR"应用之后，央视新闻在国庆日对阅兵式进行了首次"5G+VR"直播；依托VR产业重镇江西南昌及世界VR产业大会，中国江西网对"5G+VR"新闻及全景实时直播有诸多尝试；②上海报业集团澎湃新闻获第二十九届中国新闻奖融合创新类一等奖的作品《海拔四千米之上》以"视频（普通拍摄+航拍+延时拍摄）、360°全景图片、定点VR视频、漫游VR视频、互动热点、延时拍摄等方式，实现了多种技术和表现形式的大融合"③该作品最终搭建为"引子视频+多层嵌合"的VR视频，④成为目前国内标志性的VR应用作品，其选题尤其符合《斯坦福新闻项目的虚拟现实叙事指南》"必做"两原则中的"难以到达的地方"与"身临其境的感受"。

不少媒体及高校积极尝试以新建模技术引入应用主题性展示记录。云南网以Twinmotion虚拟现实技术和基于Unreal Engine 4引擎的建筑可视化，搭建出《壮丽70年 奋斗新时代——云南篇章》VR虚拟展馆⑤；中山大学传播与设计学院师生则在贵州省织金县后寨乡进行的媒介融合野外实践课程中，在拍摄多部VR纪录片的基础上，试图以3D摄影测量技术记录当地"精准扶贫"情况。

[技术2]

月背影像、卫星遥感图像、无人机及监控视频

2019年1月3日10时26分，"嫦娥四号"实现人类探测器首次月背软着

---

① 分别为20世纪中叶美国黑人所受种族歧视与绿皮书之深远影响之口述及展示密西西比小镇如何纪念艾默特·提尔（1941—1955），均在2019年1月推出。
② 练蒙蒙，叶涛.5G时代中国江西网对VR新闻的探索实践[J].传媒,2020(06):16-18.
③ 中国新闻奖媒体融合奖项参评作品推荐表[EB/OL]. http://www.xinhuanet.com/zgjx/2019-05/24/c_138082237.htm .
④ 李云芳.忘掉"流量"天地宽——澎湃新闻三江源国家公园全媒体报道始末[J].青年记者,2020(01):38-40.
⑤ 中国记协新媒体专业委员会.第三十届中国新闻奖媒体融合奖项初评结果公示[EB/OL].http://www.zgjx.cn/2020-06/30/c_139176664.htm .

陆，完成首次"月背拍摄"，并通过"鹊桥"中继星传回了世界上第一张近距离拍摄的月背影像图。著名媒介环境学者德里克·德克霍夫认为此一时刻与苏联在1959年10月3日"月球三号"首次远距离拍的月背照片，美国1969年7月20日在月球向日面登陆一样"获取同样神奇的威望"，"这三个探月路标使人类短时间结为一体，分享超乎日常分歧的共同情感"①。拍摄任务由3台监视相机和1台降落相机组成的媒体团完成，其中最重仅700克的相机集成了光、机、电、热等多项先进技术和智能化功能，并满足相机克服动力下降过程中实时图像观察与科学数据采集的任务需求。②

新华社为新中国成立70周年重大主题精心策划的《60万米高空看中国》系列短视频专题报道开创了卫星新闻报道新样式，其以卫星观测遥感图像（Remote Sensing Image）、无人机航拍、地面拍摄等手段融合呈现太空独特视角下的美丽中国。采编人员依托中国资源卫星应用中心等科研机构作深度挖掘，再组织拍摄组奔赴各地采集标志性、关键性点位素材，传达"天、地、人、和"理念，形成"超时空"观看体验，"体现了主流媒体内容创意能力与航天科技实力跨界融合的最新成果"，被中宣部《新闻阅评》称为"守正创新，运用新技术壮大主流舆论声音的标杆之作"。③

截至2019年12月31日，共有7149家企业在线取得无人机经营许可证，比2018年增加3100家（43%），实名登记无人机39.2万架（增长26%），民用无人机驾驶员证照总数为67218个（增长37%）。④无人机早已成为摄影记者基本配置，被广泛运用于日常新闻采访。义乌商报记者吕斌拍摄组照《义乌直播村》，则将无人机应用于经济报道中，俯视角度全景记录了"双十二"义乌市江北下朱村灯火通明、车来货往的场面。⑤

---

① [加] 德里克·德克霍夫. 文化的肌肤——半个世纪的技术变革和文化变迁[M]. 北京：中国大百科全书出版社，2020:448.
② 姜天骄. 嫦娥四号上的相机真神[N]. 经济日报. 2019-01-05,2.
③ 60万米高空影像属近地卫星轨道航天遥感. 中国记协新媒体专业委员会. 第三十届中国新闻奖媒体融合奖项初评结果公示[EB/OL].http://www.zgjx.cn/2020-06/28/c_139172295.htm .
④ 中国航空器拥有者及驾驶员协会.2019中国AOPA民用无人机驾驶员报告[R/OL].http://uas.aopa.org.cn/resource/attachment/17d88ccd-daec-4017-8880-28bced81459f.pdf.
⑤ 中国新闻摄影学会. 第三十届中国新闻奖新闻摄影奖项初评结果公示[EB/OL].http://www.cnpressphoto.com.cn/2020-06/10/content_33895703.htm.

作为一种现场记录，监控视频画面也频频成为新闻短视频重要素材。新疆新媒体中心推出的《漫长的2秒：伊宁男童从5楼坠落后》短视频新闻取材自监控视频所拍摄的伊宁市哈萨克族小伙托尼可·吐尔干别克在千钧一发之际本能地接住男童的两秒珍贵画面，此前，第二十九届中国新闻奖二等奖作品《生死时速！患者心脏骤停，桂林女医生跟着病床边跑边做心肺复苏》素材也来自医院监控摄像头。

此类技术性图像的发展已获业内重视。4月11日，中国新闻摄影学会指导的首个院校内设航空航天影像专业研究机构在北京航空航天大学成立。此前，学会先后成立了无人机、航空航天专业委员会。

[技术3]

黑洞照片(Photo of Black Hole)

2019年4月10日，事件视界望远镜(Event Horizon Telescope，EHT)国际合作团队公布了利用全球的8个毫米波望远镜组成的干涉阵拍摄的照片，其以约20微角秒（天文学专有名词，1°（度）=36亿微角秒）的分辨率拍摄，直接测量距离地球5500万光年的射电星系M87中心黑洞的阴影和黑洞周围光环的大小，测量得知M87中心黑洞的质量为65亿太阳质量（1太阳质量=1.989×1030千克）。[1]项目获《科学》杂志评出的2019年度十大科学突破之首[2]及2020年科学突破奖基础物理奖[3]。

黑洞的引力非常强，以至于周围一定区域内连光也无法逃逸，这一区域被称为"事件视界"。这里的"照片"指的是"事件视界"的毫米波射电图像，其通过收集黑洞附近遗留物质的辐射信号间接而得，呈现为黑洞的"阴影"和环绕着黑洞阴影但亮度南北不对称的光环（被标定为橙色）。[4]

---

[1] 吴学兵.解读"人类史上首张黑洞照片"[N/OL].https://baijiahao.baidu.com/s?id=1647075894528962182&wfr=spider&for=pc.

[2] 科学杂志评出2019十大科学突破：首张黑洞照片居首[N/OL].https://baijiahao.baidu.com/s?id=1653493331191042665&wfr=spider&for=pc.

[3] 科技日报.EHT项目获2020年科学突破奖基础物理奖[N/OL].http://www.cas.cn/cm/201909/t20190909_4713484.shtml.

[4] 黑洞照片要"全球拍"——访中国科学院南美天文中心主任王仲[N/OL].新华网,(2019-04-11). http://www.xinhuanet.com/2019-04/11/c_1124355737.htm.

此次国际视觉行动团队由包括16位中国大陆科学家在内的全球200多位天文学家组成，协调工作耗时10年。此后，团队又花了2年时间整理8台（组）望远镜（形成一个口径如地球大小的望远镜），在4个观测夜里收集了3500TB的射电信号。其协作内容包括用航班以物理方式运送采集数据，极大地打破了技术性图像的界限。

"黑洞照片"化不可见为"可见"，再次刷新人类观看经验，如此伟大的科学影像也是一张令人震惊的新闻图片——"黑洞照片"发布后，"视觉中国"将黑洞图像纳入其"编辑图片"用于商业转让，进而引发"版权门"事件①，国内图片著作权的法律漏洞被放进公众视野中讨论，国家版权局将图片版权保护纳入其专项行动以规范图片市场版权秩序。继4月11日因"黑洞照片"版权门被关停后，12月11日，"视觉中国"又因违规从事互联网新闻信息服务、违规与境外企业开展涉及互联网新闻信息服务业务的合作等问题再度被关停。截至12月10日其股价收于20.09元/股，较之3月12日的年内最高价30.99元/股，股价下跌了35%，市值蒸发55.45亿元。

五、真实性问题及对策

本年度也是媒体及公众为"假照片"（争议照片）困扰的一年。年初，《人民日报》（2019年1月16日第7版）刊发的《星光下的农民夜校》（邹森/影像中国）被网友评价道，"这张照片应该是作者为了达到自己的目的，让一大帮村民坐好位置摆好造型，在纯黑环境中曝光好星空后，再用闪光灯拍摄人物，是一张标准的为了迎合媒体，表达政绩的新闻摆拍照"②。针对见报照片引发的读者的质疑、评议、转发和澄清，点评专家孙正懿提醒"新闻媒体和新闻摄影工作更须强调坚持新闻真实性原则"，"那些为达到某种目的，或为追求完美画面、为争取点赞流量而违背社会生活客观真实，改变

---

① 黑洞照片由欧洲南方天文台（ESO）遵照 CC BY-SA 4.0 协议（创作共用许可协议）发布，任何人都可以在署名来源的情况下使用该图片。
② 某某日报，这张摆拍图发的不合适[EB/OL]. 胖编（企鹅号），https://card.weibo.com/article/m/show/id/2309404329723370030061.

新闻现场客观环境，组织、导演新闻人物新闻事件，在后期制作中位移像素等行为，会损害媒体公信力和作者职业声誉，这也是摄影记者、图片编辑和签约摄影师不可逾越的行业底线"，"但也希望自媒体这种质疑、指正、批评，要有科学严谨的态度、求真务实的精神、调查研究的方法，不能仅仅凭'直觉''推断'，主观臆测，甚至为了某些个人私利，故意偏采数据，乱扣帽子。尤其是所谓'专家'未经深入调研而急于下'结论'，这种批评时有失察，主观片面"。①

"最美婚纱照"事件是年度关注度极高的假照片热点事件之一。7月11日，中共淮安市委宣传部官方微博"淮安发布"发布一张题为《这张婚纱照，真美！》的图片，图片署名为"周海军"，图片说明为"江苏淮安盱眙县一对新人正拍着结婚照，突然听见哭救声，他们毫不犹豫，挺身而出，留下了这张意义非常的'婚纱照'"。推文发布后迅速引爆网络，网友纷纷留言点赞，央视新闻、人民日报等微信公众号相继转发，并在标题中盛赞这对新人的行为。然而，有网友发现，照片拍摄者早在2005年就曾发表过类似的新人拍婚纱照救幼童的新闻，进而对这张"最美婚纱照"的真实性表示质疑。"我苏特报"记者取证发现照片中的"新人"、被救女童、作者均非偶然出现，而是存在着共同关系人，故认为"原新闻稿内容与事实不符，存在隐瞒真相刻意编造的情况"，"这是一次通过虚假陈述骗取媒体关注和社会赞誉的拙劣表演"。②另外，据上游新闻调查，周海军自2015年以来发表的多幅摄影作品均存在新闻造假嫌疑。③

照片拍摄者是一位极为活跃的图片网站签约摄影师，作品有相当的影响力。其作品《小伞撑起大爱》（人民日报7月7日第4版）入选第27期"人民日

---

① 揭晓丨"人民日报期待你的好照片"第三期"收藏作品"名单[EB/OL].http://www.cpanet.org.cn/detail_news_120414.html.
② 我苏特报记者赵立孟,曹勇,朱亮."最美婚纱照"背后真相：拍摄者并非碰巧路过[EB/OL].荔枝新闻.http://news.jstv.com/ktt/a/20190713/1563013334137.shtml.
③ 上游新闻记者沈度.江苏"最美婚纱照"拍摄者继续沉默,其多幅新闻作品被疑造假[N/OL].https://www.cqcb.com/xindiaocha/redian/2019-07-15/1742823_pc.html.

报收藏摄影作品"。①7月13日,盱眙县纪委监委发布消息称,已针对"最美婚纱照"是否系摆拍介入调查,但至今未见明确结果②。

年内,新华网刊发的签约摄影师瞿明斌的《立夏将至农事忙》也因照片中农民的插秧方式与公众印象不同引发了广泛关注,新华社摄影经过调查才对其新闻真实性予以核实;③广西日报刊发的"电筒主任"(作者谢洋,2019年10月28日第12版)也被质疑"真摆拍,假扶贫"。④相关调查认为,村委主任晚上头戴矿灯干活事实存在,但照片确实并非抓拍,"而人们之所以对这张照片进行质疑,最根本的问题不在这张照片怎么拍摄的本身,而是透过这张照片,体现出人们对于形式主义的反感和抵制"⑤。

中国记协新修订的《中国新闻工作者职业道德准则》针对新闻界当前存在的违反职业精神、职业道德等问题和薄弱环节提出规范性要求,强调"把真实作为新闻的生命,努力到一线、到现场采访核实,坚持深入调查研究"⑥。第三十届中国新闻奖新闻摄影初评作品中有不少这样的力作。新京报记者陈杰、刘旻在贵州省威宁县牛栏江大峡谷采写的《告别溜索村》即是这方面的代表之作,记者先后│多次溜索过江,采访海拉镇花果村大石头组12名小学生途经峡谷、悬崖上学的过程,报道推动了深山世代贫困村落大石头组的整体易地搬迁,推进了当地7所小学的宿舍楼建设,解决了1000名学生

---

① "7月6日,江苏省盱眙县突降暴雨,在县体育馆广场上,前往参加暑期舞蹈培训班的一名小女孩看见环卫工人被暴雨淋湿,便上前为她撑起雨伞,试图帮她遮住风雨。周海军摄(人民视觉)".揭晓|"人民日报期待你的好照片"第27期"收藏作品"名单[EB/OL].http://www.cpanct.cn/detail_news_1214.
② 周海军原职务为江苏省盱眙县委宣传部常务副部长、网信办主任,作者在中共江苏盱眙政府网站上查询,应已调任中共江苏盱眙经济开发区工作委员会管委会副主任。
③ "关于重庆市南川区新华社签约摄影师瞿明斌同志照片的情况说明":新华社签约摄影师瞿明斌同志于5月4日拍摄的《立夏将至农事忙》图片稿件经新华网刊发后,因照片中农民的插秧方式与公众习惯印象中的方式不同,引发了广泛关注。在南川当地,部分农民在水稻种植期,会使用宽窄行栽培方法。因此,画面中拍摄的内容属实,不存在摆拍或者事实性差错问题(新华社摄影部)。见"倒插秧"的新闻图片是不是摆拍?[EB/OL].https://www.sohu.com/a/312579382_748576.
④ 相关报道有上游记者王敏.广西"打电筒干农活"主任回应争议:在挖地种菜,非摆拍[EB/OL].https://www.sohu.com/a/350144319_100191048; 王瑞文、郭懿萌.广西"电筒主任"回应质疑:被拍时不知情,外号系玩笑[N/OL].新京报网,http://www.bjnews.com.cn/news/2019/10/28/642857.html.
⑤ 青锋.今日评论.广西"电筒主任"夜晚干农活,被人们质疑摆拍,真是醉翁之意不在酒? [N/OL].https://xw.qq.com/cmsid/20191029A0EASO00.
⑥ 记者张青.适应新形势新任务新要求 突出指导性实践性时代性[N].光明日报,2019-12-17,04.

的寄宿问题。①宿迁日报采写的《村民评议定低保》，现场抓拍真实自然，生活气息浓厚，反映了泗洪县龙集镇尚咀居委会53名村民代表和村组干部在一棵苦楝树下，以无记名投票的方式确定享受低保人员情况，"显示了新闻摄影采访的一个朴素真理，只有坚持'三贴近'践行'四力'，把镜头对准生活、对准老百姓，忠实呈现他们的喜怒哀乐，新闻才具有旺盛持久的生命力"②。

遗憾的是，以上"职业道德准则"并不完全适用于自媒体作者及网站签约摄影师群体，如何在当前复杂的媒介生态下避免因个人造假而导致媒体及社会的信任危机，仍然是一个问题。或许，对于机构媒体来说，加强图片编辑队伍建设，提高"把关人"素质以降低图片生产与图片使用分离所带来的传播风险，是一个较便捷的选择。

六、直播、交互、文献：省、市级党报的媒体融合

媒体融合的重要标志，是主力军进入主战场，担负起突发性现场新闻的采集和发布任务。广西日报—广西云客户端的《直播|百色大暴雨引发山洪，公路塌方车辆被冲走！通讯员黄文秀发回现场视频后却不幸遇难……》为此类型的典型作品。

2019年6月16日晚，广西百色市凌云县遭受特大暴雨袭击，当天23时35分，原乐业县新化镇百坭村驻村第一书记黄文秀同志在驾车回村途中遭遇山洪，作为广西日报—广西云客户端长期通讯员的她用手机录下现场的雨大水急、闪电大作的景象，并将视频发给广西云客户端，视频中呈现出她微弱而焦急的声音"……现在已经过不去了……"。黄文秀失联后，广西云客户端启动突发事件报道应急机制，自17日8时46分至19日16时40分完成长达55个小时54分钟的直播，也是"感动中国的优秀共产党员黄文秀同志生前最后一刻亲自参与的移动新闻直播，围绕暴雨灾情和黄文秀同志的生死，这场直播让

---

① 中国新闻摄影学会.第三十届中国新闻奖新闻摄影初评报送公示[EB/OL].http://www.cnpressphoto.com.cn/2020-06/10/content_33896140.htm.
② 中国新闻摄影学会.第三十届中国新闻奖新闻摄影初评报送作品公示[EB/OL].http://www.cnpps.org/2020-06/10/content_33896204.htm.

最揪心的悬念引领着人们，是全程性、贴近性移动报道的生动案例"①。

作为传统媒体转型的代表，浙江日报视频影像部在上一年度三件作品获得中国新闻奖之后，再以《直击7·5泰国普吉游船倾覆事故现场 救援仍在进行》获第二十九届中国新闻奖一等奖，被评价为"重大突发事件中将新闻报道形式与内容良好融合的典型案例"，"集中反映了地方代表性媒体转型改革的成果"。②

截至2019年11月13日，该视频影像部共发视频稿6306条（其中天目新闻客户端近1000条），全网总播放量43亿。其中"1000万+"稿件93条，客户端"20万+"稿件288条，话题破亿的有4条。③直播优先是"浙视频"一直坚持的原则——在重大主题报道、重要活动、突发事件面前主动出击，能直播一定直播，如《直击杭州桐庐！暴雨引发山体滑坡 抢险救灾正在进行》《超强台风"利奇马"登陆浙江温岭 浙视频记者夜闯台风眼》《无锡天桥垮塌》《建国路路面塌陷》等突发或区域性热点事件，"浙视频"均在第一时间发回现场报道。融合创新方面，新上线的"天目新闻APP"④全部采用了竖视频传播，另以5G+AR方式将西湖十景搬到了演播室，完成国内媒体首次外景全息直播。视频影像部还策划了视频创意产品《浙江70年影像辞海 从A到Z看潮起钱江》，结合浙江日报70年来积累的图片资源库，以辞典的分类方式将图片整理成一部"70年影像辞典"。⑤

长江日报制作的创意互动H5《72个红手印，究竟为了留住谁？》以灵动的AR应用，重现了武汉黄陂区青云村72位村民签名并按上红手印、联名挽留两名驻村干部的事件过程，其以文字、视频、音频制成创意互动的H5。观众通过点击信上的指纹即可收听村民对驻村干部的语音评价，"引出两位扎根

---

① 直播｜百色大暴雨引发山洪，公路塌方车辆被冲走！通讯员黄文秀发回现场视频后却不幸遇难……[EB/OL]// 中国记协新媒体专业委员会.第三十届中国新闻奖媒体融合奖项初评结果公示.http://www.zgjx.cn/2020-06/28/c_139172370.htm.
② 梁益畅,李俊,曾祥敏,朱建华,王杨.第二十九届中国新闻奖解析媒体融合圆桌研讨[J].中国记者,2019(12).
③ 浙江日报、浙江在线全媒体.视频影像部2019年工作总结和2020年的工作打算（未刊资料）.
④ 天目新闻APP是浙江日报报业集团于2019年10月19日正式上线的新闻视频客户端。
⑤ 彭鹏,周莎莎.从7·5普吉救援直播看5G时代移动直播的机会与挑战[J].传媒评论,2019(12):15-17.

基层，一心带领村民脱贫攻坚的生动故事"①。

与浙江日报"70年影像辞典"操作相若，天津日报历史数据图片库自2012年初开始建设，其扫描整理了天津日报从新中国成立前至20世纪90年代初的新闻图片，并结合现有记者发稿照片、拍卖市场所得的历史照片，形成图片总数规模近30万张的历史图片数据库。"如何使我们的档案照片上升为文献照片，如何避免照片失实、失真，如何让我们的照片更真实、更全面、更准确地记录新时代？"11月1日在钦州举行的中国新闻摄影高峰论坛，来自中央和省地市县主流媒体的负责人、摄影部主任、摄影记者和图片编辑以"新闻图片的历史真实与文献价值"为题进行了讨论。

七、观看结果："金镜头"评选②

人民摄影"金镜头"（2019年度）新闻摄影作品评选结果于7月29日揭晓，由11位专家组成的评委团从462件1700余幅终评作品，选出了2个年度奖项以及七大类别（含新闻短视频类）的39个奖项共41个奖项。

陕西日报袁景智拍摄的《我不让你走》获年度最佳照片，作品反映了暑期"三下乡"社会实践活动的支教大学生与当地学生即将告别的感人瞬间；嘉兴日报记者田建明获年度潜力记者，这也是该报摄影记者连续两年获此奖项，加上泰州日报记者顾祥忠以《江苏响水化工厂特别重大爆炸事故》获突发新闻类组照金奖，表现出地市级党报群体仍是一支实力强劲的新闻摄影力量；短视频类金奖由南方都市报N视频作品《下一步，春天》（赵明、林耀华、陈锦涛）获得，也意味着该报在视频转型上重新复苏。主办单位在奖项设置上有所调整，将4个年度奖项压缩为3个——取消了年度图片编辑奖项，原8大类别被合并为7个——在本次评选中原日常生活新闻类与新闻人物类合并为日常生活和新闻人物类，年度图片专题及自然环境新闻类单幅金奖、银

---

① 中国记协新媒体专业委员会. 第三十届中国新闻奖媒体融合奖项初评结果公示 [EB/OL]. http://www.zgjx.cn/2020-06/30/c_139176667.htm.
② 原报告已于7月31日截稿，此部分内容系重新补充。

奖及组照金奖空缺，但增设体育新闻类单幅铜奖、自然环境新闻类组照铜奖、文化及经济新闻类单幅铜奖三个铜奖。41个奖项分布在：中央级媒体41%（其中70%为新华社），其他省级党报20%，地市级党报、都市报（晚报、行业报）、自由摄影师各占12%。

八、结语：回到现场

在21世纪10年代的最后一年，视觉机器与技术性图像空前发达，进一步模糊新闻摄影这一行为的主体与客体。

摄影记者的价值在于其"在场性"。正因为有了属于摄影记者的现场时间，才将过去的事件时间转化为可传播的新闻时间，进而成为可留存的历史时间。以各级党报为代表的纸媒在相当长一段时间内仍会稳定保留，日渐萎缩的专职摄影记者队伍需要注入年轻血液；传统摄影记者的形象表达和新闻摄影现场工作的方式亟待吸纳和融入短视频现场新闻、短视频直播等新形式，以实现真正意义的媒体融合。

可以肯定的是，已经到来的21世纪20年代，新闻摄影与摄影记者不会成为一个历史名词，在相当长一段时间内仍然有存在的意义。

回到现场，因为真实是新闻的生命，而新闻一线是真实性的源头。

（作者分别为中山大学传播与设计学院副教授、2017级新闻学专业本科生、2019级设计艺术学专业研究生）

2019中国新闻评论年度观察

陈 敏

回顾2019年中国新闻评论生产及传播态势,本文拟从以下四个方面展开论述:其一,评论主体方面,聚焦政务微博和政务微信从信息发布主体向观点表达主体转变的趋势,以及这种转变所引发的争议;其二,评论内容的生产及表达方式方面,聚焦自媒体信息整合式文章的写作,并分析这种写作如何在一定程度上助推评论生产的繁荣,但又暴露出新闻事实稀缺的隐忧;其三,评论的传播效果及相关研究方面,本文关注到,相较于"新闻评论研究","网络舆情研究"更为火热,而这背后可能显示出对意见表达的调控重于对事件本身的探讨,评论干预现实的能力在减弱;其四,本文尝试对网络空间中的评论话语表达和生成评论的平台环境做一些探讨,以分析导致目前网络评论环境的一些结构性因素。

一、从信息发布到观点表达,政务微博/微信在舆论场发声引争议

在2019年的中国网络舆论场中,我们看到有越来越多的政务微博/微信出现了从信息发布到观点表达的转向。一般而言,政务微博/微信作为舆论场中的重要传播主体,其主要的功能应该是信息发布、服务公众,一旦它们直接发表或间接转发对新闻事件的具体观点,很容易引发争议:一则这些观点容易被认为是代表了官方的权威意见,具有政策风向标和舆论引导的功能;二则争议性新闻事件中网友观点多元,尤其当政府部门本身作为涉事主体时,政务微博/微信不适合公开选择某个立场,以免言论表达中措辞不当,让自身

进一步卷入舆论风波。

以无锡市人民政府新闻办公室官方微博"无锡发布"为例。2019年10月，无锡先后发生高架桥侧翻、小吃店爆炸两起事故，造成人员伤亡。10月13日，"无锡发布"转载东林论坛的一篇文章《在重大事故面前，我们该做的是关爱与理性！》，文章称"比事故原因、调查结果飞得更快的是各种敲锣打鼓似的视频传播，是弹眼落睛的网络谣言，是朋友圈里你来我往、似真似假的揣测、别处新闻的嫁接，是自媒体假慈悲博眼球式的祈祷……在官方通报到来之前，网络见证了一拨面对重大事故的自嗨，悲情的意味很少"①。

这条微博迅速被网友关注到，并引来大量批评。尽管文章来自当地的网络论坛"东林论坛"，不是政务官微的原创，但"无锡发布"的转发显然对文章的观点表现出潜在的认同。网友认为，政务微博没有反思自己在前期信息发布中的滞后，反而将批判的矛头指向网民，有损官方权威公正客观的形象。有网友评论称，"官方发布要认清自身定位。不要既做发布者，又做评判者"，"官方发布最忌带节奏，你说事实就好，最多来句呼吁，非要定性甚至煽情，有可能起反效果"。②在受到大量网友批评后，"无锡发布"删除了这条微博。

相比上述政务微博的不当表态，另外存在的一种现象是，政务微博/微信的观点表达尽管回应了舆论场中相当一部分公众的情绪，言论表达有较为广泛的民意基础，但在措辞上仍嫌不妥，同样可能引发巨大争议。

以"中华人民共和国应急管理部"微信公众号2019年4月2日深夜发布的《人民英雄不容玷污！侮辱30名牺牲英雄的人渣已被刑拘！》一文为例。事件起因是网民尹某云由于在网上发布多条涉嫌侮辱四川因公牺牲消防员的言论，被公安机关以"涉嫌寻衅滋事罪"刑事拘留，对此，该文愤怒声讨"虽然人渣已抓，但是30名英雄却再也回不来了！"

文章阅读量迅速达到10万+，并被"冀城应急管理""合肥消防在

---

① 无锡市政府官方账号发文：我们该做的是关爱与理性 [EB/OL].(2019-10-13). https://news.sina.com.cn/c/2019-10-13/doc-iicezzrr1990141.shtml.
② 如何看待无锡发布就高架侧翻事故称"在重大事故面前，我们该做的是关爱与理性"？[EB/OL] 知乎，https://www.zhihu.com/question/350586960.

线""平安墨脱"等多个政务微信转发。而文中"人渣"一词的使用是否妥当引发网友热议,不少网友认为政府部门使用这样情绪化的措辞不利于营造良好的网络说理环境,更有网友认为,以刑事手段对待公民的网络言论是否妥当,才是政府部门需要深刻反思的。

总的来看,越来越多的政务微博/微信出现了从信息发布到观点表达的转向,这是2019年中国网络舆论场的一个重要特征;鉴于网络平台上,发言者的身份对言论的影响作用越来越大,政务微博/微信本身又具有一定的权威和公信力,如何让政务微博/微信更严格地恪守边界,以更为专业的新闻发布标准来要求自己,避免情绪化的观点表达,仍需在未来的实践中进一步明确和规范。

二、整合式文章助推评论生产的繁荣,同时暴露事实稀缺的隐忧

伴随大量自媒体的出现,一种基于资料整合的夹叙夹议的写作方式越发流行,对于这一趋势,笔者在回顾评析2018年中国新闻评论发展的文章①中已有提到,彼时不少评论界人士从满足受众阅读需求、推动公共事件讨论的角度,对这种写作方式给予了肯定。及至2019年1月,因微信公众号自媒体"呦呦鹿鸣"的《甘柴劣火》一文遭到《财新》记者王和岩朋友圈"维权",继而引发"洗稿"之争,开始让更多的人关注到整合式文章中的评论表达问题。

对于《甘柴劣火》一文,呦呦鹿鸣认为,"本文是一种独家叙事,讲述的并非新闻,而是媒体与党政系统持续的冲突,这是呦呦鹿鸣的独家发现"②。这种"独家叙事"说得到了相当范围的共鸣,有论者认为,这种"独家叙事"是"新闻事实的个人化和历史化书写",相当于一种"历史评书"的形式;③也有学者认为,《甘柴劣火》不能算是一篇合格的新闻稿,但其关

---

① 陈敏.2018中国新闻评论年度观察:中国新闻业年度观察报告(2019)[M].北京:人民日报出版社,197-210.
② 呦呦鹿鸣.社会在崩塌——关于财新网记者攻击呦呦鹿鸣一事的说明[EB/OL].(2019-01-12). https://mp.weixin.qq.com/s/QYrwbfH-SlVmQ83fHD5DsA.
③ 韩十洲."洗稿"撕裂中国媒体圈 暴露公共性危机[EB/OL].(2019-01-13). http://blog.dwnews.com/post-1091752.html.

怀社会正义，是有良知、有笔力的"准新闻评论"。①

那么究竟该如何看待这种基于资料整合的夹叙夹议的写作方式？不可否认的是，一方面，类似《甘柴劣火》这样的网络"爆款"文章，一定程度上体现了言说者较高水平的资料整合能力、分析评述能力以及写作表达能力，而这些能力甚至是很多传统媒体时代的评论者也相对欠缺的。

但另一方面，洗稿之争也暴露出了当下中国新闻业事实稀缺的隐忧，大量自媒体甚至是专业的媒体机构不再派记者到现场采访，而是习惯于转载甚至抄袭其他媒体的报道。时任财新传媒总编辑胡舒立在2019年8月接受访谈时重申媒体从事一线采访的重要性，"现在，传统媒体和很多新媒体最大的区别是：有没有一线采访……当一线采访在整个行业中的比例越来越少，只剩10%、20%、30%的人在做一线的时候，越来越多的人只能不停翻炒别人的采访内容"，"财新是不会离开一线的。财新追求新媒体，愿意做排头兵的实验，但是我们不想放弃传统，视传统为责任，也视传统为希望"。②而相比一般新闻事实，财新所推崇的独家事实（也是在"洗稿"之争中被引用的事实）显然更难以获取，对记者的采访突破能力要求也更高。

正如有分析文章指出，财新作为国内最出色的商业化媒体之一，消耗了高昂的成本所生产的独家原创新闻产品却被自媒体以各种方式洗稿，形成不公平的竞争，可想而知其他传统媒体在艰难转型过程中会遭遇怎样的困难。③有论者哀叹，"当流量都向呦呦鹿鸣这样的'整合'写作流派倾斜，'扒粪者'队伍的老兵只会加速凋零。最终，呦呦鹿鸣们将会没有可用食材。对上游的媒体生产者缺乏敬畏之心，甚至引导读者集体诋毁，只会快速毁掉自己的立足之本"④。

诚然，探讨自媒体卷入"洗稿"之争、新闻业缺乏更多深入一线的信

---

① 杜骏飞.甘柴劣火又如何？[EB/OL].搜狐网，(2019-01-14).http://www.sohu.com/a/289000381_749480.
② 叶铁桥.胡舒立：记者有人搞贪污腐败偷偷发财，也有很多人坚定不移做新闻.2019-08-01, https://www.toutiao.com/i6720018221832864269.
③ 田宇."呦呦鹿鸣"与"财新"洗稿之争对融媒体建设的启示[EB/OL].(2019-01-14). http://www.guanmedia.com/news/detail_10843.html.
④ 张远.《甘柴劣火》刷屏引争议，"洗稿式叙事"难称独家，更难取代原创调查 | 钛度热评[EB/OL].(2019-01-13). https://www.tmtpost.com/3702988.html.

息采集者这一现实,不能忽略的社会背景因素是"自媒体不允许自采时政新闻,没有资质"①,但这并不能必然推导出自媒体"只有整合公开信息一条路",更不能将网络环境中越发普遍的"洗稿"现象合理化。如何以公民申请信息公开的方式倒逼政府部门进一步做好信息公开,如何从有限开放的数据中发现问题,如何鼓励并推动更多的记者持续从事一线新闻的采访与写作……这些问题,在当下观点表达远多于新闻报道、不实信息远多于事实核查的情况下,显得尤为重要。

三、舆情研究持续升温,对意见表达的调控或重于对事件本身的探讨

网络舆情一直是近些年学术界的研究热点之一。如果说"新闻评论"是言说主体针对新闻事件本身发表看法的话,那么"网络舆情"往往关注围绕事件形成的各方观点和舆论态势,是对观点表达的一种评估或监控,带有评估者的主观意图,并试图根据一定的需要展开引导。再者,从传统上来讲,"新闻评论"作为一种意见表达的文体,它要求论者在表达观点的同时,给出必要的论据,展示论证的过程,而网络平台上大量网民的观点表达往往达不到这样的要求,它们是碎片化的、情绪宣泄式的、缺乏严密逻辑论证的,但是当它们被大量地表达出来之后,事实上又形成了强大的"网络舆情",致使有关方面觉得需要对这样的舆情做出动态的监控、评估和分析,进而采取某种应对措施,这往往导致对舆论场态势的调控重于对体制机制所存在的问题的解决。

笔者以"新闻评论"为关键词,在中国知网论文库中检索,可以看出过去20年间(2001—2019)相关论文的数量从2001年的100多篇上升到2012年峰值621篇之后,至2019年期间基本呈逐年下降趋势,只有2017年有小幅回升(见图1)。而以同样的检索条件,将关键词置换为"网络舆情",结果显

---

① 徐甘甘. 热文有罪?[EB/OL]. (2019-01-13). https://www.lanjinger.com/news/detail?id=103235.

示，相关研究自2010年起，每年的论文发表数量都远远超过当年以"新闻评论"为关键词的论文数量，呈迅猛增长态势，至2017年最多，达到1604篇，其后2018年和2019年有小幅回落（见图2）。

当然，这种初步的检索结果存在一定的局限性，不能完全涵盖新闻评论研究或网络舆情研究的全貌，但研究热点从"评论"向"舆情"的转移，还是由此可见一斑。

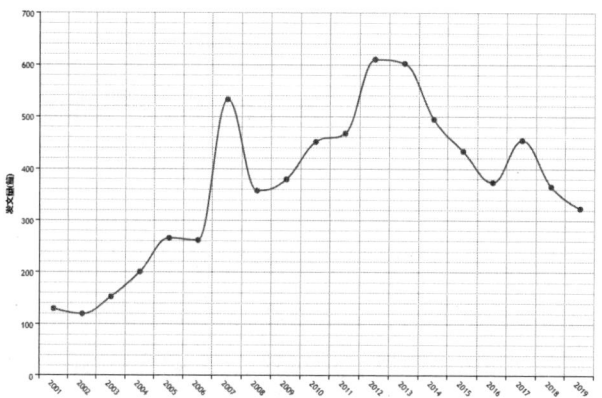

图1 以"新闻评论"为关键词在中国知网数据库查得2001—2019年相关论文发表情况

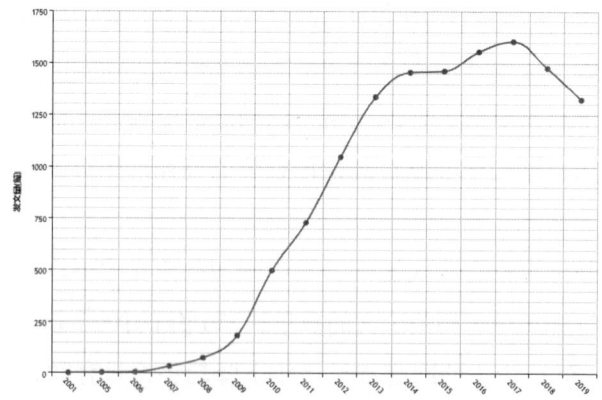

图2 以"网络舆情"为关键词在中国知网数据库查得2001—2019年相关论文发表情况

网络舆情研究持续升温的态势究竟在多大程度上影响了新闻评论的生产和相应的评论研究，似乎很难给出一个准确的测量，但不少评论从业者和研究者还是能够明显感知到，一方面，即使是专业媒体的新闻评论生产，在讨论新闻事件本身之外，也不得不回应网络上涌动的舆情，大量评论文章是在对公众情绪发言；而另一方面，专业媒体的评论文本常常淹没在大量的网络言论中，不再具有传统纸媒时代位居舆论场"高光"之下的显著性，专业性的条分缕析讲道理的写作风格也不再被特别看重和推崇。

但我们仍需看到，新闻评论作为一种观点的表达，关键还是要通过扎实的论据和雄辩的论证来分析、阐释事件本身，要回到实践的具体细节中，探讨事件的种种原因及未来可能性等，甚至在评论中提供一些事实的增量，进而期待以评论干预现实，推动社会进步。至于围绕事件本身形成的繁杂而多元的观点表达，很多时候是情绪化的、不稳定的，这些碎片化的观点要么根本没有仔细检视复杂的社会现实，要么缺乏严密的逻辑论证，而且在很多情况下，也可能随着新闻事实的进一步披露而转变原有的立场，因此从这个意义上来讲，过于关注这一类舆情，甚至急于采取"调控"措施以获得暂时的平静，本身也是不可取的，更何况，网络空间本身也承载着一定的"情绪减压阀"的作用，过多的外力干预很可能会抑制网络空间自有的调节机制。

总体而言，我们需要关注"新闻评论研究日渐遇冷，网络舆情研究逐渐火爆"的趋势，推动网络空间中健全的舆论表达和理性的说理沟通，推动言论表达及相关研究更聚焦事件本身的是非曲直和来龙去脉，以评论干预现实，而非聚焦公众不稳定的情绪宣泄，以避免学术研究走向速朽和琐碎。

四、"一言不合即举报"，干扰公共说理的环境结构性因素不容忽视

基于过去几年连续对中国新闻评论的发展现状进行观察和思考，笔者认为，当下尤其需要对影响网络讨论、干扰公共说理的社会环境和结构性因素

展开分析：我们应该提倡一种怎样的公共说理态度？哪些结构性的因素干扰了公共说理环境？我们究竟该如何改善它？

评论观点的自由表达素来仰仗良好的公共说理环境，但近年来，网络环境中的一些变化让人忧心构成说理环境的很多结构性因素事实上不利于多元观点的自由表达。以网络治理中的举报机制为例，数据显示，目前全国已有21个省区市网信办成立举报中心，同时，中央网信办要求腾讯、微博、阿里巴巴、百度等信息产出量庞大的网站率先畅通举报渠道，切实提升对网民举报的处置率。2019年上半年，全国各地各网站网络举报部门共受理举报6858万件，较2018年同期的6296万件增长8.9%。①

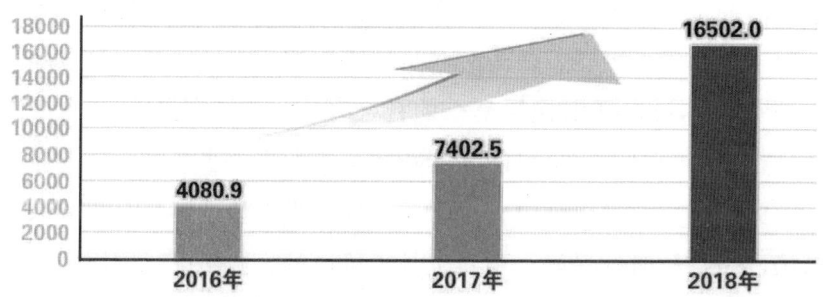

资料来源：中国网信网

图3　2016—2018年全国各级网络举报部门接受举报的数量（单位：万件）

固然，"举报"机制本身有一定的社会功用和存在的合理性，它可以借助广大网友的力量迅速发现并清理网络中可能存在的虚假信息，但另一方面，从推动公共说理的角度来分析，"举报"这一行为本身往往又存在着"诉诸权力"的逻辑谬误，因为网友的举报不仅仅包括可能的虚假信息，也经常包括与己不合的观点，这意味着网友在遇到自己不同意或不喜欢的观点

---

① 中央网信办扎实推进网络举报工作 有害信息治理成果显著 [EB/OL]. 中国网信网，(2019-10-11). http://www.cac.gov.cn/2019-10/11/c_1572349479979454.htm.

时、在感受到自己的观点受到威胁或挑战时，很容易"一言不合就举报"，借助权力之手消除不同声音。

不断强化的网络"举报"文化与观点表达所提倡的多元化之间存在着必然的矛盾冲突，因为如果我们真诚地相信自己的观点在逻辑上是可以站得住脚的，就不应该畏惧那些"离经叛道"的观点发出的挑战；如果我们真诚地相信观点的分歧可以通过每个人运用理性来沟通解决，那么即使分歧依旧存在，我们也可以在保持理性的情况下做到"和而不同"；而最根本的，如果我们希望培养这样的理性，希望每个人都能运用自己的理性来推动公共说理，那么显然，"诉诸权力"的举报行为并不能助力于良好的公共说理环境的培养，只会制造更多的戾气。

当然，在广大网民中培养理性、让公众有机会运用自己的理性明辨是非，这是一个长期而艰巨的任务，会给当下的网络治理带来巨大的挑战，但从长远来看，培养知情而讲理的公众，不断让网民意识到"保留被说服的可能性，进而为自己保留遇到真理的可能性"，对营造良好的网络环境，对一个国家的健康发展都是有百利而无一害的。说到底，网络空间的治理不能仅仅聚焦于当下网民的情绪管理，而应着眼于公民媒介素养的长期培育。那么，如何更细化"举报"机制的实施，区别对待"不符合真实情况的虚假陈述"与"不合己意的观点表达"，恐怕需要相关部门在处理"举报"内容时有更细化的解决办法。

除了"举报"机制，影响公共说理的另一结构性或者说环境因素，在于我们使用的语言本身。"语言并不是中性的。它反映了我们的文化价值观，同时也影响着我们认识世界的方式"[1]，而近些年网络流行语、表情包的泛滥，一定程度上影响了公众进行清晰说理和有效沟通的能力。

综合国家语言资源监测与研究中心和上海《语言文字周报》编辑部分别发布的"2019年十大网络用语"[2]（共20个）来看，"14亿护旗手""阿

---

[1] [美].朱迪斯博斯.独立思考：日常生活中的批判性思维（第2版）[M].岳盈盈,翟继强,译.北京：商务印书馆,2016:64.
[2] 张知依,张恩杰.看流行语榜单识2019中国[N].北京青年报,2019-12-05.

中""不忘初心""硬核"凸显了网络中高涨的爱国情绪;"我酸了""我太难(南)了""好嗨哟""上头""硬核""柠檬精"等基本属于简单的情绪表达或给他人贴标签;值得玩味的是"咱也不知道,咱也不敢问"这样的情绪表达,如果联系近些年从"围观改变中国"到"吃瓜群众",再到当下的这种"不知也不敢问"的语词变迁,或许可以一窥网民参与公共事务的心态变化。

此外,据《语言文字周报》执行主编杨林成观察,过去几年不少盘点年度流行语的机构已经意识到,全网性流行的、主流纸媒与新媒体发生共振的网络流行语很少,2019年这一趋势更加明显,很多入选的流行语只在部分网络社群中流行,比较小众。①网络不同群体之间的破圈层表达与沟通理解是否可能、如何可能,还有待研究的进一步深入。

五、余论

回顾2019年发生的重大新闻事件:新中国成立70周年庆祝活动,中美两国之间的贸易争端,香港街头的抗议活动……围绕每一起重大新闻事件,传统主流媒体及主要的互联网平台都积极做了评论策划。

其中,围绕新中国成立70周年,各互联网企业推出一系列创新策划,人民网舆情数据中心对此点评道,"正能量传播从形式到内容的主动迭代创新,或将是未来阶段主管部门衡量互联网治理效能的重要维度,也是相关企业重要工作方向"②。

在中美贸易摩擦过程中,《人民日报》从2019年5月14日至22日,就中美关系在"钟声"栏目中连续刊登九篇系列评论,副标题分别为《"美国吃亏论"可以休矣》《"加征关税有利论"可以休矣》《"中国出尔反尔论"可以休矣》《"美国重建中国论"可以休矣》《"中国强制转让技术论"可以休矣》《"中国技术有害论"可以休矣》《"中国盗窃知识产权论"可以

---

① 张知依,张恩杰.看流行语榜单 识2019中国[N].北京青年报,2019-12-05.
② 荀正瑜.透视2019年互联网治理舆情态势[EB/OL].人民网-舆情频道,(2020-01-14).

休矣》《"对华文明冲突论"可以休矣》《"中国退步论"可以休矣》；随后又从5月23日至31日，连续刊登九篇评论，副标题分别为《无视规则必将失败》《零和博弈必将失败》《逆势而动必将失败》《拒绝竞争必将失败》《唯我独尊必将失败》《双重标准必将失败》《言而无信必将失败》《一意孤行必将失败》《自作聪明必将失败》。连续两次的"九评"文章，让一些观察者将其与56年前《人民日报》就中苏关系连续发表的"九评苏共"联系起来。

而针对香港街头的游行示威活动，《人民日报》自2019年8月5日至11日，连续7天在头版刊发"本报评论员"文章评析香港局势：《坚决支持香港警方严正执法制止暴力》《坚定支持行政长官带领香港特区政府依法施政》《"一国两制"底线不容挑战》《爱国爱港是香港社会主流》《稳定繁荣是香港市民之福》《外部势力干预是香港社会之祸》《发展经济改善民生是香港社会之本》。

类似《人民日报》这样的系列评论很容易形成一定的声势和影响，在舆论场引发广泛关注。而延续笔者2018年度的中国新闻评论观察，不难发现这种更有标识度、更能代表媒体机构发声的"社论"或专栏文章，在社交媒体时代更容易出现在党报党刊中，之前纸媒时代享有一定声誉的市场化媒体的"社论"或专栏品牌相对比较沉寂，这背后的原因，恐怕不仅仅在于社交媒体中个人化表达优于机构表达，也在于不同媒体机构抵抗因言论而带来的风险能力的不同。

总体而言，本文从四个方面回顾并分析了2019年中国新闻评论生产及传播态势：

第一，评论主体方面，既出现了政务微博/微信从信息发布主体向观点表达主体转变这一争议性现象，同时，有影响力的、有专业素养的网络意见领袖在重大公共事件中的长期缺位现象也让人忧心不已。

第二，评论内容的生产及表达方式方面，本文注意到自媒体信息整合式文章的写作在一定程度上助推评论生产的繁荣，但又暴露出新闻事实稀缺的隐忧，未来如何鼓励并推动更多的记者持续从事一线新闻的采访与写作，如何推动政府部门进一步做好信息公开，这些问题的解决，在当下观点表达远多于新闻报道、不实信息远多于事实核查的情况下，显得尤为重要。

第三，评论的传播效果及相关研究方面，本文关注到"新闻评论研究日渐遇冷，网络舆情研究逐渐火爆"的趋势，认为这背后可能显示出有关方面对意见表达的调控重于对事件本身的探讨，相关的评论文章也从探讨事件本身的是非曲直和来龙去脉变成对公众情绪发言的调控，评论干预现实的能力在减弱。

第四，本文从网络治理中的"举报"机制及网络流行语入手，探讨影响网络讨论、干扰公共说理的社会环境和结构性因素。此外，互联网中很多公共讨论平台的结构性设置也值得反思，比如网络空间中匿名性的消失，取而代之的是必须与身份证、手机号绑定的实名制；不少网络平台上，辱骂性语言往往可以畅行无阻，但严肃的讨论文章却被删除……种种结构性的制约因素，促使人们持续思考究竟该如何从细节入手进行改革，推动形成更好的公共说理环境。

（本文受到中山大学2017年度中央高校基本科研业务费专项资金［项目批准号17wkpy06］的资助）

2019中国公益新闻与公益媒体年度观察

周如南　袁雅晴

2019年，对于中国公益新闻与公益媒体来说是极为重要的一年。在政策领域，民政部首设慈善事业促进和社会工作司，我国公益事业发展再上新台阶。1月25日，《民政部职能配置、内设机构和人员编制规定》(简称"三定方案")正式发布。设立慈善社工司体现了政府对民政民生工作及公益事业发展的重视，也为公益事业发展带来新的机遇。

公益传播是以新闻媒体为载体的公益信息传播活动，目的是建立公益机构与公众之间的联系，推动带有公益性质的活动目标达成。新媒体时代的公益传播，则颠覆了传统的公益传播模式，具有及时性、生动性、广泛性、交互性等多重特点，互联网公益传播也在2019年引发捐赠热潮，用多样化的活动创新公益文化。互联网捐赠让全民捐赠成为可能，腾讯99公益日进入第五年举办，共有4800万人次爱心网友通过腾讯公益平台捐出善款17.83亿元，超过2500家企业配捐3.07亿元，捐赠纪录再创新高。在社会监督领域，如何让捐赠善款的使用在阳光下进行一直是慈善公益事业健康快速发展面临的重要经典问题。2019年网络公益项目争议频现，社会各界参与监督，媒体尤其是新媒体成为公益丑闻事件的议程设置者、曝光者和监督者。发生在2019年的水滴筹事件、春蕾计划事件、儿童慈善基金会事件让人们对慈善公益事业再次产生了一波又一波的质疑。如何对善款使用进行有效的监督，即慈善行业的信息公开和透明度问题成为未来公益事业发展必须要攻克的重点难题。

我们可以看到的是，媒体不仅是公益传播的重要载体，也在参与社会治理的过程中扮演多样化的角色。媒体不再只是客观事实的报道者，也是公益慈善事件中重要的参与者与互动者。互联网时代新媒体的影响力变得空前强大,技术变革正深刻地影响着我国现代公益未来发展道路的选择。

本文通过对2019年度公益慈善热点事件的梳理,尝试展现新一年我国公益事业发展的新气象,分析在当前建设共建共治共享社会的过程中,公益传播所产生的巨变及受到的影响,并对未来公益事业的发展方向进行展望。

一、首设慈善事业促进和社会工作司 我国公益事业发展再上新台阶

7月29日,民政部举行2019年第三季度例行新闻发布会时民政部新闻发言人贾维周对慈善事业促进和社会工作司主要职责进行介绍。其主要职责有:拟订促进慈善事业发展政策和慈善信托、慈善组织及其活动管理办法;拟订福利彩票管理制度,监督福利彩票的开奖和销毁,管理监督福利彩票代销行为;拟订社会工作和志愿服务政策,组织推进社会工作人才队伍建设和志愿者队伍建设。

作为民政部改革方案迈出的重要一步,也是我国民政民生工作的重点业务之一,慈善事业促进和社会工作司的设立具有重大意义。

首先,有助于完善我国《慈善法》的进一步落实和监管机制的完善。慈善社工司的设立对以往慈善事业的工作进行了推动及巩固,在《慈善法》诞生第三年之际,许多配套政策及法规落实仍需跟进。在慈善组织认定方面,充分发挥慈善组织在社会治理中的重要作用,在政府及公民之间畅通沟通渠道,维护社会稳定,对慈善组织进行政策激励、政府支持,让社会力量在脱贫攻坚及构建社会新格局过程中发挥重要力量。慈善社工司也在慈善行为规范及慈善信息平台建设方面起到了关键性的指导作用。

其次,有助于巩固志愿服务发展的基石。志愿服务不仅是一种社会美德,也蕴含着中国特色社会主义文明的精神内涵。2019年,习近平总书记对中国志愿服务联合会第二届会员代表大会发去贺信,这给全国正在从事及从事过志愿服务的人们以鼓舞。志愿服务作为公益慈善事业的重要组成部分,慈善社工司也对志愿服务工作的规划起到了方向性的引领作用。

最后，有助于公益慈善事业人才队伍建设。一直以来，公益慈善事业人才普遍存在学历水平不够，薪资待遇较低的困境。人才资源成为我国公益慈善事业发展的瓶颈，这源于慈善文化及慈善观念的落后，也是我国公益慈善事业现代化的绊脚石。慈善社工司的设立为公益慈善事业的发展带来了新气象。

二、公益传播模式发展及传播主体变迁

互联网的发展也将公益传播的发展分割成了传统媒体和新媒体两个阶段，在传统媒体时代，报纸、电视、广播是主要的公益传播载体，通过在传统媒体上投放公益广告进行宣传，宣传方式较为单调乏味，而其传播效力则以传播主体的公信力为依托，传播范围局限在传统媒体受众，传播效果的反馈往往不能及时了解，限制了公益传播的深度及广度。

新媒体的出现也让公益传播领域产生了质变，公益传播的主体从传统媒体变成了更加方便使用的新媒体，以微博、微信、移动手机客户端、门户网站为代表的新媒体平台，一跃成为公益传播的主阵地，但不同平台的公益传播特点存在差异，本文主要对微博、微信及短视频平台的特点进行总结：

1.微博

微博因其发布内容有字数限制，作为一个简短信息实时交流的社交网络平台，其公益宣传方式主要通过开屏广告宣传及微博热搜话题引起关注，同时，作为信息分享平台，微博宣传有效利用意见领袖的作用，通过微博认证的粉丝大V发布的微博消息，能够得到快速、广泛的传播。微博平台也是许多明星与粉丝的互动工具，通过明星强大的粉丝号召力，实现公益信息的有效传播。

2.微信

微信是基于社交强关系传播的平台，依托朋友间的社交关系，激发链式传播，传播内容的可信性与渗透度会因为传播者与信息接收者之间的社交关

系而大大增强。微信平台也在朋友圈开发了广告投放，公益机构可以通过投放朋友圈广告实现大规模宣传。微信也是各大主流媒体的入驻地，相关公益信息通过微信订阅号的内容进行分发。

3.短视频平台

以抖音、快手为代表的短视频平台在近年来成为互联网公益内容生产的新兴主体，它带来了新的传播方式。2019年字节跳动与清华大学公益慈善研究院、头条公益联合发布的《公益传播3.0，互联网生态公益论——2018字节跳动年度公益数据》显示，与短视频平台抖音合作的公益活动橙子微笑接力，参与人数达到了17万，总点赞量突破4500万，抖音上#橙子微笑挑战#的话题浏览量已达到23亿。①未来，短视频正在成为公益传播的新方向，也将丰富公益内容的运作方式。

三、网络传播引发捐赠热潮，多样活动创新公益文化

当前腾讯、阿里、微博、抖音、今日头条等互联网平台都举办了公益日或公益节等活动，有力推动了公益理念的传播和公益行业资源的筹集。如腾讯99公益日走到了举办的第五个年头，已经成为全国公益界的一大盛事。

99公益日是由腾讯公益联合全国数百家公益组织、知名企业与明星名人一道发起，借助腾讯的品牌优势与平台优势，联结多方资源开展的超级公益日。2019年的99公益日，更是在互联网公益透明度建设上进行规范要求，提出"财务披露+独立审计+随机抽检"，在公益日结束后，根据筹款项目排名进行随机抽检，联合多方机构开展公益项目的评估检测。99公益日的特点还在于充分发挥"互联网+"的优势，在公益玩法上进行创新探索，为互联网公益提供鲜活可借鉴的成功案例，也让与互联网结合的品牌公益传播成效得到最好的体现。

---

① 舒迪，顾磊.互联网年度公益大数据显示：短视频成公益传播新方向[EB/OL].人民政协网，(2019-01-23). http://csgy.rmzxb.com.cn/c/2019-01-23/2268978.shtml.

1. 线上线下联动，创新公益玩法

99公益日打破了传统公益的捐赠方式，创造性地在公益日推出公益场景化、趣味化的玩法。将公益与人们日常的衣食住行结合起来，让公益具有互动性。

在线上的公益互动中，腾讯充分利用其强大的产品矩阵，联合腾讯视频、腾讯新闻、王者荣耀、QQ等产品，让用户在打开软件的同时就能了解到公益信息，进行随手公益。

在线下的公益活动中，腾讯充分调动商圈、社区的力量，通过社交网络进行裂变传播，增加活动曝光度，吸引更多的人参与到活动中来。

2019年的99公益日更是创造性地开创激励机制，给予公益机构免费投放广告资源，设计带有地方特色的公益活动，让公益以丰富多彩的活动形式深入更多人的生活中。

2. 公益理念先行，传播公益文化

公益行动不仅是共情驱动下的无私行动，公益项目的壮大与成功也离不开正确、感人的理念和价值观。作为公益活动的主体，公益组织在开展相关活动的时候，价值观会影响组织的救助形式、募捐方式、捐助对象选择以及活动组织的形式。而公益组织若缺乏了价值观引领，则会追逐热点，盲目募集善款，却忘记了公益行动的初衷——拨开困境的表面，为身处困境的人提供帮助。

作为一家互联网企业，腾讯是公益理念的先行倡导者。在互联网技术正在深刻改变公益格局的今天，腾讯开始思考技术背后的公益逻辑。率先提出"科技向善，我们新的愿景和使命"，希望通过科技创新与文化传承，助力现实世界的可持续发展。

腾讯也将这样的理念贯彻到了实际中，腾讯公益慈善基金会发起人陈一丹认为，理性公益将成为未来行业发展的核心。2018年的99公益日就推出了"捐赠冷静器"功能，让捐赠剥除掉情感冲动，留下纯粹的助人之心，从而让公益捐赠不再是昙花一现的一时行为，而变成长久坚持的终身习惯。

3.地方慈善会力量凸显，刷新慈善捐赠纪录

2019年9月7日至9日，腾讯99公益日进入举办的第五年，在捐赠数额、配捐比例、参与人数上都再一次地刷新了纪录，并以惊人的速度取得了令人瞩目的成就。

此外，今年99公益日不同于往年的一大特点是，地方慈善会力量凸显：在腾讯公布的公募机构筹款排行榜前十名中有5家为地方慈善会，其中排行榜首的重庆市慈善总会共募集善款1.31亿元。[①]这样的转变也引来公益界学者的思考与关注。综上，腾讯99公益日已经成为公益慈善界的一件盛事，激发了社会各界的公益捐赠热情。

四、公益项目争议频现，社会各界参与监督

"互联网+慈善"的指尖公益，将人们进行慈善募捐的成本降到最低，只要点击慈善捐赠平台就可以完成一次捐赠。与此同时，网络捐赠也引发了大众的质疑。如何保证捐助项目的真实性？如何确认善款使用的合理性？水滴筹、轻松筹等商业平台与公益捐赠的结合能否让爱心落到实处？一系列质疑背后，都是互联网时代下公益事业发展的新考验。媒体舆论每一次对公益项目的负面曝光，都是对募捐主体慈善公信力的重大危机测试，同时也可能对受助人或捐赠人等利益相关群体造成二次伤害。本文选取2019年备受关注的三件互联网捐赠的争议事件，探讨当前网络公益仍存在的问题。

（一）德云社吴鹤臣水滴筹事件

1.水滴筹平台运作机制合理性存疑

2019年4月初，德云社相声演员吴鹤臣(原名吴帅)突发脑出血，后家属通过水滴筹计划筹款100万元。治疗近一个月后，5月1日，其家人最终筹得14.8万元，但这起名人募捐众筹事件却引来极大的非议。

---

① 2019年度中国十大慈善热点事件发布 你了解多少？[EB/OL].和讯网,(2020-01-06). http://news.hexun.com/2020-01-06/199878994.html.

首先，网友在微博爆料称，吴鹤臣家庭的实际经济情况完全可以负担得起医疗费用，家中不仅有房有车，连其妻子在回复网友质疑时所用的华为P30手机也成了争议热点。

其次，水滴筹平台的审核机制及管理规范被广泛质疑。水滴筹平台在事件发酵后回应道，"（平台）没有资格去审核筹款发起人的车产和房产，只能要求发起人去公开说明自己的家庭经济情况""当前车产、房产、存款等家庭经济情况普遍缺乏合法有效的核实途径"。这样的回应让人不禁担忧：众筹募捐平台能否保证募捐项目的真实性？平台是否给诈捐、骗捐提供了新的机会？

最后，募捐平台与募捐家属各执一词加上自媒体的推波助澜，让吴鹤臣水滴筹事件又一次成为舆论热点。人们的爱心是否被滥用，在网络捐赠随处可见的时代，公益项目的真实性及可追溯性显得尤为重要。

2.众筹平台往何处去：商业还是公益的两难选择

近年来，水滴筹、轻松筹等众筹平台频频出现危机事件，消耗着社会对公益的信任。除了对平台运作机制合理性的质疑，还有对该类平台盈利方式的疑惑。声称"零手续费、零服务费"的平台是否有隐形的抽成来形成盈利闭环，在最需要透明化运作的公益领域，众筹平台却屡屡出现难以追查的操作，进一步丧失了用户的信任。

2019年《卧底水滴筹：医院扫楼，筹款每单提成》的视频在网络上流传，原来该类平台的盈利是通过用户引流的方式，以零门槛来吸引更多的人使用众筹平台进行救助，完成流量引导后再进行提成盈利。这类公司的商业模式是在获得流量红利后，再进一步地探索"众筹+保险"业务模式，与保险公司合作，推销商业保险，形成商业闭环。

在互联网公益时代，越来越多的商业介入了公益领域，国内公益筹款平台的商业发展却在以消耗信任的代价赢得资本，造成了公益的扭曲与爱心的浪费。未来公益筹款平台的发展，还需要借鉴国外商业模式的梳理，进而实现商业反哺公益的目标，推动商业、公益的共赢。

（二）春蕾计划事件

1.捐助对象把关不严，公益项目流程违规

春蕾计划是中国儿童少年基金会发起并组织的公益项目，旨在帮助贫困地区失学、辍学女童继续完成教育，保证贫困地区的女孩能够得到良好的教育。然而，2019年12月17日，有网友则在微博爆料，春蕾计划受资助者中不仅有女童，还有不小比例为男童，而资助学校也不是项目描述的贫困学校，会议室竟有皮沙发。此后，春蕾计划挪用善款、诈捐的质疑在网上甚嚣尘上。而中国儿童基金会随之发表声明表示，捐助学生中确有453名为男生。

春蕾计划在宣传过程中强调，因社会上有太多女性资源和机会被男性挤占的事情，希望身处贫困地区的女童不会因男女不平权问题而得不到应有的教育。显然，公众争论的焦点在于春蕾计划辜负了其宣传的宗旨，而声明更是间接承认了捐赠对象上存在把控不严的情况，这消费了捐赠者对于改善贫困地区女童生存情况及教育情况的期待，更是踩到了"男女不平等"的大众雷点。计划在执行过程出现"打脸"，捐助者对慈善机构的信心及热情将消耗殆尽，而急需帮助的女童们的艰难处境却仍没有得到改善。

2.危机下的公益传播难题

春蕾计划的曝光，其实反映了我国公益组织长久以来进行公益传播时出现的难题。监管不严、监督缺位，使得新闻媒体从公益传播的主要载体变成了公益项目的发声筒。甚至记者卧底、微博曝光成了大众了解公益项目运作机制的主要渠道。在事件曝光后，公益慈善组织滞后的危机沟通方式也是舆论发酵的重要因素。公益传播的目的在于推动公益事业的发展，讲好受助者的故事，通过有效传播打动捐助者，汇聚社会爱心及社会力量。但往往机构过于追求高度的关注，却忽略了公益传播的初衷是在讲好故事的背后真正地让故事中的人得到帮助，形成了只讲故事、不负责任的恶性循环。

（三）中华儿慈会吴花燕事件

1.救助双方各执一词，救助陷入谜团重重

2019年10月28日，吴花燕因家境困难，长期严重营养不良患病去世。随

后，作家陈岚在微博上质疑儿童慈善救助基金会为吴花燕收到的捐助款总额将近100万元却只有2万元用于帮助她治疗。这一微博在网络上引发了轩然大波。但随后事情的发展更是扑朔迷离。

第一，善款募集发起者模糊不清。虽然慈善机构进行了三次募捐，募集到了百万元善款，但根据媒体后续报道，其中有部分善款募捐发起当事人称并不知情，而慈善机构团队却称是吴花燕自主筹款，双方说法矛盾。

第二，善款使用及去向成为谜团。院方否认收到救助筹款2万元，慈善机构却称已经打款却不知院方为何否认收款。吴花燕家属更是没有要求过使用2万元。

第三，吴花燕本人不符合捐助对象的要求。儿童慈善救助基金会在民政部"慈善中国"平台上备案的款物救助对象是"0—18岁的大病儿童"，吴花燕属于超龄范围，捐赠流程出现违规现象。

2.自媒体成为舆论推手，言论呈现群体极化特征

随着移动互联网的发展，社会化媒体成为承载人们言论的主要阵地。对于社会热点事件，常常会达到亿万级的讨论量。而网络言论因其匿名性、随意性也给发表言论的人带来了便利，网络舆论成了人们情感的宣泄口，冲动性的发言往往更容易被点赞、转发，在这样的网络环境下，非常容易形成群体极化效应。

舆论不一定是理性的，在吴花燕事件中，媒体纷纷争相报道，从细节到评论，全面覆盖，从而引发了广大网友的舆论参与，其中不乏有信息遗漏、报道不实等情况，人们为她的苦难命运进行一边倒的声讨的同时，也是在消费吴花燕的经历，更是在用情感掩盖真相。用悲惨经历一味编造感人故事，打着同情的名义去妖魔化她所处的环境，标签化曾对她进行帮助的人，这些做法都违背了公益的本真。舆论的群体极化对于公益慈善行业的公信力建设是极为不利的，人们因为不实信息或极端言语引发的不理性舆论往往会进一步夸大公众对风险的想象，从而对整个公益慈善领域失去信心，慈善事业的发展也就无从谈起。

五、技术变革公益传播方式，科技改变社会动员结构

1.大数据+公益，推动公益数据透明化

在大数据不断普及应用的今天，公益界也迎来新的变化。大数据技术因其具有海量性、多样性、高速性、易变性的特点，能够在短时间内快速地获取大量复杂数据，使其在公益数据的应用领域上大有可为。

首先，大数据可以提升公益的专业性，提升公益组织的生产效率。当前中国公益数据还处于信息孤岛的状态，各机构之间数据呈现碎片化、孤立化的现象，导致公益数据不能进行有效的整合，实现公益资源的充分利用及创新转化。通过系统性的研究，理解公益数据背后行为与动机之间的相关性，从而促使更多的人加入到公益捐赠之中。

其次，大数据可以打破行业壁垒，促进慈善行业与其他领域的交流融合。大数据可以通过科学挖掘与及时反馈，观察到公益行为对社会产生的效果，了解公益传播背后的社交网络，从而促进与社会其他领域的交流融合。

最后，大数据促进公益交流，实现公益行业全景化发展。公益大数据平台的搭建，一直以来都是技术人士努力的目标，通过管理大量的公益数据，对公益信息进行系统化梳理，形成对当前中国公益行业的全景化解读，从行业高度把握发展脉络，促进行业发展。

大数据应用为公益传播中传播群体的社会心态、组织特点、传播内容特征提供依据，实现公益的精准化传播。

2.区块链+公益，支持公益运作规范化

公益活动一直以来被诟病、质疑的难题就在于运作流程不规范，善款使用不透明。而区块链的应用，为公益行业攻克这两个难题带来了有效的解决办法。

区块链具有可追溯性。在公益活动运作的财务操作中，实现善款使用可追溯，改变传统捐款的弊端，消除了捐助者、受助者、慈善机构之间的信息不对称问题，实现捐赠全过程透明化记录。

区块链具有不可篡改性。区块链中实现的交易记录一旦生成，系统会

进行自动比较，进行篡改后的记录与其他记录不一致，则会被认定为虚假内容。这样就避免了人们对慈善捐赠的信任危机。

区块链具有成本降低性。区块链可以实现点对点交易，捐助者可以自主选择受助者，进行直接捐助，而不需要再通过慈善机构，降低了慈善捐赠的成本。

区块链让公益回归到本质，让人人都相信公益，并促使慈善机构改革，通过增强公益信息的可信性，从而形成纯粹的公益文化，极大地促进了公益传播的有效性。

3.多元社会主体参与，调动个体积极参与

互联网时代的到来，让公益传播的主体呈现出多元化特征。以往权威机构作为传统公益捐赠的意见领袖，拥有绝对的话语权。而自媒体的兴起给予普通人发声的机会，让公益传播的范围更广。

互联网与公益的结合，也让公益传播中参与的个体积极性得到提高。以往的传统公益形式相对单一，互联网将公益捐赠与生活场景结合，让人们的出行、娱乐、学习、生活都能为公益做出贡献。通过虚拟物品的反馈，极大地提高了个体的公益活跃度，也让公益传播变得形式多样。如微信公益的捐步，支付宝公益的蚂蚁森林等产品设计极大降低了普通公众参与公益行动的门槛。

互联网也给予公众新的公益话语空间，让公益传播成为多元聚合，主体互动，开放自由的传播过程。

六、短视频成为公益传播年度风口

近年来，短视频用户急速增长，成为最大的流量平台。越来越多的公益机构通过拍摄短视频的方式，进行公益传播。短视频的优点在于，展现信息更加生动，互动更加频繁，传播更加容易，可以迅速地吸引大众的关注。

短视频平台在移动互联网领域为公益内容生产提供流量。以快手为例，平台用户的分布地域主要集中于三四线城市，囊括了各式人群，而许多边缘弱势群体正是公益行业的关注点所在。从受助人的角度来看，快手这类短视频平台给予他们一个受到关注的机会，通过在短视频平台上展现自己，让人们能走进受助群体的日常生活，这比任何新闻报道都来得更生动鲜活。从公益组织的角度来看，短视频平台形成了形态多样的公益社区，并且让一些生活中的弱势群体进行内部交流融合，形成了团结互助的社会正能量。

快手对平台视频采取普惠算法，让公益传播不再有传统意义上的意见领袖，每个人都是传播中的中心点，给公益的传播方式带来了更多的表达机会。以快手与壹基金的合作为例，在关注自闭症儿童的"蓝色行动"中，两家联合邀请50家自闭症康复机构入驻快手，将专业的公益声音进行整合，形成更强的传播效力。未来，短视频平台也会诞生越来越多的公益网红、公益专题项目，让公益传播充满活力。

互联网公益使人人都可以参与到公益活动中来，扩大了活动的影响力及公众性。短视频作为近年来现象级的传播平台，能为公益传播带来更多的流量与关注。从传播效果来看，短视频平台以其独特的社交方式，创造了公益传播新场景。"短视频+公益"让人与人之间的平等对话成为可能，为需要受助的群体提供发声机会，并且在互动中通过视频内容与类似人群产生共鸣，从而让每个受助群体找到能够互相认同的情感纽带。对于观看短视频的用户而言，"短视频+公益"则契合了当下快节奏、快餐化的生活方式，通过短短几分钟甚至几秒钟的视频内容，快速地对公益活动内容与救助对象故事产生了解，拉近了用户与视频拍摄者之间的距离，也进一步促进了公益社交的深化，推动了公益事件在传播过程中的裂变，并且这种基于粉丝、流量效应的传播方式，极大地扩大了传播的范围及影响力。

短视频行业作为当前互联网流量的风口，在公益传播与其结合的过程中，需要注意内容低俗化、夸张化的风险，避免为了博眼球求关注而编造潸然泪下的虚假故事，挤占优质内容的创作空间，形成"劣币驱逐良币"的恶性循环，让真正需要帮助的群体和优质的公益内容没有得到更多的曝光。换言之，我们在观察到短视频这个绝佳的互联网流量平台与公益跨界合作的可能性的同时，也要警惕这把"双刃剑"的负面效应。通过坚持优质、真实的公益内容，形成具有社会正能量的用户社群，同时也对公益活动的展示方式进行趣味性的创造，最终实现流量、口碑双赢，形成健康活跃的公益闭环，让公益内容触及更多的关注者，也让公益理念逐渐深入人心。

七、结语

回望2019年，通过对公益传播及公益新闻的梳理，我们对公益事业的未来发展仍充满期待。公益慈善事业是国家政策关注支持的领域，引领着整个公益行业的正确发展方向。而在技术引领时代潮流的今天，公益行业也深深受到新技术的影响，没有停下改革自身，谋求行业转型的脚步。我们也可以看到互联网公益给我们的生活带来的改变。公益不再是遥不可及的富人慈善，也不只是呼吁费时费力的无私奉献，公益更多地成为普通人在日常生活中的多样化场景，走路、跑步、栽树甚至睡眠都成为公益传播和筹款的一部分，指尖公益让每个人都成为公益的参与者。在这个技术变革日新月异的网络时代，政府、企业、媒体、公众和公益组织都应一起努力，不断探索如何规范网络公益，为公益事业长久以来存在的问题寻求解决的办法。我们有幸成为公益传播不断变化过程中的参与者与见证者，相信我国公益慈善事业的未来将会取得更辉煌的成就。

（作者周如南为中山大学传播与设计学院副教授；袁雅晴为中山大学传播与设计学院2019级硕士研究生）

第四辑
中国新闻业年度观察报告（2020）

年度调查

算法推荐类APP的使用及其影响：基于全国受众调查的实证分析

周葆华

【摘要】

算法推荐类客户端（APP）已成为中国网民获取信息、娱乐和展开交往的重要平台，其使用状况与社会影响引发社会和学界关注，也需要更多的实证研究。本研究基于2019年完成的全国随机抽样调查数据（其中网民样本 $N=5177$），选择五个主要的算法推荐类APP（今日头条、天天快报、趣头条、抖音、快手），实证分析其使用状况、影响使用的因素，以及它们对新闻信息获取渠道的多样性、新闻信息的积极处理、公民参与（包括公共事务知识、意见表达、社会参与三个维度）的影响。研究发现：至少使用过一种算法推荐类APP的网民逾九成，使用比例和频率最高的是抖音；算法推荐类APP的使用不仅受到个体人口学变量、地区变量的影响，还受到其他媒介使用因素的影响；在控制其他变量后，算法推荐类APP中的新闻资讯类APP（今日头条、天天快报）使用与新闻信息渠道多样性、新闻信息的积极处理存在正向关系，抖音使用也与新闻信息渠道多样性正相关，不同的算法推荐类APP与公民参与的三个维度之间存在不同形态的关联，与对公共事务知识水平的影响相比，它们对意见表达和社会参与的正向影响更为明显。

【关键词】

算法推荐 APP 今日头条 抖音 快手 过滤气泡

随着移动互联网的崛起，移动客户端应用（APP）正成为受众获取信息、娱乐和展开社会交往的重要平台。就中国场景而言，微信是首屈一指的"国民级"移动互联网应用，被认为正从"平台"（platform）迈向社会"基础设施"（infrastructure）；①微博尽管不再有其"黄金时代"对舆论的"呼风唤雨"能力，但在大事件发生时，仍是重要的信息传播和公共讨论平台；与"双微"共同构成传播格局"三驾马车"的是新闻资讯类、娱乐类客户端，形成"两微一端"之说。其中，算法推荐类APP的异军突起，是近年来颇受关注的传播现象。它改变了信息生产、发布与传播的传统规则：一方面，与组织化、职业化、以内容生产为中心的机构媒体不同，它自己不生产内容，而主要依赖聚合不同新闻媒体、社会机构和个人所生产的内容形成"内容池"，扮演平台角色；另一方面，它在内容分发机制上有根本性的突破，从以传统媒体为代表性的专业化分发模式（由编辑进行专业筛选与内容分发）、以社会化媒体为代表的社交分发模式向以计算机算法为中心的机器分发模式转移。基于对一系列数据的采集与计算，包括网民整体的点击热度、用户画像的个性化标签（如人口学属性）、用户对内容的浏览行为、所处的地理位置、用户社交关系以及用户之间的相似性（协同过滤）等，算法推荐类APP形成了不同的推荐算法及其组合，从而得以自动化地向不同用户推荐个性化的内容，产生"千人千面"的分发与推送效果。

算法推荐类APP所采用的推荐算法，极大地改变了传统千篇一律、从传播者出发的中心化分发方式，重构了客户端（平台方）、内容生产者以及用户三者之间的关系，不但让用户得以获取符合其兴趣与口味的个性化内容，而且让不同细分内容的生产者（包括"长尾"内容）都获得被推荐的机会，为作者"赋权"，从而提供了在海量内容、信息过载时代的新解决方案。算法推荐技术催生了一系列新的新媒体产品，例如今日头条、抖音、快手等，其发展速度令人瞩目。以今日头条和抖音为例，根据其公司（字节跳动）宣布的数据，截至2019年7月，字节跳动旗下产品全球总DAU（日活跃用户数量）超过7亿，总MAU（月活跃用户数量）超过15亿，其中抖音DAU超过3.2

---

① Plantin, J. C., de Seta, G.. WeChat as infrastructure: the techno-nationalist shaping of Chinese digital platforms[J]. Chinese Journal of Communication, 2019:1-17.

亿。①

与此同时，算法推荐技术所带来的潜在负面影响也受到社会与学界重视。算法推荐的个性化分发技术，较多地依赖总体热度、个体兴趣、朋友关系等数据，一方面可能因总体热度指标的高权重，形成对内容价值观的忽视（如推荐"低俗化"内容）；另一方面可能因对个体兴趣和朋友关系的计算，形成信息推送与观点供给的"过滤气泡"（filter bubble）与"回音室"（echo chamber）效应，从而将用户窄化在信息与意见"茧房"（cocoon）之中，难以获取多样信息和多元观点，也使得不同群体之间缺乏共同关注的公共议题，信息日益琐碎分割（fragmentation），而意见与观点则有极化（polarization）之虞。②在理论思辨的同时，实证与计算研究也已经展开，其中有的倾向于支持，有的则认为被人为夸大。③就国际学界而言，对算法推荐技术影响利弊的科学研究尚在进行之中，还有待更多的研究、更充分的证据加以检验、比较和综合。

因此，算法推荐技术及其产品无疑值得传播研究高度重视，就国内状况来看，在已有一定理论探讨的同时，实证研究需要同步发展。④但目前一方面由于数据主要掌握在互联网企业手中，基于数据挖掘的计算研究数量稀缺；另一方面即便是为数很少的调查研究，也存在非随机样本、聚焦单一平台等

---

① 字节跳动宣布旗下产品7月份全球总月活超过15亿，抖音占五分之一 [EB/OL]. 搜狐网报道，(2019-07-09). http://www.sohu.com/a/325710940_114837.

② 如Pariser, E.. The Filter Bubble: How the New Personalized Web Is Changing What We Read and How We Think[M]. London:Penguin, 2011; Sunstein, C. R.. Republic.com 2.0[M]. Princeton:Princeton University Press, 2007; Sunstein, C. R.. #Republic: Divided Democracy in the Age of Social Media[M]. Princeton:Princeton University Press, 2018。

③ 如Bakshy, E., Messing, S., Adamic, L. A.. Exposure to ideologically diverse news and opinion on Facebook[J]. Science, 2015,348(6239):1130-1132;Dubois, E., Blank, G. The echo chamber is overstated: the moderating effect of political interest and diverse media[J]. Information, Communication & Society, 2018,21(5):729-745;Möller, J., Trilling, D., Helberger, N., van Es, B. Do not blame it on the algorithm: an empirical assessment of multiple recommender systems and their impact on content diversity[J]. Information, Communication & Society, 2018, 21(7):959-977.

④ 如喻国明,杨莹莹,闫巧妹.算法即权力：算法范式在新闻传播中的权力革命 [J]. 编辑之友,2018(05);陈昌凤,石泽.技术与价值的理性交往：人工智能时代信息传播 [J]. 新闻战线,2017(17): 71-74;彭兰.假象、算法囚徒与权利让渡：数据与算法时代的新风险 [J]. 西北师范大学学报,2018,55(05):20-29;王茜.打开算法分发的"黑箱"——基于今日头条新闻推送的量化研究 [J]. 新闻记者,2017(09): 7-14;崔迪,吴舫.算法推送新闻的知识效果——以今日头条为例 [J]. 新闻记者,2019(02): 30-36.

问题。因此，本研究利用一项全国随机抽样的受众调查数据，来探索算法推荐类APP的使用及其影响，重点回答三个问题：第一，目前主要算法推荐类APP的使用现状如何？第二，哪些因素影响算法推荐类APP的使用程度？第三，算法推荐类APP使用的社会影响如何？研究理论和设计上的出发点有三：其一，希望超越只考察单一算法推荐类APP（通常为今日头条）的研究局限，纳入不同类型（如新闻资讯类与短视频类APP），分析其异同，因此将考察今日头条、天天快报、趣头条、抖音、快手等五个当下最主要的算法推荐类APP；①其二，在考察算法推荐类APP的影响时，希望聚焦社会和学界关心的关键议题与概念——如信息环境多样性、对新闻信息的积极处理以及公民参与等，对之作出探索性回答；其三，在考察算法推荐类APP的社会影响时，将控制其他干扰性变量（如心理变量和其他新闻媒体使用）的影响，以更有信心地解读数据结果。

　　本次调查采取分层多阶段概率与规模成比例（PPS）的随机抽样方法。全国受众总体划分为25层，即四个特大一线城市（北京、上海、广州、深圳）、按照七个经济地理区域划分②的大城市（含除京沪之外的其他直辖市、省会城市和计划单列市）辖区、其他地级市市辖区以及县和县级市（其以上三类各有7层，共21层）。对北上广深四个城市，分别按照PPS方式抽取出16—50个居委会（共100个）；③对大城市、其他地级市市辖区以及县和县级市各层，则分别根据其人口比例首先按PPS方式抽取出3—11个区（县），再在所抽中的区（县）级单位（共100个）中分别抽取出4个居（村）委会。然

---

①　本研究所定义和重点考察的算法推荐类APP以算法推荐为其内容分发的主要技术。值得指出的是，算法推荐作为一种新的内容分发技术已经比较广泛地存在于各类新闻资讯和娱乐类客户端中，未在本研究中作为主要分析对象的其他新闻客户端（如传统媒体主办的客户端、商业门户网站主办的客户端）或多或少也在信息分发中采用了算法推荐技术，只是算法在其内容分发中的比重不及本研究重点考察的这些算法推荐类APP。

②　根据国家统计局的划分标准，全国（除港澳台）分为东北（黑龙江、吉林、辽宁）、华北（北京、天津、河北、山西、内蒙古）、西北（陕西、甘肃、宁夏、青海、新疆）、华东（山东、江苏、安徽、上海、浙江、福建、江西）、华中（河南、湖南、湖北）、华南（广东、广西、海南）、西南（云南、贵州、四川、重庆、西藏）七个经济地理区域。

③　根据人口比例，北京和广州分别抽取17个居委会，深圳抽取16个居委会，为满足本研究对上海进行独立判断分析之需要，对上海抽取50个居委会，后在形成全国样本时，对上海进行二次抽样，抽取18个居委会。

后，根据联系所抽中的居（村）委会并实地绘制的辖区地图，采用等距原则在居（村）委会中分别抽取出16户，再采用Kish表在所抽中的居民户中随机选择一位年龄在18周岁以上的常住居民作为访问对象。央视市场研究股份有限公司（CTR）负责了本次调查的现场执行，调查采用面访方式，于2018年12月至2019年3月进行，完成问卷总量为8206（根据AAPOR公式1计算的回应率为28.2%）份，经过对上海样本进行二次抽样后形成用于全国受众分析的样本总量为7705份。经与全国人口统计数据比较，本次调查偏向年龄较低、教育程度较高的受众，故在计算总体结果时运用性别、年龄、教育程度和各层人口比重的统计数据进行多重加权（raking），加权后的样本中女性占比49.5%，平均年龄42.3周岁，平均受教育8.9年，特大城市、大城市市区、地级市地区以及县和县级市的样本分别占比5.8%、11.1%、21.2%、61.9%。全部样本中拥有手机且上网的为5177（占比67.2%）人，构成本研究分析的样本。下面逐一报告本文的主要发现。

一、中国网民使用算法推荐类APP的基本现状

调查发现：在所询问的五种主要的算法推荐类APP中，使用比例最高的是抖音，其在网民中的使用比例为76.0%，紧随其后的是今日头条（74.2%），其次是快手（63.0%）、趣头条（51.5%）和天天快报（49.6%），网民中逾九成（91.8%）至少使用过上述一种算法推荐类APP。在至少使用一种算法推荐类APP的用户中（N=4752），14.6%只使用其中一种APP，17.4%使用两种，使用三种和四种的均占15.6%，36.7%会使用全部五种，可见复合性使用算法推荐类APP的占据绝大多数（85.4%）。

就用户的使用频率来看，以五级量表衡量（1=极少，5=经常），这五种算法推荐类APP用户对之的使用频率均未达到五级量表的中值3，其中频率均值最高是抖音（均值M=2.91），其使用频率较高（选择五级量表的4和5）的选择比例为35.3%；随后依次是今日头条（M=2.71）、快手（M=2.46）、趣头条（M=2.13）和天天快报（M=2.07）。

作为参照，本次调查中也测量了其他新闻客户端的使用情况，结果发现：除腾讯新闻客户端的网民使用比例（74.6%）和用户使用频率（M=2.74）较高外（腾讯新闻也运用了较高比例的算法推荐），其余传统媒体和商业门户网站主办的新闻客户端的使用比例均低于本研究考察的五个算法推荐类APP，用户使用频率也低于除天天快报外的四个算法推荐类APP。由此可见，算法推荐类APP无论是用户规模还是使用程度，均在客户端市场上占有重要位置，其对受众的影响也更值得考察。

表1 中国网民对主要算法推荐类APP的使用状况

	网民中的使用比例（%）	用户的使用频率的均值（1=极少，5=经常）（括号为标准差）	用户使用频率较高的比例（选择五级量表的4和5）（%）
抖音	76.0	2.91 (1.39)	35.3
今日头条	74.2	2.71 (1.35)	29.8
快手	63.0	2.46 (1.31)	21.6
趣头条	51.5	2.13 (1.17)	14.5
天天快报	49.6	2.07 (1.12)	13.5
至少使用上述一种APP	91.8	—	—

二、算法推荐类APP使用的影响因素

本研究考察算法推荐类APP使用的两个维度：第一是每个算法推荐类APP的使用程度（0=不使用，1=极少，5=经常）；第二是算法推荐类APP的复合使用程度，由是否使用每个APP的值（0=不使用，1=使用）加总构成（均值M=3.14，标准差SD=1.71）。

用以解释和预测算法推荐类APP使用状况的影响因素包括：第一，个体人口学变量。与其他媒介使用一样，算法推荐类APP镶嵌于受众日常生活之

中，与受众背景息息相关，特别是年龄、教育、收入等，是媒介使用与新闻获取的重要资源。第二，地区层面变量。地方经济发展水平与城乡归属，可能影响算法推荐类APP的使用。第三，心理变量——政治与公共事务兴趣。我们假设它可以显著影响新闻资讯类算法推荐APP（如今日头条、天天快报）的使用，却未必能显著影响娱乐为主型算法推荐APP（如抖音、快手）的使用。第四，媒介使用变量。算法推荐类APP作为新型媒介的使用，会受到其他媒介使用的影响，具体地，我们假设其他媒介的新闻性使用会显著影响新闻资讯类算法推荐APP的使用，而娱乐性使用会显著影响娱乐为主型算法推荐APP的使用。

主要自变量的测量方式如下："政治与公共事务兴趣"由三个采用五级量表衡量（1=非常不赞同，5=非常赞同）的条目计算均值构成，包括"我对政治和公共事务很有兴趣""我会经常思考国家大事""我非常关心政府的各项政策"（均值M=3.02，标准差SD=0.98，信度系数Cronbach's α=0.832）；"报纸新闻关注度""电视新闻关注度"分别由三个测量使用该媒介关注本地新闻、其他国内新闻以及国际新闻程度的条目（0=不使用该媒介，1=几乎不关注，5=非常关注）计算均值组成（网民报纸新闻关注度M=0.35，SD=1.11，α=0.728；网民电视新闻关注度M=2.47，SD=1.64，α=0.740）；"报纸娱乐关注度""电视娱乐关注度"分别用同样的量表测量受众对报纸娱乐内容和电视娱乐内容的关注程度（网民报纸娱乐关注度M=0.35，SD=1.11；网民电视娱乐关注度M=2.47，SD=1.64）；"社交媒体新闻关注度"和"社交媒体娱乐关注度"分别测量（1=从不，5=每天很多次）在使用社交媒体或消息应用软件时关注新闻时事（M=2.99，SD=1.11）或娱乐类内容（M=2.86，SD=1.08）更新的频率。

1. 算法推荐类APP的用户特征与使用影响因素

本研究首先考察算法推荐类APP用户构成的基本特点。由表2可见：五个算法推荐类APP用户的性别构成均以男性为主，但与网民性别构成的基准相比，抖音的用户构成相对偏向女性（网民中男性比例为52.5%，而抖音用户中男性比例为51.9%）；其平均年龄在34.4—36.2周岁（抖音用户相对年轻，今日头条用户相对稍长），均低于网民的平均年龄；平均受教育年限在10.6—10.8年，略高于网民的平均受教育时间。①

表2　主要算法推荐类APP用户的构成特征

	抖音	今日头条	快手	趣头条	天天快报	网民
男性用户比例（%）	51.9	54.7	54.2	53.8	54.7	52.5
平均年龄（周岁）	34.4	36.2	34.6	35.8	35.8	36.3
平均受教育年限（年）	10.8	10.6	10.6	10.7	10.8	10.3
平均个人月收入（元）	3307.1	3440.1	3234.8	3350.9	3367.4	3215.9

在进行自变量相互控制的OLS回归分析后，研究发现（见表3）：自变量在解释不同算法推荐类APP的使用方面既存在一致的模式，也存在差异。首先，就个体人口学变量来看，男性网民对今日头条和快手的使用程度显著高于女性；越年轻，对几乎所有算法推荐类APP的使用程度越高（尽管年龄对今日头条使用的负向影响未达统计上的显著程度）；教育程度正向影响天天快报和趣头条的使用；单身网民对抖音的使用程度更高，对趣头条的使用程度则更低；在职业方面，学生更少使用今日头条和快手，党政机关人员更多使用天天快报，企业管理人员和一般职员更多使用抖音，企业一般职员也更多使用今日头条，工人对天天快报、趣头条和快手的使用程度都低于其他群体，农民对天天快报和抖音的使用程度低于其他群体。其次，在地区层面，在控制其他变量后，城乡网民在使用算法推荐类APP方面无显著差异；相比于"北上广深"四个超大城市，省会城市网民对算法推荐类APP的使用无显

---

① 注意，此处并无严格的统计检验。

著差异，地级市网民对天天快报、趣头条和快手的使用程度显著更高，县级及以下的网民对今日头条的使用程度更低，但对抖音和快手的使用程度显著更高。再次，政治与公共事务兴趣与四个算法推荐类APP使用之间均呈现正相关关系，但与抖音的使用无显著关系。最后，在其他媒体使用的影响方面，报纸新闻、电视新闻和社交媒体新闻的使用与今日头条、天天快报的使用之间均呈现显著正相关关系，但只有报纸新闻的关注度可以正向影响趣头条的使用；值得注意的是，对社交媒体娱乐信息的关注度负向影响今日头条的使用，却与天天快报和趣头条的使用呈现正相关；电视娱乐内容、社交媒体新闻和娱乐信息的关注度均与抖音使用之间呈正相关关系，但对快手使用无显著影响。

总体上，上述发现反映了影响算法推荐类APP使用因素方面的某些共性特征——如年龄与四种算法推荐类APP（除了今日头条）使用之间存在负相关，是否属于工人群体与三种算法推荐类APP使用之间存在负相关，政治与公共事务兴趣与四种算法推荐类APP（除了抖音）使用之间存在正相关，报纸新闻关注度与三种新闻资讯类算法推荐APP使用之间存在正相关，提示了算法推荐类APP在年轻网民中使用更为活跃，而政治与公共事务兴趣、其他媒体新闻关注度是驱动新闻资讯类算法推荐APP使用的重要因素；与此同时，研究也证实算法推荐类APP之间存在差异——一方面，在新闻资讯类算法推荐APP内部，地级市网民对天天快报、趣头条的使用程度显著高于超大城市，显示它们（与今日头条相比）具有更强的"下沉"特征，它们与社交媒体娱乐信息关注度之间的正相关关系，也反映它们（与今日头条相比）似具有更强的娱乐属性；另一方面，快手与抖音相比，在地级市和县级及以下地区的使用程度都显著高于超大城市，其"下沉"特征更明显，与抖音使用和政治与公共事务兴趣无关不同，快手的使用与政治与公共事务兴趣呈现显著正相关关系，却与其他媒体新闻和娱乐性使用均无显著关联，说明尽管两者均为算法推荐类短视频APP，但其内容特征与使用形态存在差异，其所具有的社会影响也因此可能不同。

表3 OLS回归：预测算法推荐类APP的使用程度

	今日头条	天天快报	趣头条	抖音	快手	算法推荐类APP复合性使用
人口变量						
性别（1=女性）	-0.048**	-0.016	0.005	0.026	-0.042**	-0.027
年龄	-0.005	-0.047*	-0.057**	-0.288***	-0.205***	-0.136***
教育程度	0.029	0.068***	0.076***	0.031	-0.025	0.074***
个人月收入（对数）	-0.010	0.028	0.019	0.011	-0.025	0.040*
是否单身（1=是）	-0.026	-0.002	-0.057**	0.064***	0.023	-0.042*
职业（1=学生）	-0.048*	-0.027	-0.008	-0.031	-0.079***	-0.008
职业（1=党政机关人员）	0.002	0.030*	0.008	0.003	-0.001	0.013
职业（1=企业管理人员）	0.008	0.006	0.006	0.038**	0.009	0.021
职业（1=企业一般职员）	0.056**	0.027	0.018	0.055***	-0.004	0.049**
职业（1=专业技术人员）	-0.026	-0.020	-0.024	-0.026	-0.010	-0.024
职业（1=工人）	-0.027	-0.052***	-0.043**	0.009	-0.053**	-0.073***
职业（1=农民）	-0.017	-0.051**	0.011	-0.056***	0.011	-0.025
地区变量						
城乡（1=农村）	0.018	0.025	-0.004	0.002	-0.003	0.008

续表

变量	(1)	(2)	(3)	(4)	(5)	(6)
省会城市（vs.超大城市）	-0.009	0.011	-0.007	0.024	0.024	0.020
地级市（vs.超大城市）	0.010	0.185***	0.071*	0.038	0.062*	0.159***
县级及以下（vs.超大城市）	-0.068*	0.037	-0.012	0.098**	0.107***	0.051
心理变量						
政治与公共事务兴趣	0.093***	0.169***	0.176***	0.005	0.065***	0.121***
媒介使用变量						
报纸新闻	0.068***	0.086***	0.035*	—	—	0.024
电视新闻	0.128***	0.054***	0.000	—	—	0.020
社交媒体新闻	0.229***	0.087***	0.017	0.034*	0.024	0.066***
报纸娱乐	—	—	—	0.017	0.005	—
电视娱乐	—	—	—	0.045**	0.018	—
社交媒体娱乐	-0.033*	0.040*	0.049**	0.160***	0.016	0.052**
总解释的修正R2（%）	14.0***	12.9***	7.0***	19.4***	4.8***	10.3***
有效样本（N）	4863	4863	4863	4863	4863	4863

注：a. 此表内数字为自变量相互控制后回归模型的标准化回归系数；

b. 由于报纸新闻关注度与报纸娱乐关注度、电视新闻关注度与电视娱乐关注度之间的高相关性，为避免多重共线性问题，在预测因变量时仅保留了新闻或娱乐中的一个变量。

c. $*p<0.05$；$**p<0.01$；$***p<0.001$。

2. 算法推荐类APP复合性使用的影响因素

研究同时发现（见表3）：在影响网民对算法推荐类APP复合性使用方面，越年轻、教育程度越高、收入越高、非单身、是企业一般职员以及非工人职业，使用的复合性程度越高；地级市的网民使用算法推荐类APP的程度都显著高于超大城市；政治与公共事务兴趣、社交媒体新闻和社交媒体娱乐信息的关注度，对算法推荐类APP使用的复合性程度均呈现显著的正相关，而传统媒体娱乐使用则对算法推荐类APP的复合性使用没有显著影响。

三、算法推荐类APP使用的影响：从信息渠道多样性到公民参与

本研究将检视算法推荐类APP使用与三组因变量之间的关系，包括：对新闻和公共事务信息获取渠道的多样性、对新闻信息的积极处理以及公民参与（包括公共事务知识、意见表达、社会参与三个维度）。

1. 算法推荐类APP使用对新闻和公共事务信息获取渠道多样性的影响

如前文所述，算法推荐类APP对公民新闻使用视野宽窄的影响是社会和学界关心的话题。作为一种探索，本研究考察算法推荐类APP使用对新闻和公共事务信息获取渠道多样性的影响。其基本假设是：假如算法推荐类APP的使用并未负向影响信息渠道多样化，我们就可以在一定程度上缓释对于算法造成"过滤气泡"和"回音室"的担忧（尽管这两者还包括其他诸多可能的测量维度和方式）。本研究因此询问被访者是否采用15种信息渠道（包括人际、报纸、广播、电视、门户网站、新闻客户端、新闻媒体微博、其他个人或机构微博、新闻媒体微信公众号、其他个人或机构微信公众号、微信群、朋友圈、QQ弹窗、QQ群、QQ空间）作为新闻和公共事务信息的来源（0=否，1=是），将之加总组合测量信息渠道多样化的程度（M=3.64，SD=1.90）。

结果显示（见表4）：在控制人口变量、地区变量、心理变量后，媒体使用变量对新闻和公共事务信息获取渠道多样性具有显著影响。其中，报纸新

闻、电视新闻、社交媒体新闻、社交媒体娱乐关注与信息渠道多样性之间均具有显著的正向关系；在控制这些媒体使用变量后，今日头条、天天快报以及抖音的使用仍对信息渠道多样性程度具有显著的正向影响（标准化回归系数分别为 $\beta_{今日头条}=0.090$，$p<0.001$；$\beta_{天天快报}=0.044$，$p<0.01$；$\beta_{抖音}=0.035$，$p<0.05$），趣头条、快手的使用则对信息渠道多样性无显著影响。这表明算法推荐类APP的使用总体上并未与新闻和公共事务获取信息渠道上的窄化相关联。

表4 OLS回归：算法推荐类APP使用的影响

	信息渠道多样性	新闻信息积极处理	公共事务知识	意见表达	社会参与
人口变量					
性别（1=女性）	0.003	0.018	-0.069***	0.006	-0.011
年龄	-0.168***	-0.006	0.081***	-0.010	0.003
教育程度	0.064***	0.057***	0.234***	-0.016	0.098***
个人月收入（对数）	0.079***	-0.051**	0.058**	0.068***	0.035
是否单身（1=是）	-0.058**	0.046**	0.006	0.002	0.000
职业（1=学生）	0.054**	-0.069***	0.090***	0.034	-0.014
职业（1=党政机关人员）	-0.004	-0.015	0.137***	0.034*	0.032*
职业（1=企业管理人员）	0.012	0.001	0.043**	0.020	0.032*
职业（1=企业一般职员）	-0.041*	0.027	0.082***	0.065***	-0.011
职业（1=专业技术人员）	0.023	-0.003	0.045**	-0.008	0.018
职业（1=工人）	0.016	-0.012	-0.017	-0.048***	-0.050**
职业（1=农民）	-0.074***	-0.017	-0.049**	-0.059***	-0.049**
地区变量					
城乡（1=农村）	0.081***	0.045**	0.018	-0.004	0.086***

续表

省会城市（vs.超大城市）	-0.056**	-0.051**	-0.033	0.018	-0.016
地级市（vs.超大城市）	-0.042	-0.109***	-0.042	0.117***	0.106***
县级及以下（vs.超大城市）	-0.101***	-0.139	-0.130***	-0.076**	-0.123***
心理变量					
政治与公共事务兴趣	-0.013	0.387***	0.023	0.062***	-0.032
内部政治效能	—	—	-0.022	0.212***	0.058**
外部政治效能	—	—	0.028	0.055***	0.044**
媒介使用变量	—				
报纸新闻	0.070***	-0.026	0.032*	0.018	0.036*
电视新闻	0.125***	0.135***	-0.003	-0.071***	-0.008
社交媒体新闻	0.153***	0.144***	-0.011	0.078***	0.005
社交媒体娱乐	0.098***	0.084***	0.013	0.035*	0.032
新闻信息积极处理	—	—	0.063***	0.169***	0.037*
算法推荐类APP使用变量					
今日头条	0.090***	0.074***	-0.005	0.009	0.039*
天天快报	0.044**	0.097***	0.024	0.151***	0.046*
趣头条	-0.001	-0.021	0.100***	0.007	0.067***
抖音	0.035*	0.023	-0.001	0.037*	0.026
快手	0.015	-0.039**	0.026	0.044**	0.032*
总解释的修正R2（%）	18.6***	35.2***	19.6***	31.2***	11.8***
有效样本（N）	4783	4748	4495	4495	4495

注：a. 此表内数字为自变量相互控制后回归模型的标准化回归系数；

b. 由于报纸新闻关注度与报纸娱乐关注度、电视新闻关注度与电视娱乐关注度之间的高相关性，为避免多重共线性问题，在预测因变量时仅保留了新闻关注度变量；

c. *$p<0.05$；**$p<0.01$；***$p<0.001$。

2. 算法推荐类APP使用对新闻信息积极处理的影响

考察算法推荐类APP使用对网民信息接触环境造成影响的另一个维度是聚焦对新闻的信息处理（information-processing），该概念强调受众在关注新闻时所采取的积极处理（active processing）和思考整合（reflective integration）策略，代表着对新闻报道的主动、积极的加工处理，[1]也可被视为受众媒介素养的重要组成部分。[2]我们的假设是：如果受众在接触新闻时能够积极处理信息和展开思考，其陷入"信息茧房"的可能性应该就会降低。因此，本研究借鉴Eveland（2005）的研究，采用一组五个问题衡量它们在多大程度上符合自身在接触所关注的新闻报道时采取的策略，包括："回忆、思考所接触到的新闻内容""由新闻内容联想到从其他地方了解的相关问题""由新闻内容联想到自己的相关经历""试着去读出新闻报道字里行间的真实意义"，以及"挖掘隐含在新闻报道背后的'真实'故事"（均用五级量表测量，1=非常不符合，5=非常符合），并取均值构成代表新闻信息积极处理的变量（M=3.21，SD=0.91，α=0.879）。

结果显示（见表4）：在控制人口变量、地区变量、心理变量后，媒体使用变量对新闻信息的积极处理具有显著影响。其中，除报纸新闻外，电视新闻、社交媒体新闻、社交媒体娱乐关注与新闻信息的积极处理之间均具有显著的正向关系；在控制这些媒体使用变量后，今日头条、天天快报的使用仍对新闻信息的积极处理具有显著的正向影响（标准化回归系数分别为 $\beta_{今日头条}$=0.074，p<0.001；$\beta_{天天快报}$=0.097，p<0.001），快手使用则与新闻信息的积极处理呈现显著的负向关系（β=-0.039，p<0.01），趣头条、抖音的使用对新闻信息的积极处理无显著影响。

3. 算法推荐类APP使用对公民参与的影响

人们关心算法推荐系统潜在的"过滤气泡"与"回音室"风险，主要是

---

[1] Eveland, W. P., Jr. Information-processing strategies in mass communication research[M]// S. Dunwoody, L. B. Becker, G. M. Kosicki, and D. M. McLeod (eds.). The evolution of key communication concepts: Honoring Jack M. McLeod. Cresskill, NJ: Hampton Press, 2005:218-248.

[2] 周葆华. 从媒介使用到媒介参与：中国公众媒介素养的基本现状 [J]. 新闻大学, 2008(04)：58-66.

基于对社会民主运行的担心——如果人们的视野日渐狭窄、意见日趋极化，则很难形成理想的公共信息流动与意见讨论交流，也就可能对公民的政治和社会参与造成负面影响。基于此，本研究尝试考察算法推荐类APP使用对公民参与的影响。借鉴以往的研究①，本研究将公民参与概念化为三个维度——公共事务知识、意见表达与社会参与，分别代表对政治和公共事务相关知识的拥有水平、通过不同渠道对新闻时事发表意见的程度以及参与社区和社会组织活动的程度。其中，公共事务知识由一组8个问题构成，包括所在省（市、区）省长（市长、主席）的姓名、美国总统名字、2018年是改革开放多少周年、"一带一路"中的"一路"含义、"问题疫苗"事件生产企业长生生物总部所在省份、"MeToo"或"米兔"运动反对的是什么等。对每道题的编码原则是正确答案为1，不正确或不知道为0。每位被访者的知识水平为得分总和（M=2.94，SD=2.21，α=0.766）。

意见表达由一组9个问题测量，它们分别要求被访者用6点量表（0=从不，1=很少，5=经常）估测他们与家人面对面谈论新闻和社会时事的频率，与朋友面对面谈论新闻和社会时事的频率，与同学或同事面对面讨论新闻和社会时事的频率，在新闻网站或客户端上对新闻时事发表评论，在网络论坛／社区上发帖或跟帖对新闻时事进行评论，在微博、微信、QQ等社交媒体上发表对新闻时事的看法，给报社电台电视台写信、打电话等表达自己的想法，向各级政府的信访部门反映情况，以及向商业机构、服务行业投诉。由于这些行为中有些出现频率非常低，所以在本研究中，我们将每个测量编码为0（从不）或1（至少有"很少"），然后将9项加总构成一个综合指数（M=5.81，SD=2.98，α=0.904）。

社会参与的测量包括了一组13个问题，每个问题询问被访者在过去一年中是否参与了同学会或同乡会组织的活动、业余爱好团体的活动、单位组织的活动、邻里之间的文娱或公益活动、业主委员会会议、网上或网下的明星支持活动、网友线下的聚会活动等不同类型的社会活动（0=否，1=是）。参

---

① 潘忠党.互联网使用和公民参与：地域和群体之间的差异以及其中的普遍性[J].新闻大学,2012(06):42-53.

与程度为参与活动相加的总数（M=1.84，SD=2.06，$α$=0.718）。

由于公民参与还可能受到其他变量的影响，我们在分析时也包括并控制了更多的心理变量（政治效能）和媒介使用变量（新闻信息处理策略）。政治效能包括两个维度——内部效能（internal efficacy，即人们对自身理解和参与政治能力的信念）和外部效能（external efficacy，即人们对政治体制回应公众意见的信念），6个采用五级量表测量（1=非常不赞同，5=非常赞同）的条目经因子分析区分为两个负载明晰的因子，故对之取均值形成内部效能（M=3.07，SD=0.92，$α$=0.740）和外部效能（M=2.66，SD=0.88，$α$=0.786）。[①]

结果显示（见表4）：在控制人口变量、地区变量、心理变量后，媒体使用变量对公民参与的三个维度均具有显著影响。其中，就影响公共事务知识而言，关注报纸新闻（$β$=0.032，p<0.05）和新闻信息积极处理（$β$=0.063，p<0.001）具有显著的正向影响；在控制这些媒体使用变量后，仅有趣头条的使用对公共事务知识具有显著的正向影响（$β$=0.100，p<0.001），而其他APP对公共事务知识则无显著影响。在影响意见表达方面，关注电视新闻负向影响意见表达（$β$=0.071，p<0.001），关注社交媒体新闻（$β$=0.078，p<0.001）、社交媒体娱乐（$β$=0.035，p<0.05），以及对新闻信息的积极处理（$β$=0.169，p<0.001）均能显著正向促进意见表达；在控制上述变量后，天天快报、抖音以及快手的使用均对意见表达具有显著的正向影响（标准化回归系数分别为$β_{天天快报}$=0.151，p<0.001；$β_{抖音}$=0.037，p<0.05；$β_{今日头条}$=0.044，p<0.01）。在影响社会参与方面，关注报纸新闻（$β$=0.036，p<0.05）和新闻信息积极处理（$β$=0.037，p<0.05）具有显著的正向影响；在控制这些媒体使用变量后，除抖音外，今日头条、天天快报、趣头条以及快手的使用均对社会参与具有显著的正向影响（标准化回归系数分别为$β_{今日头条}$=0.039，p<0.05；$β_{天天快报}$=0.046，p<0.05；$β_{趣头条}$=0.067，p<0.001；$β_{快手}$

---

① "内部效能"的三个测量条目包括"包括我在内的每个公民都可能对政府政策和行为产生影响""我对目前需要政府政策来解决的问题有比较清晰的了解"以及"我有能力对政府的政策和行为提出建设性的意见"；"外部效能"测量条目包括"各级政府领导基本上不会在意普通老百姓的看法""无论老百姓怎么做，都很难对政府政策或行为有什么影响"和"如今的各级领导干部基本上是只顾自己，而不是老百姓的利益"（均反向编码）。

=0.032，$p<0.05$）。表5汇总整理了算法推荐类APP使用对五个因变量的影响结果。

表5 算法推荐类APP使用与因变量的关系汇总

	信息渠道多样性	新闻信息积极处理	公共事务知识	意见表达	社会参与
今日头条	+	+			+
天天快报	+	+		+	+
趣头条			+		+
抖音	+			+	
快手		−		+	+

四、总结与讨论

综上，本文运用一个最新的全国受众随机抽样调查数据，描述了当前中国网民对五个算法推荐类APP的使用状况，影响其使用的主要因素，以及算法推荐类APP使用对新闻信息渠道多样性、新闻信息积极处理以及公民参与的影响。从这些实证分析中，我们可以得出如下初步结论：

第一，算法推荐类APP已经成为网民广泛使用的移动互联网应用，其使用的复合性程度较高，特别是抖音和今日头条，使用比例和频率都居于算法推荐类APP前列，其社会影响无疑值得研究并深入关注。

第二，算法推荐类APP的使用受到一系列个体、地区、心理以及媒介使用因素的影响。算法推荐类APP的使用在不同群体中并非均匀分布，以往影响互联网普及的人口学变量——如年龄、教育程度依然对算法推荐类APP的使用具有显著影响（其中年龄对除今日头条外的四个APP使用均有影响，而教育影响两个新闻资讯类APP使用），特定的职业群体（如工人）在使用算法推荐类APP方面相对其他职业群体存在显著滞后；与此同时，值得注意的是，就地区变量而言，与"北上广深"相比，地级市与县级及以下地区在使用算法推荐类APP（尤其是天天快报、趣头条、快手与抖音）方面反而具有更高的程度，体现了算法推荐类APP的地区"下沉"特征，这一点在中国移动互联网的发展轨迹中格外值得关注——算法推荐类APP在相当程度上影响着地级市以下城乡网民的媒介消费习惯和生活形态，他们如何在生活场景中使用算法推荐类APP、如何展开创造性的文化实践、如何受其影响又与之互动，这些问题需要我们更多地深入考察；政治与公共事务兴趣被证实是驱动算法推荐类APP，特别是新闻资讯类APP以及快手使用的重要因素，尽管它不能影响抖音的使用；研究证实了其他媒介使用变量对算法推荐类APP使用的显著影响，对传统媒体新闻、社交媒体新闻的关注会影响对新闻资讯类算法推荐APP的使用，对电视娱乐、社交媒体娱乐的关注会影响对抖音的使用，同时，对社交媒体娱乐的关注也会正向影响天天快报和趣头条的使用（尽管与今日头条使用之间呈现负向关系），对社交媒体新闻的关注也正向影响抖音的使用，这说明对新闻资讯类APP或娱乐类APP也不应做过于机械的划分，新闻资讯类APP的使用完全可能受到以往娱乐内容消费习惯的驱使，抖音的使用也受到新闻使用习惯的影响，算法推荐类APP的使用呈现多元而非单一的特征。上述发现综合起来也进一步彰显了本研究综合考察多个算法推荐类APP的意义：研究展现了算法推荐类APP存在的内部差异——不仅是新闻资讯类APP与娱乐类APP之间的差异，在各自内部，相对于今日头条，天天快报和趣头条呈现更明显的"下沉"与娱乐特征，快手相对于抖音也更趋"下沉"，能解释抖音使用的因素但未必能解释快手的使用。算法推荐类APP不仅内部多元，其本身也处于不断发展、演化的动态过程中，值得我们继续跟踪比较研究。

第三，基于对算法推荐类APP社会影响的初步分析，研究发现：算法推荐类APP的使用并未与更窄化的新闻信息渠道相互关联（相反，部分APP的使用与之呈正向关系），尽管娱乐类算法推荐APP对新闻信息的积极处理缺乏显著影响或呈现负向影响，新闻资讯类算法推荐APP对新闻信息的积极处理存在显著的正向影响。这一方面继续说明应对算法推荐类APP作比较分析，另一方面则说明对算法推荐类APP的"过滤气泡"和"回音室"效应假设至少需要更多的实证研究加以考察（如可以在渠道之外测量实际接触内容多样性的程度）。值得指出的是，除个别例外，在控制其他变量后，算法推荐类APP使用总体上对公共事务知识水平并无显著的独立影响，但对意见表达和社会参与的正向效应殊为显著（天天快报、抖音、快手的使用显著影响意见表达，除抖音外四个APP的使用均正向影响社会参与），这应当与算法推荐类APP本身很强的交互性、参与性、表达性、可供性（affordance）及实践形态有关。如果算法推荐类APP可以激发更多的公民表达和参与，则可以为中国社会治理与公共建设贡献更大积极力量。

作为一个带有探索色彩的实证研究，本文呼吁对算法推荐类APP及其影响进行更多经验研究。未来研究至少可以在三方面继续努力：第一，需要深化、细化对于算法推荐类APP使用的研究内容及其测量。在基本的使用行为测量之外，可以对算法推荐类APP的具体使用内容、互动方式（如选择性关注）、丰富多彩的实践形态（如算法反馈）以及感知评价等进行实证考察。第二，需要对"算法推荐"进行更好的概念化与操作化。"算法推荐类APP"严格来讲不等于"算法推荐（技术）"概念，因其混杂了其他媒介属性（如内容偏好、界面设计等）和推荐方式（如社交推荐、搜索引擎等），[①]需要做更多的厘清与变量操纵，以更精确地测量算法推荐技术的社会影响。[②]在"算法推荐"技术内部，也需要测量和比较不同的算法模型所产生的不同影响（如算法本身追求推荐结果多样性、新颖性、惊喜性的程度）。第三，在方法上，未来研究可运用计算方法（computational methods），从而基于真实行为数据而非自我报告数据，对算法推荐技术的社会效果进行更加精确、科学的评估。

（作者周葆华系复旦大学新闻学院教授、副院长，复旦大学信息与传播研究中心研究员，武汉大学媒体发展研究中心研究员。本文为国家社科基金重大项目"智能时代重大舆情和突发事件舆论规律及治理研究"，复旦大学上海新媒体实验中心项目"数据传播与计算传播研究"，复旦大学人文社科青年融合创新团队"数据挖掘与计算传播创新团队"项目"基于计算范式的舆论过程与演化研究"的阶段性成果。本文原载于《新闻记者》2019年第12期）

---

① 例如今日头条副总编徐一龙在头条号文章《把今日头条等同于算法推荐，是四五年前的认知了》中强调："今日头条的推荐策略，早已不依赖于'算法'，而是一个囊括了'算法+热点+关注+搜索'等多种功能的通用信息平台。"参见：https://www.toutiao.com/i6760562128932831757/,2019-11-18。

② 需要指出的是，也正因如此，本研究在测量"社交媒体新闻"和"社交媒体娱乐"使用时，这两个变量本身也可能包含算法推荐技术的成分。

2020亚太区企业传播报告：挑战、多元化渠道与新闻偏好

美通社

前言

亚太地区是一个充满活力的经济体，在全球 GDP 总量中已占据超过1/3的份额，多元化语言和文化的交融、新的传播技术和媒体应用在区域发展中的不平衡，也为亚太区企业传播带来诸多挑战。

今年，美通社携手多家亚太合作机构访问了来自 10 个主要市场的 948 名公关和传播专业人士，希望探寻在未来12个月企业传播的挑战、渠道差异、企业新闻内容生产与传播策略的共性与差异。

内容生产、效果评估与传播预算是亚太区企业内容传播的三项核心挑战。更值得关注的是，"如何保持受众的信任和参与"是除中国大陆和韩国市场以外，其他亚太区企业更为关注的一项差异化挑战。

亚太区企业对于传播渠道，尤其是对于社交媒体的利用有明显的分化，传统媒体依然是亚太区企业非常依赖的传播渠道，随着全球范围内赢媒体（Earned Media）的崛起和媒体信任度的回升，在未来，亚太区企业在自有媒体和赢媒体方面将有更多投入。

Cision 与 PRWeek 的联合调查显示，全球企业平均将媒体预算中的 34% 用于赢媒体，所占的份额和付费媒体不相上下。在亚太市场，企业对赢媒体传播回报的满意度和投入预期（37%）则已大幅超越了付费媒体（21%）。

媒体需要好故事，但企业传播从来都不应止步于媒体，品牌传播需要影响的目标受众，是最终能够推动企业发展的利益相关者，而受众对品牌从认

知、认同到行动，是一个长期影响的过程，影响力的建设和销售的增长，则更是相互依存和转化的关系。

一个不争的事实是，消费者并不仅仅只是被广告或低价吸引，而是追随对品牌在情感和价值上的认同。真正对消费者产生影响力的内容，多数并不是付费的媒体结果，而是来自于媒体报道和用户口碑等赢媒体内容，因为"赢得的媒体"内容更接近于真实。

未来企业内容传播的增量价值在于"长尾效益"的提升，回归传播的本质，生产更具信任度和参与度的优质内容，不去追逐短期的眼球和流量，沉淀出能够带来长尾效益的品牌内容资产，在市场上时刻保持更具活力的声音，才是传播更有意义的使命。

希望本次调查的一些发现，为您未来的传播决策带来有价值的参考。

——刘晓林　美通社亚太区
受众拓展兼发布服务总监

核心发现

内容生产（55%）、效果评估（54%）、传播预算（51%）是亚太区企业在制定未来传播策略时面临的三项核心挑战，"保持受众的信任和参与"则是不同市场最具差异化的挑战。

59%的亚太区企业在进行品牌内容传播时更侧重"影响力"的回报，41%则侧重传播所直接带来的用户增长与销售转化。

70%的新闻网站是亚太区企业使用率最高的内容传播渠道，区域市场对不同社交媒体平台的使用情况分化显著，传统印刷媒体依然是亚太区企业所依赖的重要渠道。

79%的亚太区企业在未来将增加对赢媒体 (Earned Media) 和自有媒体 (Owned Media) 的投入，而且企业规模越大，对于赢媒体的投入意愿就越强。

85%的亚太区企业在推广新产品或重要企业动态时，会首选发布新闻稿给媒体，其次是发布动态到官方社交账号（79%）和企业官网（72%）上。

活动新闻（63%），新产品/新服务（61%）是亚太区企业新闻发布的最主要内容类型，但在其他常规的稿件内容主题方面，与记者的内容偏好有显著分歧，在中国大陆尤为突出。

73%的亚太区企业使用第三方服务发布新闻稿；34%的中国大陆企业每年发布新闻稿的数量大于50篇。

媒体发布数量(Pickup)（54%），搜索结果（50%），内容阅读互动（48%）是企业新闻发布最为关注的三项核心指标。

一、未来挑战

您在制定未来传播策略中最主要的挑战有哪些？

我们主要关注三个传播挑战：如何推广和提高我们的内容曝光量、如何评估哪些媒体或渠道更合适及如何挖掘合适的新闻视角来吸引不同市场的媒体。我们目前通过覆盖率和绩效报告指标评估媒体或渠道，例如，潜在受众的数量及是否与当前受众重叠，我们也跟踪内容自然流量，以确定是否推动长尾效益。

黄怡婷

Fourdesire

Marketing Lead

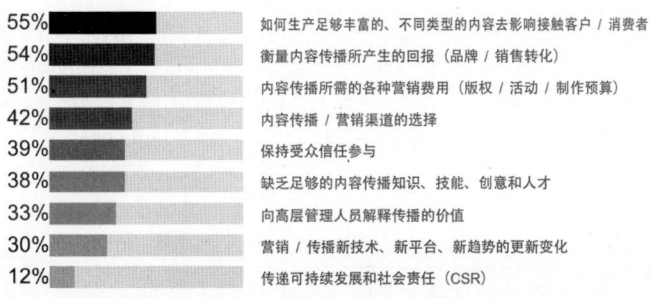

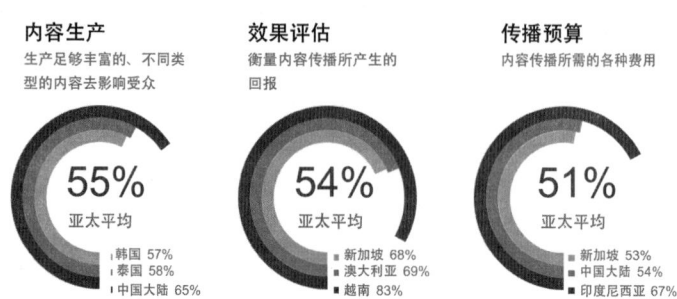

亚太不同市场的核心挑战

1.中国大陆企业关于内容传播预算的挑战从 2014 年的 32%，上升至 2019 年的 54%。

2.全球范围内，57% 的品牌公关与市场负责人将"预算紧缩"列入三大挑战；54% 将"无法有效衡量影响力"列入主要挑战。

亚太不同市场的主要挑战

	内容生产	内容渠道选择	保持受众的信任与参与	效果评估	向高层解释传播价值
中国大陆	65%	—	—	—	—
中国香港	—	—	63%	—	—
中国台湾	—	—	—	64%	—
韩国	57%	—	—	—	—
泰国	—	58%	—	—	—
越南	—	—	—	83%	—
马来西亚	—	—	—	—	68%
新加坡	—	—	—	68%	—
印度尼西亚	—	—	68%	—	—
澳大利亚	—	—	—	68%	—

最大差异化挑战：如何保持受众的信任和参与

区域分化

亚太区企业普遍更为关注"保持受众的信任和参与"，但仅有 20% 的中国大陆企业和 28% 的韩国企业将此项列为主要挑战。

商业模式分化

60% 的亚太区 B2C 企业将"保持受众的信任与参与"列为头号挑战，相较而言 B2B 企业这一比例仅为 32%。

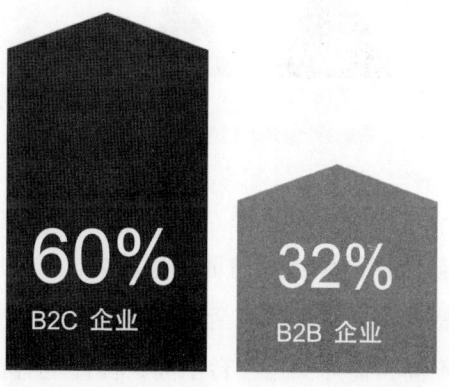

您所在企业的决策层（C-Level）对内容传播的参与度为？

保持目标受众的参与并衡量传播的影响力将是企业在 2020 年面临的两大传播挑战。全球化企业仍需在内容中显示真实性、关联性和透明度，以推动参与率及传播回报。国际受众也比较认同为建设更加美好的世界做贡献的企业和品牌。

Martin Roll
Martin Roll Company 资深商业与品牌策略师，
Asian Brand Strategy 的作者

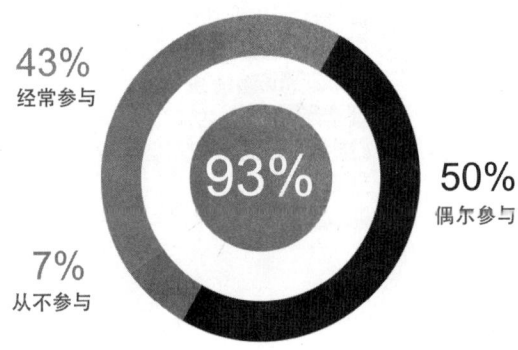

93% 的企业决策层（C-Level）会对内容传播进行参与

高管选择"经常参与"内容传播选项的亚太前三市场

亚太区企业内容传播更侧重哪方面的回报？

作为快速消费品行业，最直观地衡量传播效果的维度就是能否转化为销量，但是由于行业不同，传播渠道平台不同，传播也有自身的长期与短期效应，最基础的应该是以阅读、互动等来衡量，更长期和宏伟的维度则是品牌在行业中的声量和形象塑造。

陈姝

李锦记中国企业事务总监

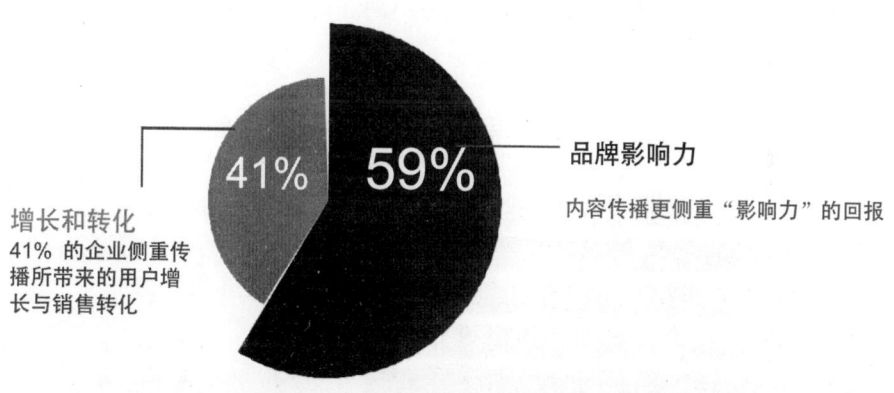

二、渠道的分化

不同区域与商业模式企业的渠道使用差异

1.在中国大陆，微信（73%）是利用率最高的社交媒体渠道，B2C企业相对经常使用自媒体/KOL（58%，KOL即Key Opinion Leader，关键意见领袖）与微博（56%）；但仅有6%的企业利用博客，显著低于其他亚太区企业的23%。

2. 其他亚太区 (Ex-China) 企业对于传统印刷媒体的使用率（61%）仅次于新闻网站（67%），高于 Twitter/Facebook 等国际社交平台的使用率（60%）。

3. 整个亚太区（含中国大陆）的 B2B 企业，相较 B2C 企业，更多利用企业官网（65% vs 50%），线下活动/研讨会（32% vs 19%），电子邮件/EDM（31% vs 21%）；而 B2C 企业在电视/广播（32% vs 21%），手机新闻 APP(26% vs 19%)，视频/短视频 (28% vs 16%) 等渠道的利用率上，则明显高于 B2B 企业。

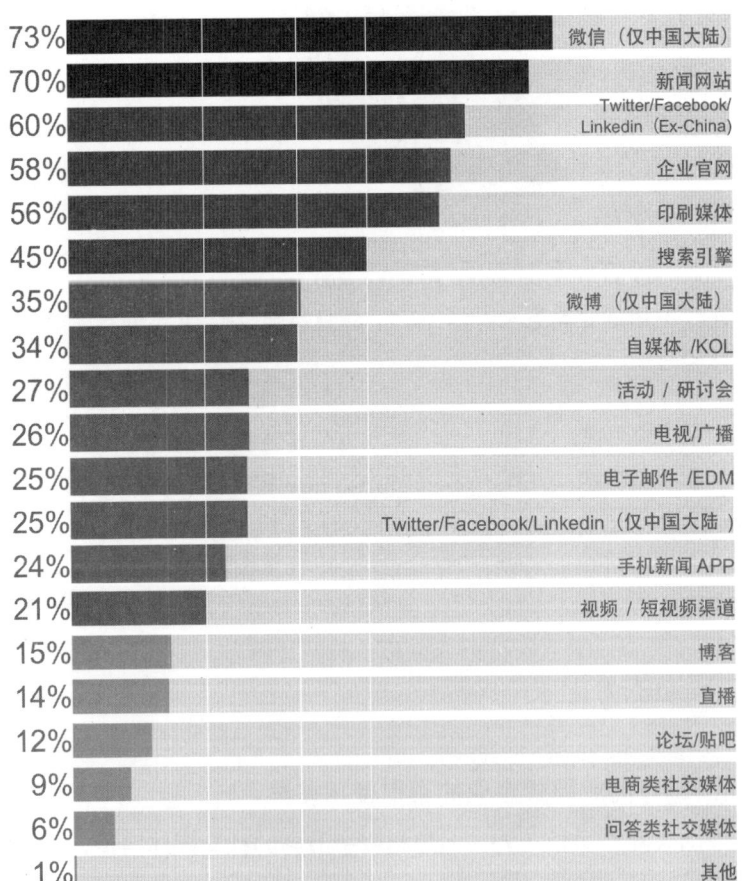

您的企业经常使用的内容传播渠道有哪些？

其他亚太区前四市场与中国大陆对比

新闻网站	80% 泰国	75% 澳大利亚	71% 新加坡	66% 韩国	73% 中国大陆
印刷媒体	76% 泰国	73% 中国香港	72% 澳大利亚	71% 马来西亚	53% 中国大陆
广播电视	47% 泰国	45% 澳大利亚	43% 马来西亚	38% 越南	21% 中国大陆
电子邮件	51% 印度尼西亚	45% 中国香港	32% 中国台湾	31% 新加坡	22% 中国大陆
博客	43% 马来西亚	33% 印度尼西亚	29% 新加坡	24% 泰国	6% 中国大陆

社交媒体平台使用率

中国大陆

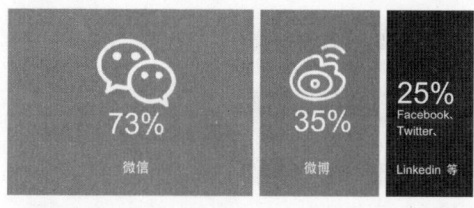

亚太其他地区（Ex-China）

全球范围

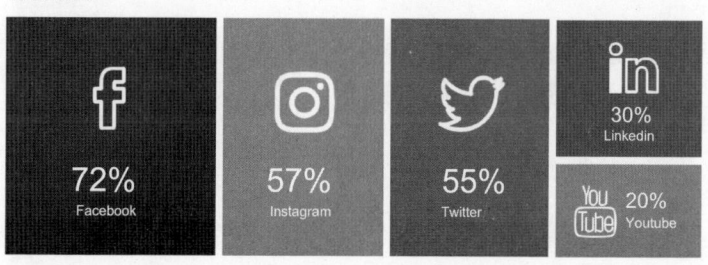

在未来12个月您的企业将在哪一类型的媒体增加投入?

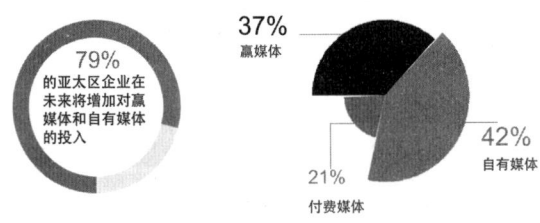

在整个亚太区,更多的企业将内容传播预算投入到赢媒体(37%)和自有媒体(42%),分配给付费媒体(21%)的预算相对最低。

全球受访者的整体媒体预算中有34%用于赢媒体,高于去年的26%,35%流向付费媒体,自有媒体占31%。

赢媒体传播 (Earned Media) 是指品牌借助持续的沟通与互动,赢得媒体主动的报道、用户主动的社交口碑分享,从而促进品牌与产品的认知、认可与行动转化的过程。

企业规模越大,在赢媒体方面的投入比例越高

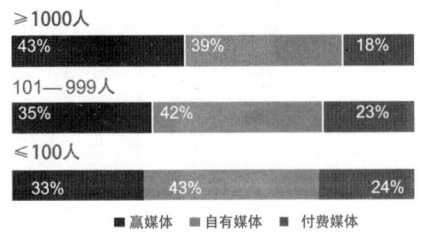

亚太区企业对于不同渠道传播效果的满意度
(满意与非常满意的比例)

公关专业与科技工具的结合，让传播团队明确展示赢媒体对企业效益的贡献。随着科技发展，一套完整的赢媒体评估指标包含：

1.定量指标：频率（新闻报道和社交媒体声量）和传播范围（受众规模/互动数量）。

2.定性指标：美誉度、有意/无意的企业及品牌声誉信息、发言人、影响者、关注话题等。

3.比较相对指标：长期表现，与目标和竞争对手的对比。

4.绩效归因指标：新的要素、数字媒体赢得的点击量和点击率、受众的特征统计及细分、阅读新闻相关的转化（包括购物车/营收和潜在客户开发）。

Mark Weiner

Cision 首席洞察官（Chief Insights Officer），Institute for Public Relations 的董事会成员，担任传播测量与评估委员会主席

大众获取内容的渠道非常多，并且已经对传统的广告、推广内容有了心理上的自动屏蔽，使得很多传播内容成了企业的自嗨。对于付费投放类的传播，因为数据造假和回报率低下，整体将会越来越少。

张孜

岱仕科技全球市场经理

传播评估的一个重要看点就是赢媒体 (Earned Media) 的表现，我们所抛出的观点能不能引起媒体和记者的关注，进而获得他们的报道、挖掘，并面向大众和我们的用户产出优质内容。近年很明显的一个感受是，品牌内容的质量提升了，面对的受众人群更广了，内容的可读性更高了，对客户心理和需求的挖掘也更加深入了。

唐晓亮

深圳创维-RGB 电子有限公司首席品牌官

三、企业新闻偏好与策略

您在推广新产品或重要企业动态时,经常会用到的手段有哪些?

亚太区企业对社交媒体 KOL 的利用

1.35% 的亚太区 B2C 企业会利用 KOL,相较而言 B2B 企业只有 18%。

2.印度尼西亚(60%)、泰国(53%)、新加坡(33%)的 B2C 企业对社交媒体 KOL 利用率相较最高。

您的企业发布新闻稿的主要内容类型有哪些?

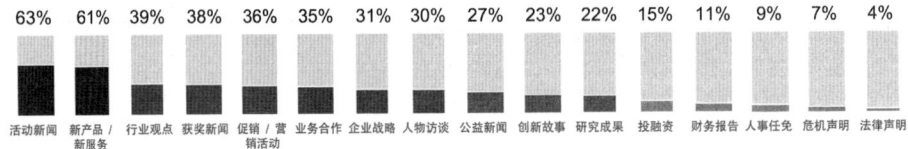

活动新闻(63%),新产品/新服务(61%)是亚太区企业新闻稿发布的主要内容类型,但在其他常规的稿件内容主题方面,与媒体记者的内容偏好有显著分歧。

第四辑 年度调查

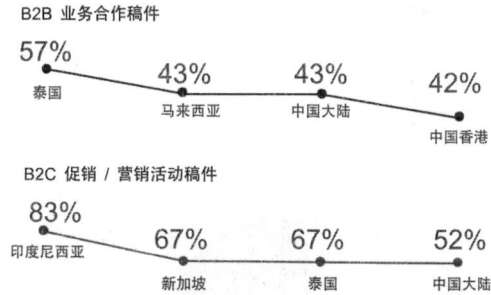

企业主要发布的新闻稿内容类型与记者的内容偏好对比

通过交叉对比，我们发现企业经常发布的新闻稿内容类型和媒体记者对新闻稿内容的偏好有非常明显的差异，这一矛盾在中国大陆尤为突出。

行业观点、新产品/新服务、人物访谈、创新故事是受媒体普遍关注的企业新闻类型，近2/3（63%）的媒体希望企业的新闻内容中带有更多行业观点性信息。①

促销/营销活动、获奖新闻等稿件内容，媒体的关注意愿最低，但在企业发布的内容中却占据较高比例，矛盾尤为突出。

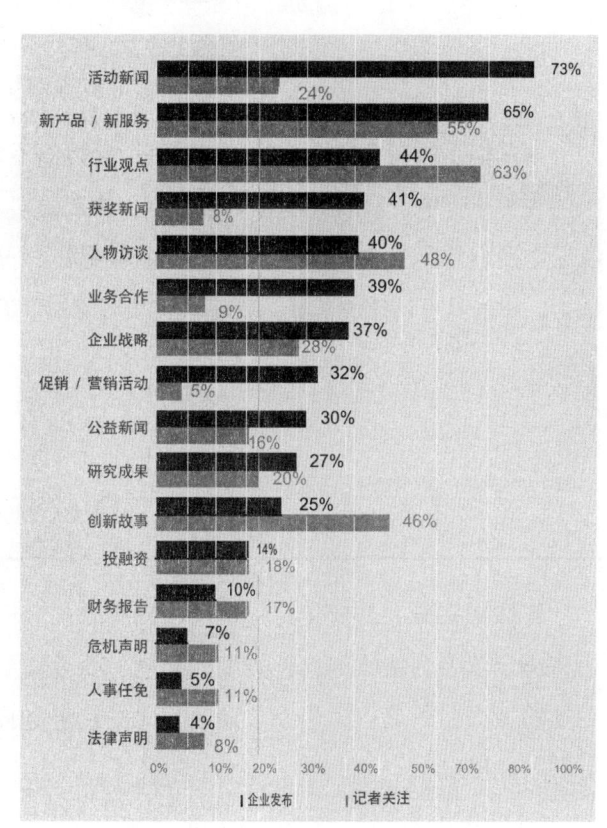

---

① 资料来源：美通社《数字化传播环境对记者工作习惯与公关媒体关系的影响》。

有价值的新闻事件 →
资深的行业观点 → 是企业新闻稿受亚太区记者欢迎的前三大内容要素
有趣的故事角度 →

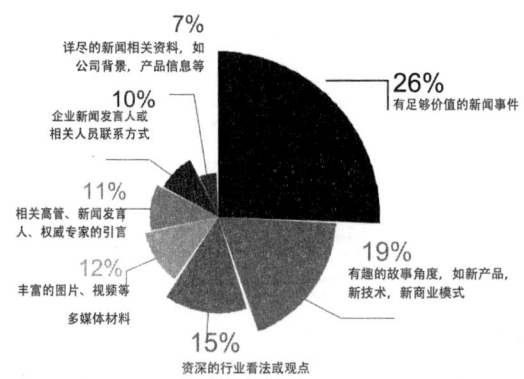

新闻稿是传播非常重要的一块基石,新闻稿不仅传递信息,在社交媒体发出的各种声音中,新闻稿还起到为企业、为产品"定调"的作用,让人在众说纷纭中搜索到那个"官方"的版本。在新闻稿这个基石之上,让传播能更加有活力,更加具有情感的关联,要有事实、有见解、有意思、有说服力。

李国威

闻远达诚总裁,

前 GE 通用电气中国品牌与传播总监

媒体未来最大的变化将是针对不同受众的新闻推送策略,更多的数据分析将决定读者会接收到何种类型的新闻。企业需要做好策划,让新闻稿能够更加贴近当前的热点,当一个话题与大的趋势和环境更贴合的时候,记者会更有兴趣报道。

Najmuddin Najib

马来西亚 *New Straits Times* 的高级新闻编辑

您在发布重要产品信息的新闻稿中，使用最多的多媒体元素有哪些？

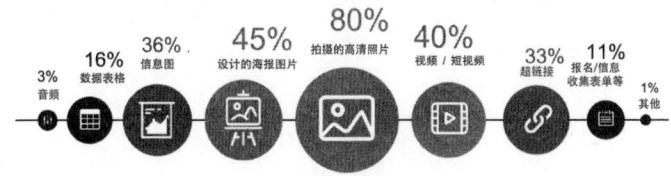

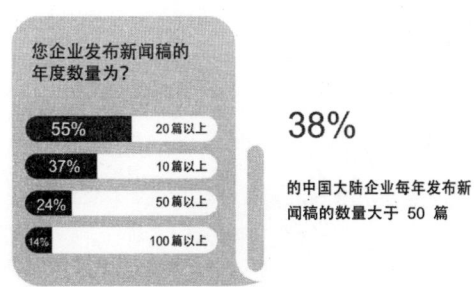

38% 的中国大陆企业每年发布新闻稿的数量大于 50 篇

1. 48% 的亚太 B2C 企业在新闻稿中使用最多的多媒体元素是视频，新加坡、泰国、越南企业对视频的使用率最高。

2. 57% 的中国大陆企业在新闻稿中经常使用"海报图片"，而其他亚太区占33%。

3. 只有18% 的中国大陆企业在稿件中经常使用超链接，而其他亚太区占48%。

在您企业发布新闻稿时，最重要的 KPI 指标是？

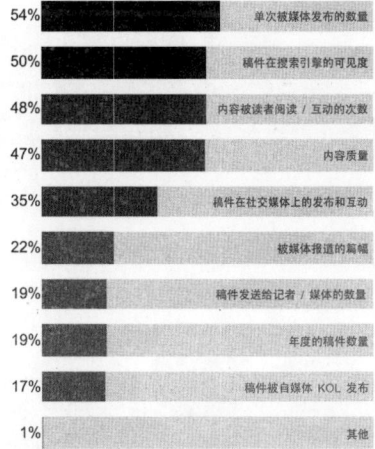

媒体发布数量（54%）、搜索结果（50%）、内容阅读互动（48%）是企业新闻稿发布最为关注的三项核心指标。

相较而言，亚太区 B2B 企业更为注重"新闻稿的内容质量"，而"稿件在搜索引擎的可见度"则是 B2C 企业关注的核心指标之一。

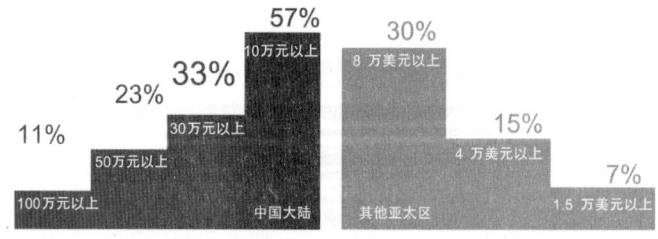

您的企业每年在新闻稿发布方面投入的预算大概为？

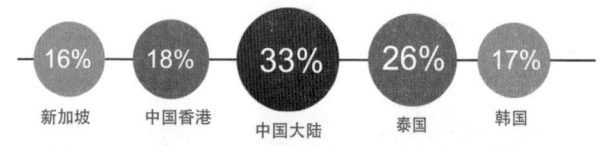

在新闻稿发布投入预算最多的五个市场（>40000 美元）

新加坡 16% | 中国香港 18% | 中国大陆 33% | 泰国 26% | 韩国 17%

在企业新闻传播方面，你通常会使用第三方机构提供哪些服务？

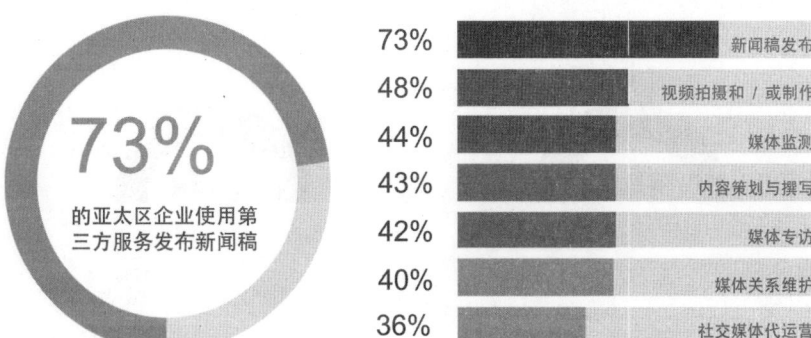

调查方法

本次调查问卷主要基于在线调查方式，所有受访者通过电子邮件、定向邀请在线作答。从 2019 年 9 月至 11 月对公关及传播人群进行调查，有效调研样本总量为 948 份，来自十个亚太区主要市场。每个市场的调查使用当地语言或英语进行，通过翻译与数据合并形成该报告主要结论。

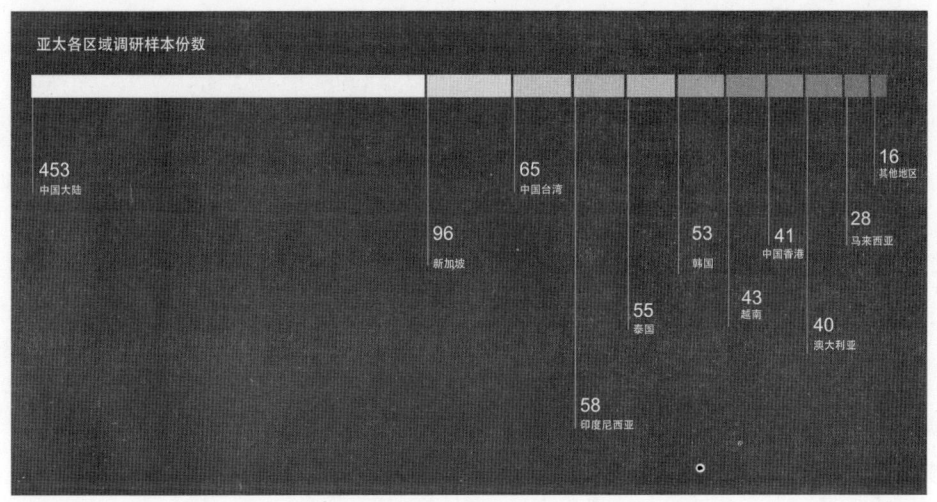

调查对象

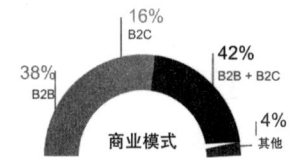

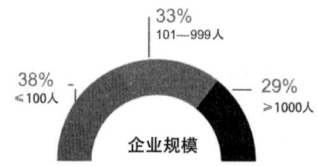

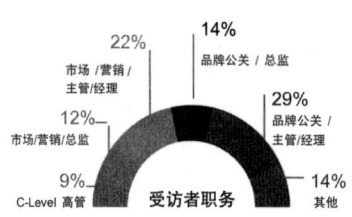

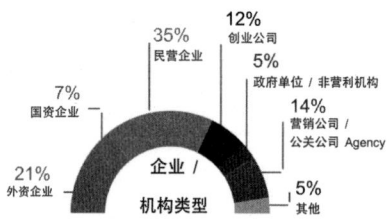

2019澳门公众新媒体使用报告

张志安　聂　鑫　周方正　程　曦

【摘要】

2019年澳门公众新媒体使用调查由中山大学传播与设计学院、广东省舆情大数据分析与仿真重点实验室联合澳门科技大学人文艺术学院共同开展。调查显示：澳门公众新媒体使用呈现高度社交化趋势；超过九成澳门公众使用微信，新媒体功能使用较多元化；澳门公众新媒体参与行为以点赞、留言为主；澳门居民最喜欢关注大众媒体账号，政府官方账号受关注程度有限。为此，本报告提出以下对策建议：一是重视和增强微信作为大众资讯传播平台的功能属性，将微信作为澳门基础服务和政务资讯的载体；二是注重建立内地视频类APP的传播阵地，构建"去政治化"的传播话语体系；三是通过企业团体机构账号、自媒体账号和大众媒体账号构建非官方话语的传播内容生态，重视Facebook等社交媒体上意见领袖的言论表达；四是注重为弱势群体构建话语空间，引导澳门公众关注社会议题，提升澳门公众的社会事务参与感和效能感。

为跟踪调查研究澳门公众的新媒体使用情况，中山大学传播与设计学院、广东舆情大数据分析与仿真重点实验室联合澳门科技大学人文艺术学院，连续第四年对澳门公众的新媒体使用情况进行调查。本次调查于2019年9月至10月进行，共回收有效问卷1223份，主要从全媒体使用、新媒体功能、新媒体参与、新闻关注度等四方面考察澳门公众的新媒体使用。

一、全媒体使用：社交新媒体是澳门公众日均使用时长和使用频率最高的媒体

1. 四成澳门公众日均使用社交新媒体时长集中在30分钟至2小时

澳门公众在新闻资讯类新媒体、社交新媒体、休闲娱乐类新媒体、传统媒体等四类媒体的使用时间分布差异较大。其中，社交新媒体每天使用时间最长，相对于新闻资讯类新媒体（17.6%）和休闲娱乐类新媒体（24.4%），平均每天花费时间使用社交类新媒体在一小时以上的人群占比最高（61.9%）。46.93%的受访公众日均使用社交媒体时长在30分钟至2小时。在使用时长低于一小时的新媒体类型中，新闻资讯类新媒体的人群占比最高（81%），休闲娱乐类新媒体人群占比紧随其后（75.5%）。

2. 在媒体使用频率方面，澳门居民更频繁地使用社交新媒体，从不使用传统媒体的人占比最多

总是使用社交新媒体的受访者在四类媒体中占比最高（26.7%），其次是休闲娱乐类新媒体（9.9%）、新闻资讯类新媒体（6.6%），总是使用传统媒体的最少（3.6%）。在经常使用这一频段中，社交媒体的受访者为27.64%，而其他媒体的受访者占比较为平均并保持在10%—15%的区间内。而从不或偶尔使用传统媒体的受访者最多（67.3%），休闲娱乐类新媒体次之（52.08%），新闻资讯类新媒体为50.94%。

3. 从受众特征上看，收入越高、年龄越大的群体越习惯使用传统媒体，而社交媒体、休闲娱乐媒体更受年轻人欢迎

收入越高的澳门居民，越倾向于使用新闻资讯类新媒体和传统媒体；相反，收入较低的澳门居民倾向于使用社交媒体和休闲娱乐类新媒体。年龄越大的澳门居民，越倾向于使用传统媒体；越年轻的澳门居民越倾向于使用社交媒体和休闲娱乐类新媒体。

从职业差异上看，全日制学生最喜欢使用社交媒体，其次为专业人士，建筑制造业最少使用社交媒体；专业人士和中小企业主最常看新闻资讯类媒体；博彩业、建筑制造业和全日制学生最常使用休闲娱乐类新媒体；传统媒体最受专业人士和公职人员欢迎。

二、新媒体使用类型和功能：超过九成澳门公众使用微信，新媒体功能较多元化

本报告调查了十种新媒体应用程序的使用状况，这十种程序分别为视频直播APP（映客、斗鱼等）、短视频分享APP（抖音、快手等）、微信、微博、Facebook、Instagram、Twitter、WhatsApp、Line、YouTube。新媒体使用行为包括社交、获取朋友动态、获取大众资讯、休闲娱乐、展示个人动态、发布大众资讯及其他等类别。

1.微信成为澳门公众最广泛使用的新媒体，并且以社交功能为主，Facebook等西方新媒体使用功能较为多元化

微信是最受欢迎的新媒体，95.83%的澳门受访者使用微信，Facebook次之（71.30%），使用微博的受访者位列第三，占65.66%。使用视频类媒体（短视频APP和YouTube）的受访者都占六成左右。Instagram的使用比例为57.33%，WhatsApp、Twitter和Line的用户比例都在45%以下，占比相对较低。

从新媒体用户特征上看，越年轻的澳门居民越喜欢使用各类新媒体，并且澳门本地人更倾向于使用Facebook、Instagram、Twitter以及YouTube等新媒体，高学历群体更倾向于使用澳门本地社交媒体（Facebook、WhatsApp）、Twitter以及YouTube。

从不同新媒体的使用功能上看，内地新媒体的功能则相对集中在原有的单一媒体属性上。社交新媒体中，微信、WhatsApp用户更多使用社交和获取朋友动态功能。而Facebook、Instagram、Twitter和YouTube的功能使用比较多样化，兼具社交、获取朋友动态、获取大众资讯和休闲娱乐等功能。

2. 澳门公众新媒体功能使用多元化，最常用功能包括社交、休闲娱乐、获取朋友动态和获取大众资讯

从新媒体使用行为上看，八成以上的澳门公众使用新媒体进行社交、休闲娱乐、获取朋友动态，获取大众资讯也占78.66%，这四类新媒体功能的使用人数差异较小。有52.41%的受访者在新媒体上展示个人动态，且仅有28.29%选择发布大众资讯。

从新媒体用户特征上看，越年轻的群体越倾向于使用各项新媒体功能，澳门本地人更倾向于获取大众资讯、休闲娱乐和展示个人动态，收入越高的群体越倾向于获取大众资讯、展示个人动态和发布大众资讯。高学历的群体更倾向于使用社交、获取朋友动态、获取大众资讯、休闲娱乐；非澳门人更倾向于使用新媒体社交功能。全日制学生和专业人士使用各项新媒体功能的比例相对更高，博彩业则较少使用新媒体获取大众资讯，建筑业较少使用新媒体进行社交和休闲娱乐。

3. 澳门公众注重微信的社交功能，且更倾向于用Facebook等本地社交新媒体获取和发布大众资讯

从澳门公众使用新媒体各项功能的动因上看，微信、Facebook、YouTube的社交属性最强，微信用户经常使用社交功能的占79.35%，Facebook用户占81.88%，而YouTube用户占83.56%。WhatsApp和YouTube是影响澳门公众获取大众资讯行为的主要媒体，用户比例分别为85.42%和84.65%，Facebook、Twitter和Instagram用户比例都高于80%，而利用微信获取大众资讯的比例为76.88%。Facebook等本地社交新媒体是影响发布大众资讯行为的主要媒体因素，使用该功能的澳门公众中，Facebook用户比例占45.99%，Twitter用户占48.23%，以及Instagram用户占47.03%，而微信用户占40.53%，略微低于西方社交新媒体。可见，虽然微信在澳门占有率最高，但主要功能集中在社交功能，澳门公众仍习惯使用Facebook等社交媒体获取和发布大众资讯。

三、新媒体参与行为：澳门受众的新媒体参与以点赞、留言为主，中高收入者喜欢转发、爆料和发帖

本报告从点赞、留言、转发、爆料和发帖等五个维度考察澳门受众的新媒体参与行为。

1.从澳门居民使用新媒体的互动行为上看，受访者的新媒体参与以点赞、留言为主，转发、爆料与发帖类高参与度行为较少

396位受访者表示会较常发帖和为文章点赞，160名受访者表示从不点赞，总是点赞的受访者占比最小，超过30%的受访者表示会经常在帖文或文章后留言。约二成的受访者从不转发他人的文章和发帖，偶尔如此的人占比达34.1%，从不通过新媒体向传媒爆料的人占比最多（64.3%），经常与总是通过新媒体渠道向传媒爆料的受访者占比最少，可见受众通过新媒体主动发布信息的参与度有限。

2.女性更喜欢点赞，年轻人喜欢点赞和发帖，中高收入者喜欢转发、爆料和发帖

从性别来看，澳门女性公众比男性更倾向于在他人发帖和文章后点赞。经常点赞的女性有63.84%，而男性为60.00%。

从年龄上看，越年轻的群体越喜欢点赞和发帖。例如，65.24%的30岁以下澳门公众经常点赞，而30—50岁群体为59.90%，50岁以上群体仅为44.71%；30岁以下的澳门公众中，有35.62%经常发帖，30—50岁中有32.12%，以及50岁以上群体中占27.06%。可见，30岁以下的年轻人与30—50岁的中青年人在新媒体参与行为上大致接近，50岁以上的参与比例较低。

从学历差异上看，高学历群体的新媒体参与频率更高，更喜欢点赞、留言、转发和发帖，分别占63.75%、48.60%、43.77%和36.02%，比较低学历群体高出5%—8%。

从收入上看，中高收入者喜欢转发、爆料和发帖。经常转发的澳门公众

中，中高收入者（个人月收入在16000澳门币以上）占46.82%，而中低收入者（个人月收入在16000澳门币以下）则仅为37.16%；27.53%的中高收入者经常爆料，而中低收入者仅为20.03%；36.89%的中高收入者经常转发，而中低收入者仅为31.35%。中高收入者新媒体参与，以及使用新媒体参与到澳门公共社会事务中的意愿更强烈。

从职业上看，学生点赞行为频率更高，中小企业主更喜欢留言、转发，建筑行业和中小企业主都倾向于爆料、发帖。

四、新媒体关注：澳门公众最关注社会时政类新闻和本地新闻，最关注大众媒体账号

1. 澳门公众最关注社会新闻和时政新闻，对本地新闻和内地新闻关注程度较高

从新闻属性上看，澳门公众日常关注的新闻中排名前三的类型由高到低依次是社会新闻（72.20%）、时政新闻（66.47%）和娱乐时尚新闻（64.43%），财经新闻受关注程度较低（49.96%经常关注）。

从新闻辐射地区上看，在澳门居民新闻关注的地区来源上，澳门新闻的关注程度最高，23.06%的受访者总是关注本地新闻，29.44%经常关注。其次是内地新闻，27.06%的受访者经常关注，31.89%的受访者偶尔关注。而国际新闻和香港新闻的关注程度比较接近，有17.42%的受访者总是关注香港新闻，21.10%的受访者则完全不关注台湾新闻。

2. 专业新闻受众较广泛，澳门人和高学历群体更倾向于全面关注各类新闻

本报告对澳门公众的新闻关注进行聚类分析，得到5类澳门居民媒体关注类型。具体来看，专业新闻受众比例最高（26.98%），这部分公众的科技数码、财经新闻关注频率较高，且比较关注体育新闻。全面低关注型次之，即各类新闻的关注程度都很低的群体占26.08%。再次，全面高关注型占18.64%，对各类新闻媒体的关注程度都很高。社会时政类新闻和体育娱乐类

新闻的关注比例分别为13.41%和14.88%，相对较低，可见这两类人群分别只关注社会、时政和体育、娱乐新闻。

从人群差异上看，澳门本地人更倾向于全面关注各类新闻（占比47.91%），非澳门人仅为40.17%，非澳门人对社会时政类新闻的关注程度与澳门本地人较为接近。高学历群体中，48.15%全面关注各类新闻，而低学历群体仅为38.86%。从职业差异上看，中小企业主（54.60%）、专业人士（49.31%）和公职人员（47.14%）更倾向于全面关注各类媒体。

3. 澳门居民最喜欢关注大众媒体账号，其次为朋友个人账号，政府官方和企业机构账号差别较小

首先，超过八成的受访者关注大众媒体账号，占比最高。其次，朋友个人账号的关注量也很高（占69.75%）。政府官方账号和企业机构的官方账号的关注人数差异较小，分别为50.45%和61.24%，企业略高。虽然自媒体公众号仅在微信上运营，但仍有44.81%的受访者关注，相对较高。最后，KOL（意见领袖）账号仅为22.08%，说明澳门居民对意见领袖的关注度较低。

4. 近九成澳门公众使用微信公众号获取信息，不同媒体内容类型的新媒体获取渠道存在显著差异

有87.3%的公众会使用微信公众号获取信息，同时有五成以上的公众会选择Facebook（68.9%）、Instagram（58.8%）、微博（58.3%）等其他社交媒体获取多样化信息。超过半数的澳门公众倾向于通过微信关注大众传媒公众号（如澳门日报）和企业/团体/机构官方公众号，获取具有一定权威性和公信力的媒体内容；而在使用Facebook和Instagram时则更多以朋友个人账号为主要关注类型，体现强社交的媒体属性。

5. 微信用户公众号关注类型差异较小，而Facebook、Instagram、微博和Twitter则分别有近三成用户关注大众媒体账号和自媒体公众号

从新媒体平台和账号关注类型上看，微信用户关注类型比较分散。其中，关注最多的是大众媒体公众号（占60.99%），其次为自媒体公众号和企业机构公众号，分别是51.36%和51.26%，而42.75%的用户在微信上关注政府账号。对于不同类型的新媒体而言，大众媒体账号的关注比例都十分接近，在50%—65%之间。除微信外，不同新媒体平台上企业机构账号的关注比例也比较接近，在25%—35%之间。

五、澳门公众新媒体使用报告对舆论引导的启示

1.建议更多澳门特区政府、机构在微信上开设公众号和办事服务号，将微信作为澳门基础服务和政务资讯的载体，重视提高微信作为大众资讯传播平台的功能属性

虽然微信在澳门已全民化覆盖，但功能仍以社交为主，澳门公众习惯使用Facebook等西方新媒体获取资讯。为此，可从两方面提升微信作为新型平台媒体的影响力：一是公共服务平台影响力，开设公众号和办事服务号，通过微信实现澳门公众与政府服务的连接。二是资讯传播影响力，培养一批非官方的企业机构、自媒体公众号，对澳门发展、粤港澳大湾区建设等做精准解读。大湾区中的内地城市也可在微信上开设公众号或服务号，让澳门青年及时获取来内地就业和创业的相关政策。

2.注重建立内地视频类APP的传播阵地，构建"去政治化"的传播话语体系，利用视频类APP推出精品策划内容，强化澳门公众对内地的认知和情感

调查显示，视频直播APP、短视频分享APP、YouTube等视频类新媒体的使用频率有上升趋势。为此，主流话语应注重抢占澳门视频类APP的传播阵地，注重利用短视频、直播等形式构建"去政治化"的传播话语体系。同时，粤港澳大湾区城市群，可通过短视频、视频直播的方式，向澳门推介城市文化相关内容，为澳门公众到内地旅游、工作营造文化上的亲近感和认同感。

3.通过企业团体机构账号、自媒体账号和大众媒体账号构建非官方话语的传播内容生态，且注重对Facebook等社交媒体上的意见领袖进行舆情监测

企业团体机构账号、自媒体账号和大众媒体账号等非官方账号，能够利用"去政治化"的身份，在特定领域，以更加专业的内容赢得公众。内地驻澳企业、社会团体可在微信、Facebook、Twitter等社交媒体上开设账号，培育一批非政府背景的自媒体，促进"一国两制"制度践行、粤港澳大湾区融合、"一带一路"倡议等内容生产和传播生态。调查发现，关注KOL账号的澳门公众，对政府满意度普遍略低，为此，有必要通过大数据监测、KOL媒体账号追踪等方式，对极端言论实施舆情监控，谨防煽动性言论对社会产生消极影响。

4.注重为弱势群体构建话语空间，引导澳门公众关注社会议题，提升澳门公众的社会事务参与感和效能感

澳门公众对澳门特区政府施政和本地区社会事务的满意程度普遍略低于中央政府，而且，低学历、中低收入人群在新媒体上发声的意愿较低。可由政府官方与社会团体、自媒体形成合力，为弱势群体构建话语空间。在新媒体渠道上，微信自媒体公众号可推出文章关注社会焦点议题，TikTok等短视频APP可推出关注弱势群体生活状态的内容，以不断提升公众对内地的认同感和关注度。

（作者张志安为中山大学粤港澳发展研究院副院长、传播与设计学院院长、粤港澳大湾区国际传播研究中心主任；聂鑫为中山大学传播与设计学院博士生；周方正、程曦为中山大学传播与设计学院硕士生。本文为教育部哲学社科研究重大课题攻关项目"大数据时代国家意识形态安全风险与防范体系构建研究"［编号16JZD006］）

中国新闻业年度观察报告

2019年电视新闻节目收视回顾

张广彦

2019年是不平凡的一年。这一年,风雨中摸索前行的中华人民共和国,在10月1日迎来了七十华诞,全国人民爱国热情空前高涨,70周年阅兵盛典,更是成为亿万观众关注的焦点。与此同时,伴随着中国的崛起,经济政治领域一些不和谐的声音时有出现。2019年5月,中美贸易战重新激化,美国对中国商品加征关税,特别是美国对华为公司宣布禁运并采取的其他不合理竞争手段引发全球关注。8月,香港暴力事件的升级,牵动了每一个中国人的心。这些重大事件无疑成为年度新闻热点。本文根据CSM媒介研究(中国广视—索福瑞媒介研究)2019年在全国104个城市的收视调查数据,对新闻节目的收视状况进行分析,并通过对重点新闻事件及栏目的形态和模式深层解析,探究新传播环境下电视新闻节目的新风向,与业界共享。

一、新闻节目整体收播状况

1. 新闻节目人均日收看时长减少2分钟,资源利用效率维稳

如今,新媒体与传统媒体互相融合,竞争日趋激烈,电视等传统媒体面临巨大的挑战,收视时长进一步被分流。数据显示,2019年全国电视收视市场人均每天收看电视时长下降,但降幅已连续两年收窄。而伴随着微信、抖音、网站/客户端等诸多新媒体形式的普及,人们获取信息的渠道和方式发生极大的改变,这使得电视新闻节目面临的竞争压力逐年加大,2019年104个城市人均每日收看新闻类节目的时长为13分钟,较2018年下降了2分钟。

2019年,新闻类节目的播出比重和收视比重与2018年持平,获得了观众

10.5%的播出比重和13.3%的收视比重；从供求关系的变化上看，面对新媒体的全面渗透，2019年电视新闻节目资源利用效率依旧维稳，实属不易（见图1）。

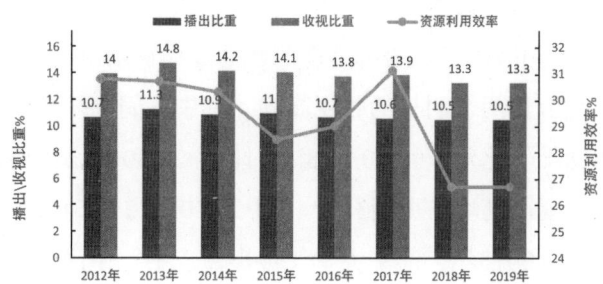

资料来源：CSM媒介研究

图1　2012—2019年新闻节目的收播比重及资源利用效率
（历年所有调查城市）

2. 昆明、贵阳、广州观众新闻节目收视量位列三甲

中国幅员辽阔，全国各地观众的作息、生活习惯呈现地域性特征，同样，其媒介接触习惯、偏好类别也会呈现出较大差异。在晚间时段新闻节目的播出总量基本稳定的前提下，人均收视总时长在不同城市间存在明显的差别。2019年17:00—24:00时段，35个城市（包括直辖市、省会、计划单列市）中，昆明、贵阳、广州新闻节目的人均收视总时长位列三甲，总时长都接近5000分钟（见图2）。

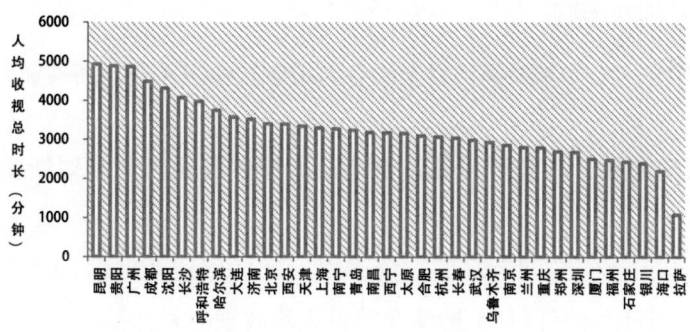

资料来源：CSM媒介研究

图2　2019年35个城市晚间新闻节目的人均收视总时长（17:00—24:00）

3. 晚间次黄金时段新闻节目收视有一定下滑

2019年新闻节目的收视主要集中在18:00—20:00时段，在这段时间开播的新闻节目人均收视时长达到6.1分钟，接近全天新闻节目收视时长的一半。11:30—12:30的新闻时段和覆盖各地新闻联播及央视新闻联播的18:00—19:30时段，是新闻类节目两个明显的收视高峰，其中午间高峰2019年略有后移，但峰值超过2018年。此外，06:00—08:30时段和20:30—22:00时段也有一个较为明显的新闻收视次高峰（见图3），其中20:30—22:00时段的收视较上年呈现明显下滑。早在2015年，清华大学《传媒蓝皮书：中国传媒产业发展报告（2015）》就曾指出：网络新闻接触率最高的时段是20:45—22:00，电视新闻节目虽然在不断创新，但依然无法扭转互联网新闻在该时段不断蚕食电视受众的局面。

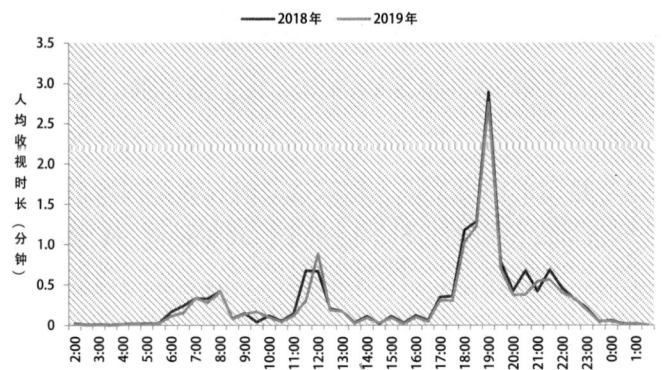

数据来源：CSM媒介研究

图3　2018—2019年新闻节目全天各时段收视情况（历年所有调查城市）

4. 国庆阅兵、中美贸易战、香港暴力事件等重大时事对新闻收视影响明显

相较于2018年新闻节目的波澜不惊，2019年适逢中国70周年华诞，国庆周（9月29日—10月5日）的新闻节目人均收视时长达到28.5分钟，遥遥领先于全年其他各国。可见在重大新闻事件面前，电视新闻依旧是观众的第一选择。

全年其他各周新闻节目的收视时间整体比较稳定，稍逊于2018年，收视分钟数在12—15之间波动，其中1—5月下滑较为明显。然而，亦有一些重大新闻事件的带动使得2019年新闻收视赶超上年同期水平。如因中美贸易战重新激化而引发的一系列新闻事件就引起社会强烈关注。2019年5月10日中美第11轮贸易谈判之后，双方谈判完全陷于停滞。但在6月28日至29日"2019年二十国集团大阪峰会G20峰会"举办前夕，特朗普和习近平于6月18日的一通电话，加上中方确认两位元首将在大阪会面，瞬间成为全球热点。涵盖上述相关事件的第25—26周（6月16—29日），新闻节目人均收视止跌回升，中美贸易的吃紧关头，具有绝对权威性的电视新闻节目成为提振受众信心的重要窗口。此外，2019年8月，香港频频发生违法暴力事件，严重冲击香港法治、安宁、民生，令所有关爱香港的人们感到痛心，香港暴力事件也成为热点新闻话题，当月新闻收视明显提升，特别是第34周（8月18—24日）收视分钟数最高。重大新闻事件的发生及其报道期间，新闻类节目周平均收视明显提升，很好地印证了重大时事对新闻类节目收视的拉动效应。

此外，春节假期新闻节目收视水平相对较低，主要是因为节假日期间新闻节目一般只保持常规播出量，而观众关注度较高的综艺和青少节目则会增加播出，新闻节目的竞争力在节假日期间受到一定影响（见图4）。

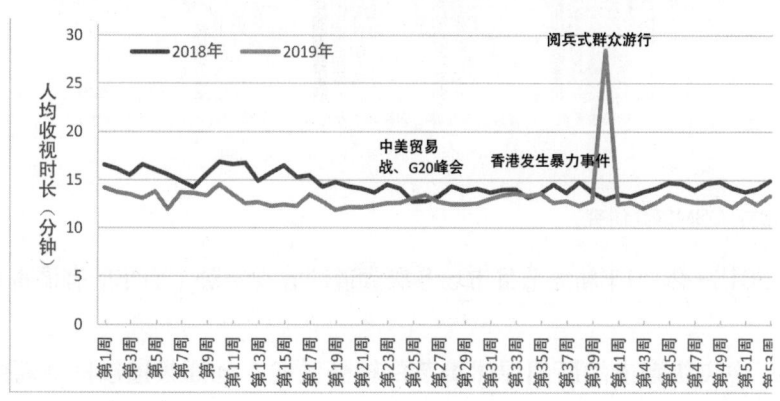

资料来源：CSM媒介研究

图4　2018年与2019年新闻节目人均收视时长分周走势
（历年所有调查城市）

二、新闻节目收视竞争格局

1. 中央级频道收视份额居首,地面频道播出量占优

2019年全国电视新闻节目收视市场中,中央级频道仍然占据着最重要的位置,以4.3%的播出量为新闻节目贡献了最高的收视份额(43.8%),但较2018年收视份额有所回落;省级上星频道播出量为8.1%,略高于中央级频道,加之各地省一级重要新闻均在此平台播出,收视份额也相对较高(20.1%),较上年增长了3个百分点;省级非上星频道和市级频道的传播范围类似,面对的观众群体在地域上相对比较集中,尽管单个频道覆盖面不广,但胜在频道众多,因此播出量也最大,占所有新闻节目播出时间的80%,这两类频道累计共获得了新闻节目33.3%的收视份额,但较上年均有所下滑(见图5)。

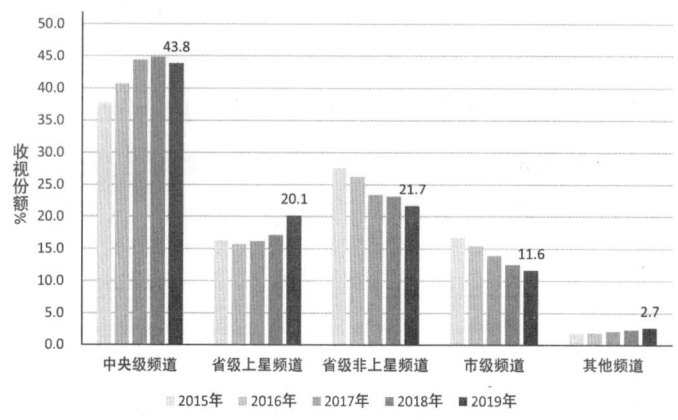

资料来源:CSM媒介研究

图5　2015—2019年新闻节目市场各级频道的收视份额(历年所有调查城市)

2. 中央级频道的新闻评述类节目较受欢迎,地面频道以民生新闻为代表的其他新闻节目更受关注

观众对各级电视频道有不同的收视预期,因而收看电视新闻节目的时候就会带有主动的选择性(见图6)。对于国内外新闻的客观报道,在不同平台获得的新闻事件信息并没有太大区别，全凭观众收视习惯；新闻评述类节目通常会加入一些主观判断，中央级频道的专业性和权威性在这种情况下无疑成为一大优势，观众对中央级频道播出的新闻评述类节目看重有加，61.5%的收视时间都给了中央级频道，且新闻评述类节目也是近几年资源利用率最高的新闻节目类型；被列在"其他"一栏下的新闻时事节目大多数关注的是重要性一般的新闻事件，各地方频道的民生新闻占了很大比例，此类节目取材贴近当地群众生活，自然是两级地面频道的主要收视市场，在新闻/时事其他类的收视中，地面频道获得了55.5%的收视份额。

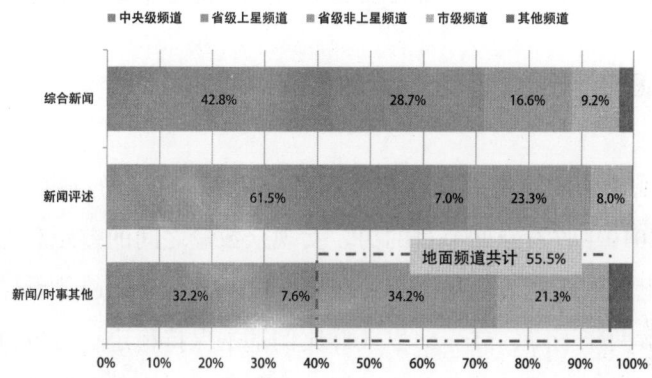

资料来源：CSM媒介研究

图6 2019年各级频道在不同类型新闻节目市场的收视份额（所有调查城市）

3. 部分省级卫视新闻节目收视量增长明显

2019年部分省级上星频道新闻节目收视量增长明显，其中江苏卫视较2018年同比增幅达到92%，浙江卫视增幅达到78%，广东卫视增幅达到47%。除转播中央台新闻联播收视量大幅增长外，部分省级卫视本省新闻节目收视也在提升，如江苏卫视《江苏新时空》《新闻眼》，浙江卫视新节目《正午播报》《今日评说》《浙江新闻联播》，北京卫视新节目《首都晚间报道》《北京新闻》，东方卫视早间节目《看东方》，广东卫视《晚间新闻》《广东新闻联播》，湖南卫视《湖南新闻联播》，深圳卫视《直播港澳台》《正午30分》《深视新闻》等。

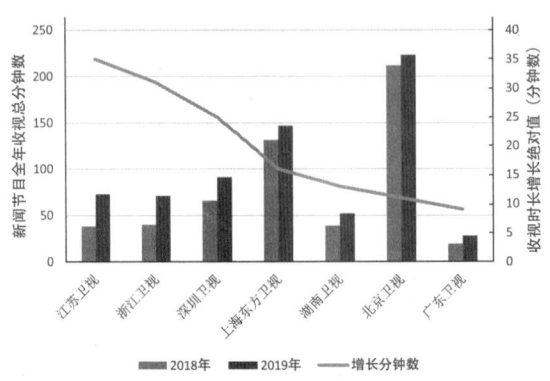

图7　2018—2019年部分省级上星频道新闻节目收视变化

三、新闻节目观众特征

全国电视观众中女性观众略多于男性，而新闻节目的观众中则为男性多于女性。2019年收看新闻节目的男、女观众数量之间的差距和上年比相差不大；超过七成的新闻节目观众年龄在45岁以上，从变化趋势看，35—54岁人群比例连续两年下降，55—64岁人群比例基本保持稳定；65岁以上人群比例则呈现出持续稳步增长态势；从受教育程度看，初高中学历观众占主体，可喜的是，2019年大学及以上高学历观众比例扭转了连续两年持续下跌的势头，更多高知观众回归电视新闻节目（见图8）。

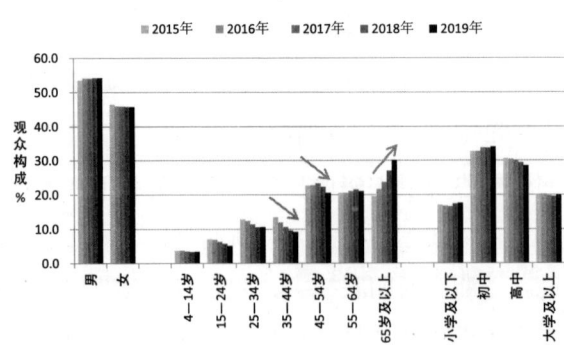

资料来源：CSM媒介研究

图8　2015—2019年新闻节目观众构成（历年所有调查城市）

不同观众对不同类型的新闻节目关注程度不同。男性观众对新闻节目的偏爱更多地体现于对"综合新闻"和"新闻评述"的收视;65岁及以上观众在"综合新闻"类节目观众中所占比例高于其他两类节目,25—34岁青年观众更青睐于"新闻评述"类节目;不同受教育程度的观众对几类新闻的收视习惯差异不大(见图9)。

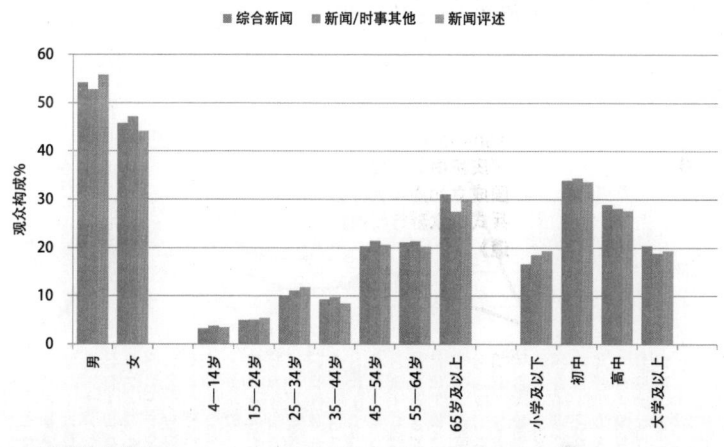

资料来源:CSM媒介研究

图9　2019年各类型新闻节目观众构成(所有调查城市)

四、新中国成立 70 周年庆典的收视表现

重大新闻事件对新闻节目的收视会起到明显的拉动作用。广大受众往往会选择通过主流电视媒体对重大事件及其后续报道进行了解。尽管新媒体在信息发布的快速性、即时性上更胜一筹,但专业性更强的电视频道却凭借其权威性和公信力仍然具有得天独厚的优势。特别是中央广播电视总台对重大新闻事件反应及时,报道权威准确,赢得受众青睐。

2019年10月1日,新中国迎来了七十华诞,天安门广场举行的"庆祝中华人民共和国成立70周年阅兵式",无疑成为全国观众关注的焦点。此次阅兵式在充分展示改革强军成就的同时,凸显国庆阅兵的庆典特色,规模上要比庆祝新中国成立50周年、60周年阅兵和纪念抗战胜利70周年阅兵大一些。①国庆上午的《庆祝中华人民共和国成立70周年大会阅兵式群众游行特别报道》在超过100个电视频道直播，在104个调查城市中同时段总收视率超过27.8%，份额86.8%。分城市来看，单城市收视最高的包头总收视率超过40.0%，同时段份额最高达到97.6%。此外，遵义、吉林、大同、宝鸡、洛阳、平顶山等城市国庆阅兵式的总收视率也都超过30.0%。

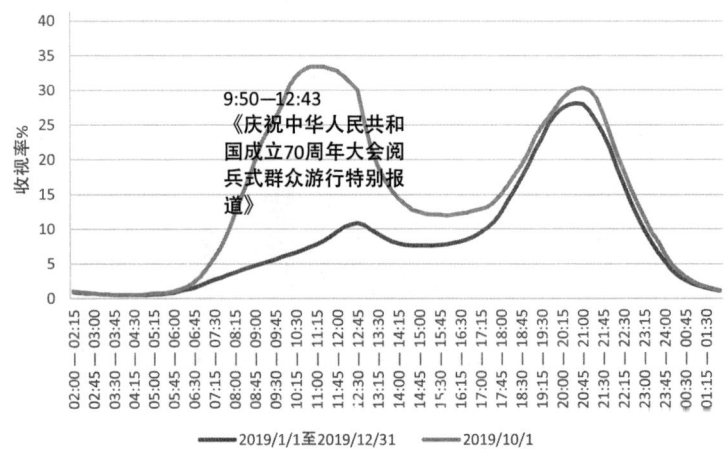

资料来源：CSM媒介研究

图10　新中国成立70周年阅兵仪式当天及2019全年所有频道收视走势（所有调查城市）

　　国庆阅兵这一重大新闻事件使得一些平日较少接触电视的观众回归大屏。与阅兵式后一周同时段相比，10月1日阅兵时段44岁及以下各年龄段受众占比均有明显提升，特别是25—34岁增长最多，提升了5.2个百分点。在受教育程度方面，高学历人群强势回流，大学及以上受众占比大增10.9个百分点，这也从侧面反映出中国年轻高知人群的爱国热情。同时，各类观众对阅兵式的喜爱程度也更加平均，可谓是"男女老少齐上阵"（见图11）。

---

① 国庆阅兵规模将超过以往三次 [EB/OL].(2019-08-30). https://www.jfdaily.com/journal/2019-08-30/getArticle.htm?id=277538.

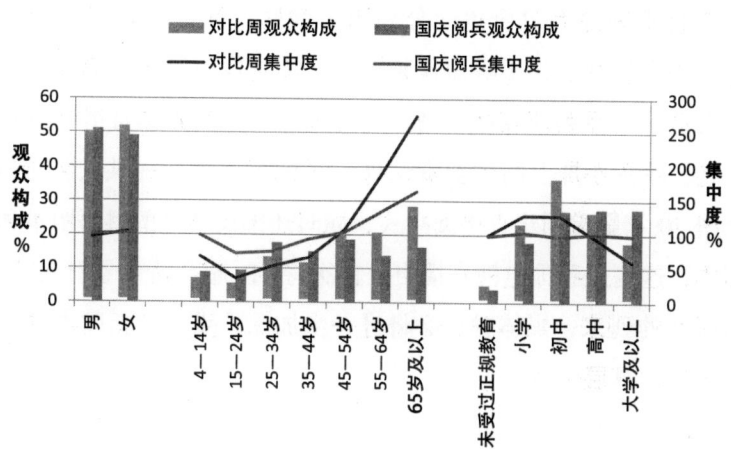

资料来源：CSM媒介研究
注：对比周为阅兵后的10月6日—10月12日9：50—12：43时段。

图11　2019年国庆阅兵时段所有频道观众特征（所有调查城市）

作为国家级电视媒体，中央广播电视总台承担着诠释和建构新中国成立70周年的家国意义的重任。在国庆阅兵直播前后，总台以贴片的形式播出了特别报道《向伟大复兴前进》，前半段（8:00—9:50）聚焦于探秘阅兵式的筹备过程和新中国历史回顾，为直播预热，在104个城市组合取得了6.1%的收视率和30.6%的市场份额；后半部分（12:43—14:32）聚焦于阅兵式与群众游行中的亮点，通过特邀评论员诠释细节、符号、隐喻和安排设置的背景，挖掘背后的深意，在104个城市组合取得了4.3%的收视率和23.6%的市场份额。《向伟大复兴前进》"直播＋评论＋资料短片"的节目编排方式深入浅出地传递了"国家与个体命运相连"的理念，激发了全国人民的爱国热情。特别是其专业的新闻评论的设置，更容易在舆论引导方面凝聚共识，这也是一些互联网平台所望尘莫及的。

同时，此次国庆阅兵式转播充分发挥了智媒时代传播媒介的多样化优势，多终端跨屏扩展成为传播的一个亮点。优酷、爱奇艺、腾讯视频、芒果TV等网络视频平台均在首屏进行实时转播，并且基于自身的网络平台属性，对相关活动亮点进行了拆条播出，体现了移动互联、多屏传播的渗透力。同时，中央广播电视总台自身也充分利用了微博、微信、客户端的"两微一端"平台，以及抖音、快手等短视频平台，实时发布了数百篇新媒体图文视频稿件，打造了一系列新媒体产品，阅兵式当天的新媒体直播在线观看人次突破 12 亿。除在小屏上的创新尝试外，《此时此刻——共庆新中国 70 华诞》在全国 70 家影院同步直播阅兵式，同时还推出转译的粤语版本和少数民族语言版本，这也是我国电视直播史上首次将 4K 超高清信号引入院线。① 伴随智媒体时代的到来，媒体融合必将进一步加深，重大的新闻事件将实现多维度、立体化的圈层传播。

五、典型新闻节目浅析

新媒体的迅猛发展也为传统媒体带来了新的发展机遇，传统媒体与新媒体互相融合，实现优势互补是一种必然的发展趋势。对于电视新闻节目来说，想在融媒体时代站稳脚跟，就要不断创新节目内容和形式，为受众制作和提供优质的电视新闻节目。

1. 中央广播电视总台《新闻联播》

《新闻联播》被称为"中国政坛的风向标"，其开播于1978年，至今已走过40余个年头，伴随了一代又一代人的成长。该节目每日19:00在中央电视台综合频道和新闻频道并机直播。2019年8月1日，CCTV-7由"军事·农业频道"更名为"国防军事频道"，该节目每日19:00在中央电视台综合频道、新闻频道和国防军事频道并机直播，同时各省级卫视频道和部分地方台同步转播。在不少人的心目中，《新闻联播》是一档权威、严谨而严肃的新闻节目。而在2019年，《新闻联播》也积极地进行多角度创新，与时俱进地构筑了融媒体新生态。

2019年7月开始，《新闻联播》进一步拓展传播渠道，同步推出《主播说

---

① 毛湛文，史赫.融媒体语境下国家庆典的呈现与构建[J].电视研究，2019（11）.

联播》新媒体品牌。《主播说联播》短视频结合了当天节目中的重大新闻和热点新闻,用通俗易懂、年轻化的语言表达,为节目注入了新的能量,引起行业内强烈的反响,也吸引了年轻观众的关注。根据CSM融合媒体数据云平台监测,新闻联播官方抖音号粉丝数超过2500万,1.2亿获赞量,集均点赞量超过100万。新闻联播快手官方账号粉丝数超过3400万。

不仅如此,《新闻联播》在新媒体端的活跃也助推了其在电视大屏的收视。在2019年7月、8月、9月,《新闻联播》收视连续三个月呈现出显著增长态势,在104个城市同时段份额分别达到29%、36%、42%。从《新闻联播》播出时段的观众结构变化来看,2019年7月,4—14岁、15—24岁观众及中高学历观众占比也有一定提升。

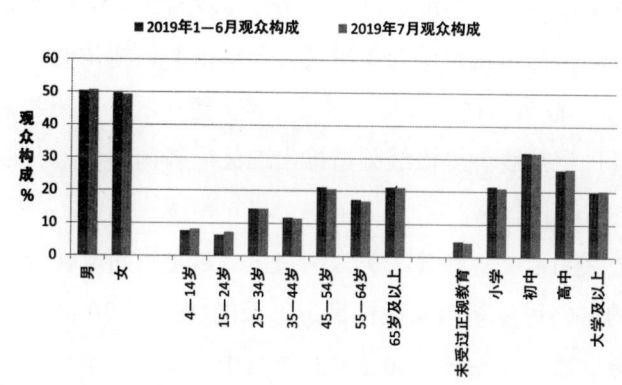

资料来源：CSM媒介研究

图12 《新闻联播》拓展新媒体传播渠道前后观众结构对比

2. 江苏卫视《江苏新时空》

《江苏新时空》开播于2002年,每周一至周日18:30在江苏卫视首播,是江苏时政新闻发布的重要窗口。2019年《江苏新时空》在江苏市场获得了5%的份额,收视率近1%,人均收视总时长达到79分钟,在其他多个城市也获得了明显的增长。《江苏新时空》在电视大屏能够保持优异的收视表现,笔者认为主要与以下两个因素相关:一是重视新闻评论,该节目的新闻不是简单地停留在事实再现上,而是对热点事件进行深度评论,进而增强了新闻的厚度,更好地发挥主流媒体的舆论引导作用;二是秉持关注民生的价值观和视角。作为一档严肃的新闻节目,其逐渐走出宏大叙事的老路,追求平民化、故事化和个性化的趋势明显。传统新闻节目在不断巩固内容权威性的同时,把有意义的新闻做得有意思,是题中应有之义。

3. 贵州广播电视台公共频道《百姓关注》

内容贴近百姓生活的民生新闻素来是省市级地面频道的优势节目类型,贵州广播电视台公共频道《百姓关注》、上海电视台新闻综合频道《新闻报道》、内蒙古电视台新闻综合频道《新闻天天看》、辽宁广播电视台都市频道《新北方》、云南广播电视台都市频道(二套)《大口马牙》等常态新闻节目在本省均有极高的关注度。此外,潮州电视台二套(公共频道)《民生直播室》、襄阳广播电视台综合频道《今日播报》、梅州电视台时政综合频道《民生820》、汕头电视台三套(生活经济频道)《今日视线》及揭阳电视台公共频道《民生热线》等市级频道推出的民生新闻节目也获得了不俗的收视成绩。

以贵州公共频道《百姓关注》为例,该节目是贵州电视台于2005年4月1日正式开播的一档民生新闻直播栏目,每天的18:30—20:00在贵州电视台二套(公共频道)播出。在长达90分钟的节目中,贵州本土民生新闻占据60分钟左右,时效性佳、服务性强,符合本地观众的收看需求。但节目又不拘泥于对新闻素材的收集和报道,还对新闻事件的衍生含义积极进行了分析。其设立的"有一说一"话题讨论,围绕群众关心的社会问题和现象,每天提出一个话题进行讨论,尊重观众的话语权,并在讨论过程中进行正确的舆论引导,大大增加了观众的参与意识。同时,节目还设有《读报》版块,由主持人汇总全国各地报刊精华,附加精彩评论,让观众用最短的时间了解更多的资讯,听到媒体的观点,弥补了众多民生新闻中新闻评述的短板。此外,节目还包含了简短实用的生活、天气资讯,国际新闻等,扩展了新闻资讯面。2019年该节目在贵州获得了高达2%的收视率和9.7%的市场份额。从观众结构来看,女性、35—44岁、55岁及以上和中等学历观众占比更高。

六、结语

新媒体的飞速发展给传统电视新闻节目带来挑战的同时，也带来了新的发展机遇。传统电视新闻节目借助微博、微信、短视频平台等不断扩大声量，进而反哺电视大屏。2020年突如其来的疫情使得"宅"成为年度关键词，这让适合家庭场景收看的电视媒体恰逢其时。而电视新闻节目对疫情现场的及时呈现、信息的权威发布、问题的追责以及群众关切的回应，都使其成为用户最依赖的信息渠道之一。在风云变幻的智媒体时代，传统新闻节目应该不断巩固自身的权威性优势，与时俱进地探索与发挥在融合传播上的独特优势，方能在新时代赢回更多受众资源，实现可持续发展。

（作者供职于央视索福瑞公司）

第五辑
中国新闻业年度观察报告（2020）

研究述评

数字新闻学：一种理论体系的想象与建构

常 江

【摘要】

本文以来自3个国家共84位一线新闻从业者的深度访谈资料为经验基础，通过扎根理论，尝试对"数字新闻学"成为一种新新闻理论体系的现实性和可能性进行探索。研究认为，数字新闻学在四个方面对传统新闻学体系实现了范式性突破：技术在新闻业态中日趋扮演生态性角色；数字新闻从业者的技工化；基于情感网络的新闻业的成型；价值极化和价值虚无成为新闻业的持续性危机。上述突破使得"数字新闻学"作为一个新的理论体系具有了经验和逻辑基础。本文进而从价值内核、核心概念、研究实践和批判理论四个方面，尝试建构数字新闻学理论体系的具体维度。

【关键词】

新闻学　数字新闻　新闻理论　新闻研究

一、引言：从数字新闻到数字新闻学

数字技术的迅猛发展不但为新闻业培育了新的生产理念和实践模式，也给新闻研究和新闻教育的未来带来了空前的不确定性。一方面，支撑传统新闻理论体系的核心概念框架（conceptual frameworks）在新技术的冲击下逐渐失效，"真实""客观""专业主义"等新闻学"元话语"（meta-discourse）的合法性开始受到实践者、研究者和用户的质疑，这导致新闻研究出现了"对象发生本质变化"的危机。①另一方面，数字技术催生的信息类自媒体的崛起和机构媒体的衰落，也在一定程度上削弱了新闻业在社会结构和社会变迁中的重要性，给新闻学带来了学科地位边缘化的危机②。

针对上述危机的种种表现及其背后的文化逻辑，从2010年前后开始，国际新闻研究学界展开了持续的讨论。这些讨论中，有些围绕着新型新闻生产模式和新闻业的新社会角色对理论研究提出的新要求展开，尝试对新闻学的学术体系做出研究方式上的调整，以适应新的技术和行业环境；③有些则从新闻学学术发展的宏大脉络出发，认定数字技术给新闻研究的理论体系带来的影响超越简单的符号或工具层面，需要学界对新闻学进行"重新概念化"④，甚至尝试去界定新闻理论自规范（normative）、经验主义（empirical）、社会学（sociological）和全球比较（global-comparative）等主导范式之后出现的新范式。⑤数字新闻理论化领域最重要的学术期刊《数字新闻学》（Digital Journalism）在2015年专门出版了题为《数字时代的新闻学理论》（Theories of Journalism in a Digital Age）的特刊，将学界对这一问题的思考进行了归纳与聚合。

尽管上述两种数字新闻研究的理论化路径在性质上存在类似"改良"和"革命"的差异，但这无碍于一个事实，即数字化浪潮及其急速放大的技术驱动力在新闻生产和新闻业形态中的显著性，客观上令业已近半个世纪没

---

① Broersma, M. J., Peter, C..Rethinking Journalism: The Structural Transformation of a Public Dood[M]//Peters, C. & Broersma, M. J. (eds.). Rethinking Journalism: Trust and Participation in a Transformed News Landscape . Oxon: Routledge, 2013:1-12.

② Blumler, J. G. & Cushion, S..Normative perspectives on journalism studies: Stock-taking and future directions[J]. Journalism, 2014, 15(3):259-272.

③ Domingo, D., Masip, P. & Meijer, I. C..Tracing Digital News Work: Towards an integrated framework of the dynamics of news production, circulation and use[J]. Digital Journalism, 2015, 3(1):53-67. ; Lewis, S. C., Westlund, O..Actors, actants, audiences, and activities in cross-media news work: A matrix and a research agenda[J]. Digital Journalism, 2015, 3(1):19-37. ; Primo, A., Zago, G..Who and what do journalism? An actor-network perspective[J]. Digital Journalism, 2015, 3(1):38-52.

④ C. W. Anderson.. Journalistic Networks and the Diffusion of Local News: The Brief, Happy News Life of the "Francisville Four"[J]. Political Communication, 2010, 27(3):289-309.

⑤ Steensen, S., Ahva, L. Theories of journalism in a digital age: An exploration and introduction[J]. Digital Journalism, 2015, 3(1):1-18.

有实质发展的新闻理论研究焕发了新的青春。在新闻学领域，或许从未如此密集地"诞生"新概念：新闻生态系统（news ecosystem）[①]、网络化新闻（networked journalism）[②]、环绕新闻（ambient journalism）[③]……这些尝试为新闻学建立新概念框架的努力固然有相当一部分止步于对新的学科话语体系的"表达"，却也以一种近乎头脑风暴的方式，"迫使"新闻研究者从对新闻实践热点现象的追逐，转向对新闻学自身的理论范式和学科体系的反思。

受历史进程和社会结构的影响，新闻实践和新闻行业始终是易变的，但"理论体系"或"学科体系"则必须要具有某种程度上的"超语境"的稳定性。在教育学家Gary Thomas看来，自洽的社会科学理论体系通常需要具备如下三个属性：（1）主要用于发现事实而非达成目标（后者通常属于"实践"）；（2）通常由知识体系（body of knowledge）和阐释模型（explanatory models）构成；（3）以中性的方式协调不同价值体系的关系。[④]这一针对理论体系而非具体理论本身的认知框架可以作为我们后续思考的基础。因此，我们要回答的问题是：假如我们认可数字技术环境下新闻研究路径的上述转变是范式性的，并呼唤一个新的学科体系的诞生，亦即，我们假设"数字新闻学"（digital journalism）有可能指涉一个有别于那种基于特定类型社会机构共通专业实践的、奉客观主义为圭臬的传统新闻理论体系，那么，这种"新新闻学"包含哪些关于"新闻"和"新闻业"的新的事实？它的知识体系和阐释模型如何体现？它又是否具有协调不同价值体系之间关系的可能性？只有完全（或在相当程度上）回答了这些问题，我们才能够真正理解"数字新闻学"的本质究竟是什么。

[①] Anderson, C. W. News ecosystems. In Witschge, T., Anderson, C. W., Domingo, D. & Hermida, A. (eds.). The SAGE Handbook of Digital Journalism [M]. London: Sage, 2016:410-423.
[②] Russell, A.. Networked: A Contemporary History of News in Transition[M]. Cambridge, MA: Polity Press, 2011.
[③] Hermida, A.. Twittering the news: The emergence of ambient journalism[J]. Journalism Practice, 2010, 4(3):297-308.
[④] Thomas, G.. Education and Theory: Strangers in Paradigms[M]. Maidenhead, UK: Open University Press, 2007.

二、研究设计：扎根理论

本文尝试采用具有扎根理论色彩的质化研究方法，通过对正在经历数字化转型的新闻从业者的一手职业经验的解读，"自下而上"地归纳"数字新闻/数字新闻业"在日常新闻实践中的意义指涉，并据此判断建立在上述意指实践基础上、作为学科体系的"数字新闻学"的理论潜能和构成维度。

2016年2月至2017年12月，针对不同的研究议题，本文作者对英国、美国、瑞士3个国家共84位一线新闻从业者进行了半结构或无结构的深度访谈。这些从业者分别来自17家新闻机构，其中既包括《纽约时报》、《华盛顿邮报》、美联社、英国广播公司（BBC）、瑞士法语广播电视公司（RTS）等正在进行数字转型的老牌新闻机构，也包括ProPublica、Slate、美国在线等代表性数字新闻机构（见表1）。由于受到客观条件的限制，有一部分访谈是通过即时通信软件Skype以远程视频的方式完成的，还有一部分是通过电子邮件进行的书面采访。绝大部分访谈以英语完成，一小部分访谈则是通过法语的电子邮件通信完成的。之所以选择在上述欧美国家展开研究，一方面是因为这三个国家的新闻业均在数字化转型领域取得了显著的成就，在全球数字新闻生态的形成过程中具有代表性；另一方面是因为其传统的商营传媒体制能够为我们提供更充分的空间去理解数字技术相对独立发挥作用的方式。

表1 访谈对象基本信息

编号	时间	新闻机构/用户	国别	人数
001—002	2016.2—4	新闻网（Le News）	瑞士	2
003—005		早报（Le Matin）	瑞士	3
006—008		展望报（Blick）	瑞士	3
009—010		信使报（Le Courrier）	瑞士	2
011—012		瑞士法语广播电视公司（RTS）	瑞士	2
013		本地新闻网（The Local）	瑞士	1
014—022	2016.6	瑞士世界电台（WRS）	瑞士	9
023—027		日内瓦城市电台（RCG）	瑞士	5

续表

028—032	2016.7—8	爱丁堡晚新闻（Edinburgh Evening News）	英国	5
033—041		早报（Le Matin）	瑞士	9
042—050	2017.1—10	美国在线新闻频道（AOL News）	美国	9
051—057		Slate	美国	7
058—059		美联社（AP）	美国	2
060—062		纽约时报（The New York Times）	美国	3
063		洛杉矶时报（Los Angeles Times）	美国	1
064—065	2017.8—12	华盛顿邮报（Washington Post）	美国	2
066—068		ProPublica	美国	3
069—072		天空电视台（Sky）	英国	4
073—077		英国广播公司（BBC）	英国	5
078—084		瑞士法语广播电视公司（RTS）	瑞士	7

这些专项研究旨在帮助我们理解身处新闻业数字化变迁前沿地带的行动者对数字技术加诸新闻生产实践和新闻行业结构的影响的认知，以及（基于不同媒介的）新闻机构从业者的专业理念和生产模式与数字技术可供性之间的关系。目前已形成一些阶段性成果发表。然而，在具体的研究过程中，笔者也得以较为清晰地看到这些一线从业者对数字技术冲击下的新闻行业进行重新概念化（re-conceptualization）的过程，这为我们去"想象"一种体系化的数字新闻学理论提供了经验依据。新闻学作为一个学科的独特性，在很大程度上体现于它跟新闻行业实践之间的紧密的话语互构关系[1]，这就使得从从业者的行业认知经验出发去展开新闻理论体系探析工作具有天然的合法性。正是由于这个原因，本项研究在很大程度上是依文化研究（cultural studies）的路径和规范完成的，其基本逻辑就是"聆听他者的日常声音，解释其在地的创造力"[2]。

---

[1] Zelizer, B.. Taking journalism seriously: News and the academy[M]. Thousand Oaks, CA: Sage Publications, 2004.

[2] Burgess, J.. Hearing Ordinary Voices: Cultural Studies, Vernacular Creativity and Digital Storytelling[J]. Continuum: Journal of Media & Cultural Studies, 2006,20(2):201-214.

实际上，新闻学和文化研究之间一直存在着某种难以调和的"不兼容性"。在Zelizer看来，这是由于传统新闻学根深蒂固的客观主义基础（她用God-terms来形容），亦即新闻学对事实（facts）、真相（truth）和现实（reality）等概念的合法性的不言自明的认同，在本质上是与文化研究对主体性（subjectivity）的强调以及建构主义（constructivist）的理论化路径相矛盾的。①但以Hartley为代表的一些文化研究领域的学者则认为，新闻学鲜明的民主价值取向与文化研究有共通之处，文化研究路径下的新闻研究对新闻的消费过程和社会影响的强调可以强化新闻学作为一个学科的正当性——他进而提出"作为人权的新闻学"（journalism as a human right）这一理念。②但本文认为，或许正是因为新闻学和文化研究之间存在的上述张力，文化研究的路径对于我们尝试"跳出"传统新闻学体系的框架去想象一种（可能是全新的）数字新闻学理论体系的努力才有着独特的方法论价值：它对主体性的强调和鲜明的建构主义色彩可令我们获知数字时代新闻从业者尝试突破旧式专业主义约束的能动性，它（与新闻学所共享的）坚定的民主价值追求则令我们在对数字新闻学理论体系的探索中始终立足于新闻学相对于其他社会科学的独特价值。

具体而言，本文作者遵照扎根理论研究资料登录和分析的一般程序，通过对这些访谈资料的重新整理和三级编码（限于篇幅，不一一罗列），最终提炼出六个主范畴概念：生态（ecology/ecological）、内容生产（content production）、责任（responsibility）、情感（affect/affective）、价值（value）、重建（reestablish/rebuild）。这六个概念又可进一步依照意义的接近性而形成四个话语构型（discursive formation）。结合具体的访谈资料，笔者尝试对其相关话语做出文化主位意义上的解读，并据此理解作为理论体系的"数字新闻学"的合法性和构成问题。

---

① Zelizer, B.. When facts, truth, and reality are God - terms: On journalism's uneasy place in cultural studies[J]. Communication and Critical/Cultural Studies, 2006, 1(1):100-119.

② Hartley, J.. Journalism as a human right: The cultural approach to journalism[M]//Loffelholz, M. & Weaver, D. (eds.). Global Journalism Research: Theories, Methods, Findings, Future. New York: Blackwell Publishing, 2008:39-51.

三、研究发现

（一）数字技术的生态性角色

经扎根理论获得的第一个主范畴概念是"生态"。从访谈资料来看，当下的新闻从业者较为普遍地认为数字技术在新闻生产实践和新闻业的结构转型中扮演的角色是生态性的（ecological），而非工具性的（instrumental）。这在一定程度上验证了Anderson（2016）、Primo & Zago（2015）以及Kammer（2013）等学者的判断。[①]

所谓数字技术的生态性角色，意指数字化进程所改变的不仅仅是新闻和新闻业的外部形态，更有其内在运转的逻辑和机理。这在有些情况下意味着某些在传统新闻学体系中不言自明的命题，在数字新闻学体系下部分或全部地失去了合法性。例如，对瑞士五家新闻机构的13位可视化（visualization）编辑的深度访谈显示，这些在新闻业数字化转型中出现的新的新闻工作岗位对于"真实性"的理解与传统的编辑和记者十分不同：一方面，受访者普遍认为新闻真实未必是一种"本质的"属性，而更多的是一个可操作性的概念，这体现了数据科学的逻辑与人文主义、客观主义的传统新闻理念在认识论上的根本分歧；另一方面，由于缺乏对传统新闻真实观的信仰，数字技术相关岗位的从业者对新闻失实的态度也较为宽容，且普遍认可新闻真实可以在"过程"中实现。此外，在访谈中也发现数字新闻从业者对"客观""专业主义"等概念的理解，也与传统新闻学体系有较大的不同。

不过，数字技术扮演生态性角色的事实并不意味着我们应该将数字技术对传统新闻业的影响视为一种单方面的"入侵"或"改造"，因为原来的新闻业所依存的媒介（技术）形态会依自身的"传统"与新的技术话语进行

---

① Anderson, C. W. News ecosystems. In Witschge, T., Anderson, C. W., Domingo, D. & Hermida, A. (eds.). The SAGE Handbook of Digital Journalism [M]. London: Sage, 2016:410-423. ; Primo, A., Zago, G..Who and what do journalism? An actor-network perspective[J]. Digital Journalism, 2015, 3(1):38-52.; Kammer, A..The mediatization of journalism[J]. MediaKultur: Journal of Media and Communication Research, 2013, 29(54):141-158.

各种类型的协商，令这种生态性变化以较为平稳的方式实现。例如，研究发现，报纸、电视、广播和第一代网站的新闻从业者在接纳新技术的态度和方式上存在着明显的差异：电视新闻编辑室的生态变化过程总体上较为稳定，这是因为在历史中获取了"强势"地位的媒介（如电视）往往比相对弱势的媒介（如广播和报纸）更有能力对各种类型的新技术的逻辑进行整合，以保持传统的延续。①本文作者对英国爱丁堡和瑞士日内瓦两家英文区域性报纸从业者的访谈则显示，数字技术对报纸新闻的专业生态的改变几乎是颠覆性的：原有的那种带有鲜明的社区服务意识和精英主义成色的报纸新闻专业文化，正在不断转型为一种原子化、程式化的新兴文化，日趋具有价值中立、去个性化和民粹主义色彩。

需要强调的是，理解数字技术在新闻生产和新闻业转型中的生态性角色，并不意味着我们要以一种技术乌托邦主义（techno-utopianism）的思维方式去对数字技术进行理论化。传统新闻从业者基于不同媒介平台的技术—文化属性形成的身份认同和群体心理具有强大的惯性和生命力。将报纸新闻、电视新闻、广播新闻等传统新闻样式依新的技术逻辑统合为可被一体化解释的"数字新闻"，还有很长的路要走。

（二）新闻生产主体的技工化

经扎根理论所获得的第二组主范畴概念是"内容生产"和"责任"，这显然是与新闻生产主体（新闻从业者）的职业身份和自我认同密切相关的。从对相关访谈资料的分析可知：在数字技术的影响下，新闻从业者职业身份认同的人文属性明显削弱，科学属性则显著强化，"自由"在新闻职业内涵的构成中渐渐隐退，对一种共享的"责任"的追求正在组织新的新闻职业身份。

上述判断，在很大程度上是通过对来自传统媒体从业者和数字媒体从业

---

① Evans, E. et al.. Building digital estates: Multiscreening, technology management and ephemeral television[J]. Critical Studies in Television: The International Journal of Television Studies, 2017, 12(2):191-205.

者（尽管两者的界限并不那么明晰）的资料进行比较分析得出的。传统媒体的媒介属性的确会依自身的特征对数字技术的生态性影响进行适应、消解乃至改造，致令供职于不同媒介的新闻从业者的职业身份的数字化转型呈现为不尽相同的形态。例如，作为"弱势"媒介的电台广播，反而在过往半个多世纪边缘地位中形成了一种"强媒介属性"文化，这意味着广播新闻从业者的身份认同结构中，"广播"（媒介）的成色远远高于"新闻"（行业）的成色，因此其成员的职业身份认同的数字化转型就十分顺畅。相比之下，电视新闻从业者由于长期供职于"电视"这一强势媒体，数字技术的影响在其日常职业身份认同中便呈现出一种相对审慎的状态，"数字"的话语也更难实现对"新闻"话语的改造，因此电视新闻从业者的传统职业身份认同在所有媒介形态中最为稳定。但无论体现为何种方式和态势，在访谈中都可明确发现"新闻从业者"作为一个职业化群体的自我认知模式的变化："新闻"的话语或渐进，或迅速地被吸纳进"数字"的话语，越来越多的新闻从业者接受"内容生产者"这一技工化（当然，也更中性化）的身份标签，并日趋习惯于以实用（如传播效果）而非价值（如新闻专业性）维度的标准来评判自己的工作。

上述发现，其实与一些欧美学者对新闻从业者的"职业化"和"去职业化"的话语冲突的考察有相近之处。①这些研究尽管从不同维度归纳了新闻媒介的数字化对从业者的职业认同所产生的影响，却几乎未触及这种认同行为在文化逻辑层面发生的变化。本文认为，这种变化集中体现在：传统新闻职业认同以"客观/专业主义"和"自由/自主性"为核心概念的话语体系，正在逐渐被一种以"责任/公共服务使命"和"克制/道德标准"为核心概念的话语体系所取代。这是由于，随着新闻职业自身在数字化的过程中逐渐强化媒介（科学）属性、弱化新闻（人文）属性，原本附加在传统新闻学体系上的种种不言自明的道德要求就不可避免要被稀释，因此对社会责任和更高伦理标

---

① Comor, E., Compton, J..Journalistic Labor and Technological Fetishism[J]. Political Economy of Communication, 2015, 3(2):74-87. ; Revers, M. Journalistic professionalism as performance and boundary work: Source relations at the state house[J]. Journalism, 2014, 15(1):37-52. ; Witschge, T., Nygren, G.. Journalistic Work: A Profession Under Pressure?[J].Journal of Media Business Studies, 2009, 6(1):37-59.

准的追求这一行为本身,就成为数字新闻从业者将自己的职业身份与其他职业身份区分开来的重要依据——数字新闻从业者对职业身份的认同,在本质上是一个道德重申(ethical reaffirmation)的过程。这一点,无论在《纽约时报》《华盛顿邮报》等老牌精英媒体的从业者,还是ProPublica、Slate这样的新兴数字媒体从业者中,都有广泛的共识。

需要注意的是,本文用"技工化"这样的表述,并不包含对这种新的职业身份模式的贬低意味。这种新的身份,一方面要求新闻行业建立比以往更具标准化和可操作性的从业规范,另一方面也巩固了新闻作为公共文化的社会责任和伦理要求。正如Tait所指出的:新闻业对当下事务的守望将日益被视为一种道德责任,新闻用户正是通过新闻从业者的这种身份认知来摆脱传统新闻体系下的"窥视者"定位、获得参与新闻过程的主体性的。①

(三)基于情感网络的新闻业

经扎根理论获得的第三组主范畴概念以"情感"为核心。通过对相关访谈资料的整理和分析,我们可以得出如下结论:数字新闻业的信息/知识传播过程,是建立在生产者、传播者和接受者之间的情感网络(affective networks)之上的。这也就意味着,在对数字新闻的传播和接受过程进行理解时,我们要超越信息论、系统论和控制论的思维框架,将人的情感劳动(affective labor),以及这种劳动的激进化(radicalization)功能纳入考量。

上述结论的得出固然首要基于对原始质化资料的扎根理论分析,但也受到了近年来传播学领域对情感公众(affective publics)、网络化公众(networked publics)等新型信息网络研究的启发。比如,Papacharissi对热点事件的社交媒体传播过程进行大数据分析,发现数字新闻用户普遍具有一种"为其语义学本能(semantic nature)建立能动性"的行为模式,这种能动性往往成为普通新闻用户的叙事驱动力,令其与外部世界发生关联;而以社交

---

① Tait, S.. Bearing witness, journalism and moral responsibility[J]. Media Culture & Society, 2011, 33(8):1220-1235.

媒体为代表的数字信息平台的可供性则使这一能动性的实现成为可能。①这一观点使我们得以超越传统的（工具）理性框架，从（情感）本能的角度去理解数字新闻传播的网络：数字化的新闻传播模式是否在一定程度上源于生物的因素而不仅仅是社会的因素？

访谈资料在多个维度上印证了新闻传播的情感网络在数字环境下的存在和影响。例如，在针对美联社、《洛杉矶时报》、《纽约时报》等五家新闻机构的新闻编辑的访谈中我们可以发现，新闻机构对算法的使用以及围绕着聚合（aggregation）机制形成的编辑室文化，越来越注重新闻生产过程对流行情感的把握。这种把握并不一定体现为"迎合"或"操纵"，而是要求新闻从业者日益将人的情感需求有机融入自己的日常生产实践。而针对瑞士本地两家数字化转型相当成功的广播电台（瑞士世界电台和日内瓦城市电台）的研究，也表明相当数量的传统媒体从业者是通过与自己想象中的数字新闻用户建立一种共同情感网络的方式来完成这一转型的。在很多受访者看来，未来合格的新闻从业者应当拥有积极（positive）、敏感（sensitive）、共情（empathetic）等品质，这些"自我期望"显然都是情感维度上的，体现了正在经历数字化浪潮的新闻从业者对新的信息网络的准确认识。

新闻业的情感网络的本质，是以某些人类共通的情感需求去组织新闻的生产和传播过程。此处的情感（affect）并非理性（reason）的对立面，而是有别于理性，尤其是工具理性的一种思维方式和能动性。比如，在新闻选择中，越来越多的从业者认为应当立足于大多数人所关切的社会问题寻找选题，而不是一味遵照固化的新闻价值标准——新闻从业者应当和用户共同决定新闻的形态。再如，也有越来越多的新闻从业者开始系统性、批判性地思考新闻的叙事（narrative）问题，他们比以前更重视"讲故事"这一行为本身所附加的情感能量，并积极探索各种类型的新闻文体在信息传达中的效能问题。

新闻业的信息网络的上述"情感转向"实际上也是数字技术对新闻业

---

① Papacharissi, Z.. Affective Publics: Sentiment, Technology, and Politics[M]. New York: Oxford University Press, 2015:135-136.

的生态性影响的一个具体表现：基于其自身的可供性，数字技术实际上为新闻业"制造"了一种新的"行动者—网络"[①]。在这样的生态转型中，新闻从业者和新闻用户之间的情感关联变得比以往更强，新闻的叙事和语言甚至比新闻事实本身更好地在这一网络中的行动者之间建立其情感的纽带。同时，这一情感网络的形成也在很大程度上解构了传统新闻学体系对"客观—主观""感性—理性"这样过于简单的二分法的强调。[②]

（四）数字新闻业的价值危机

经扎根理论获得的第四组主范畴概念是"价值"和"重建"。与之相关的原始访谈资料主要集中在受访者对数字时代新闻业的行业危机的理解和应对策略上。对此，我们可以得出如下结论：在数字技术带来的新行业生态下，新闻业的持续性危机正在由"不存在的纯粹客观性"[③]转变为技术乌托邦主义导致的价值极化（the polarization of values）或价值虚无，因此数字新闻业应当持续不断对新闻业的民主和公共性价值进行重申、重建。

数字技术对传统新闻行业的改造，在很大程度上导致了民主性和公共性新闻文化的衰落，这在很多受访者看来是整个行业过于迷信技术力量、缺乏反思、疏于伦理体系建设的后果。一方面，技术的狂飙突进带来了整个行业对效能的崇拜，致令新闻生产日益受短期效益目标的驱动，不再追求长远、宏观的总体社会价值，这导致了新闻作为一种"文化"在社会变迁版图中的琐碎化。另一方面，数字技术的掌控者（主要为跨国高科技公司）出于追逐利润的需要，不断通过资本的（如收购、兼并新闻机构）或文化的（如制造各种科技"神话"）手段去引导信息生产与流通领域的技术崇拜倾向，这又进一步压缩了公共性理念在新闻业的合法性空间。结果就是，"新闻的非民

[①] Primo, A., Zago, G..Who and what do journalism? An actor-network perspective[J]. Digital Journalism, 2015,3(1):38-52.

[②] Papacharissi, Z..Toward new journalism(s): Affective news, hybridity, and liminal spaces[J]. Journalism Studies, 2014, 16(1):27-40. ; Wahl-Jorgenson, K.. Subjectivity and story-telling in journalism: Examining expressions of affect, judgement and appreciation in Pulitzer Prize-winning stories[J]. Journalism Studies, 2013, 14(3):305-320.

[③] Schudson, M.. The objectivity norm in American journalism[J]. Journalism, 2001, 2(2):149-170.

主化"（de-democratizing the news）成为全球性潮流，①"新闻机构不再将自身的公信力视为最高追求，也从未真正利用技术给生产各环节带来透明性……这导致了新闻业（对公共性议题）的冷漠"②。

围绕着"价值重建"这一话语，访谈资料呈现出高度一致的结构。比如，来自美国在线和Slate两个新闻网站的受访者普遍认为，社交媒体的崛起实际上破坏了第一代门户网站通过超链接系统营造的信息民主氛围，且鼓励新闻用户以自己独特的生活经验去理解和阐发新闻的意义，这就导致了整个社会无法就重大公共事件形成共识；而在互联网平台对流量（以及背后的商业利润）的追逐中，具有非逻辑性特点的个体经验又很容易体现出情绪化色彩，导致话语的"暴政"。再如，笔者在瑞士一家地方新闻网站展开的田野研究也显示，新闻机构对聚合服务的引入使得"路径锚定"在新闻生产中的重要性大大超过了传统新闻编辑体系的把关机制，这也就意味着能否迅速满足用户最直接的需求成为关乎数字新闻机构存亡的大问题。在这种情况下，某些被证明具有更好"数字流通性"的新闻被大批量生产和重复推送，从而导致传统新闻行业生态下读者和新闻之间的批判性距离（critical distance）被破坏殆尽，数字新闻业沦为"内容农场"甚至"数字血汗工厂"。③

总体而言，在笔者所访谈的80余位新闻从业者中，绝大部分都以不同的方式表达了自己对传统新闻业"不言自明"的价值追求的认同。尽管有学者指出，即使在"前数字"时代，"怀旧"（nostalgia）也始终都是新闻从业者在面对行业变动时所采取的最主要的集体情感策略，④但这一策略在数字技术带来的新生态下所具有的生命力，仍令人感慨传统新闻学体系在塑造价值认同上的成功。如果说"数字新闻学"是作为"传统新闻学"的承续者存在和

---

① Fenton, N..De-Democratizing the News? News Media and the Structural Practices of Journalism[M]//Siapera, E. & Veglis, A. (eds.). Handbook of Global Online Journalism. London: John Wiley & Sons, 2012:119-134.

② Domingo, D., Heikkilä, H..Media accountability practices in online news media[M]//Siapera, E. & Veglis, A. (eds.). Handbook of Global Online Journalism. London: John Wiley & Sons, 2012:272-289.

③ Bakker, P.. Aggregation, content farms and Huffinization: The rise of low-pay and no-pay journalism[J]. Journalism Practice, 2012, 6(5-6):627-637.

④ Frith, S., Peter, S.. Becoming a journalist[J]. Journalism education and journalism culture. Journalism, 2007, 8(2):137-164.

发展的话，那么前者对后者的继承性或许主要就体现在其对"理想型价值体系"的持续追求。两种新闻学赖以存在的价值体系或许有不尽相同的内涵，但它们共同反对承认价值极化或价值虚无在这个学科体系中的合法性。找寻或重建明确的价值目标，决定了我们对数字新闻学体系的想象或建构始终不能放弃对新闻学的规范性（normative）理论基因的坚守。

四、结论与讨论：数字新闻学体系想象

本文以在英国、美国、瑞士三国新闻机构展开的深度访谈所获资料为经验基础，通过扎根理论，尝试对"数字新闻学"成为一个理论体系的现实性和可能性进行理论化。研究认为，数字新闻学在四个方面对传统新闻学体系实现了继承性突破：技术在新闻业态中日趋扮演生态性角色；数字新闻从业者的技工化；基于情感网络的新闻业的成型；价值极化和价值虚无成为新闻业的持续性危机。这表明，数字新闻业无论在形态构成上还是逻辑内核上，均与传统新闻业存在"范式的"差异。这种差异使得"数字新闻学"作为一个新的理论体系拥有明确的现实依据。

为了对关于这一理论体系的上述想象的合理性进行验证，我们不妨回到引言部分依Thomas的社会科学理论评析框架提出的三个问题。第一，数字新闻学是否包含着关于新闻和新闻业的新的事实？答案显然是肯定的。经扎根理论，我们看到了数字生态下新闻从业者的身份认同和新闻信息网络的构成均与"前数字"时代有本质的不同，这种不同既是关于研究对象（新闻和新闻业）的新的事实，也是我们进行整个学科的重新理论化的认知基础。第二，数字新闻学是否同时提供了关于新闻（业）的知识体系和阐释模型？答案也是肯定的。我们已经看到新闻生产机制、新闻业相关的人与机构关系的构成，以及宏观意义上的新闻的社会价值指涉所呈现出的新特征，这些新特征本身就构成了数字新闻学的知识体系，而它所阐发的分析框架就是：从媒介生态的角度去理解技术与新闻和新闻行业之间的关系，我们对新闻的分析也须日益走向一种"技术—文化"共生论。第三，数字新闻学有否协调新闻

业内不同价值体系之间关系的可能性？这是一个我们无法通过扎根理论来回答的问题，因为它要界定的是一种仍在剧烈变动的状态。但正如前文所指出的：假若我们认可新闻学作为一个社会科学学科的独特性部分地体现在它毫不含糊的民主性和公共性价值旨归，那么实际上我们就是要通过规范理论建构的方式来对这个问题做出回答。

基于此，本文认为"数字新闻学"具备成为一种新的新闻研究范式和新闻学学科体系的基本条件。具体而言，本文认为我们对于这个正在逐渐成型并有着可期未来的"新新闻学"体系的建构，应当从如下四个维度展开。

（1）价值内核：数字新闻学应当具有鲜明的规范理论（normative theory）色彩，它在价值层面应当坚持并发扬大众新闻业自19世纪上半叶诞生以来一直致力于追求的民主及公共性价值。研究者和从业者应当对这种价值在数字生态下所面临的危机有清醒的认识和充分的反思，并致力于通过完善学术建制（如改革新闻学院课程体系）的方式，为这一规范性价值内核赋予完整的、合乎逻辑的话语形式。

（2）核心概念：既然数字技术对于新闻和新闻业的影响是生态性的，那么数字新闻学在某种程度上必然是一种特殊形式的媒介生态学（media ecology）。在新的学科体系里，与数字技术相关的本体论和认识论的概念（如技术可供性、媒介化、行动者—网络、情感公众等）应当占据体系的核心地位；而我们对于新闻的叙事、形态、传播路径、接受方式的理论化，也应当建立在上述核心概念体系的基础上。

（3）研究实践：数字新闻学的具体研究实践须有别于传统新闻学对新闻文体、新闻价值、新闻专业主义和新闻的社会责任等议题的优先化（prioritization），而应当立足于"数字新闻生态"这一新的"问题域"，探讨跨媒体新闻叙事的机制、新闻内容及文化的媒介化、新闻产消主体和新闻机构之间的信息/情感网络，以及新闻自身作为媒介化力量影响社会进程的方式。实际上，这些新的研究议题都指向以"作为媒介的新闻"这一生态性思路，取代"作为文本的新闻""作为机构的新闻""作为社会信息生产部门的新闻"等工具性思路，来引领未来的新闻学研究。

（4）批判理论：承认数字技术的生态性影响并不意味着要无条件拥抱这种技术本身所具有的文化和政治偏向。既然技术乌托邦主义是数字新闻业即将面临的持续性价值危机的根源，那么数字新闻学作为理论体系的批判性面向，也应当持续关注民主和公共性的价值元素在新闻生产和消费环节的流失现象及其成因，同时在各种类型的研究实践中坚持对于新闻信息环境下的价值极化和价值虚无倾向的批判性考察。

当然，本文只是一项文化研究路径下、基于欧美行业经验的探索性研究。本文所要尝试回答的问题，需要来自更加多元的社会语境的经验资料的支持，也呼唤不同视角下的理论化路径的共同参与。一个学科体系的确立既需要该学科的相关行动者（既包括研究者也包括实践者）有较为一致的价值认同，也需要我们在不断的经验研究和理论化工作中进行大胆的想象和缜密的建构。这项工作不但关乎新闻学作为一个学科在社会进步中的角色和重要性，也关乎新闻业这一古老而新锐的行业究竟该如何在变动之中履行其对历史做出的最初的承诺。

（作者系深圳大学传播学院特聘教授）

2019年全球新闻业研究趋势：深度拓展之年

方可成　贾宸琰

【摘要】

本文通过梳理2019年新闻业研究的趋势，将2019年总结为学术上的深度拓展之年。从新闻传播学顶尖国际期刊上发表的新闻学研究论文可以看出：其一，即将来临的2020年美国总统大选让媒介效果研究再次迎来一波热潮。诸多学者通过机器学习、大数据等计算机方法，让议程设置等经典理论得到了进一步的深化。其二，学者们对算法和人工智能的研究及批判更为深入，尤其是对算法的偏向性和客观性做了进一步的探讨，甚至开始思考机器自动写作的新闻如果存在失实和诽谤等现象，是否要负法律责任。其三，学者们对于数字时代下的新闻业研究，也进行了追根溯源的深度反思，重新思考新闻业和科技的关系、新闻业与变革的关系等。

【关键词】

deepfakes　媒体效果研究　数字新闻学　算法　议程设置

2019年的全球新闻业研究趋势可以用一个词概括：深度。随着deep learning（深度学习）、deepfakes（人工智能造假技术）等新兴词汇的涌现，新闻业研究也在诸多方面进行了深度拓展。以下，我们综述了2019年出版的部分新闻学研究论文和著作，包括在 Journalism、Journalism & Mass Communication Quarterly、Digital Journalism、Journalism Studies、Columbia Journalism Review 等新闻学顶尖国际期刊上发表的论文，重要的工作论文（working papers），以及重要的学术著作，并试图将2019年的新闻业研究趋

势总结为：深度拓展之年。

一、媒体效果研究传统理论的深度拓展

随着2020美国总统大选年的临近，媒介效果（media effects）研究再次迎来一波热潮。不少学者把目光投向数字时代下媒体的议程设置能力等议题，并利用新的研究方法和数据进一步拓展了相关传统理论的深度。

议程设置理论（agenda-setting）即将迎来50周年。这一经典的媒体效果理论由美国传播学家Max McCombs和Donald Shaw于1972年提出。2019年，一篇刊载于 Journalism & Mass Communication Quarterly 的论文对1972年至2015年的67篇议程设置研究进行了元分析（meta-analysis），分析结果显示67项研究的发现具备一致性，再次证明了媒体设置公共议程的能力。①

波士顿大学学者Lei Guo曾与议程设置理论的奠基人Max McCombs一起提出"第三层议程设置"（也即网络议程设置，network agenda setting）理论。2019年，她的一项发布于 Journalism Studies 的新研究基于媒体间议程设置（intermedia agenda setting）理论，使用计算机分析法（computational analysis）对中国的在线新闻进行研究。研究内容包括了291个媒体上的33875篇中国的两会报道，数据量很大。研究发现，商业新闻网站在报道两会新闻时呈现出更多的议程多样性，而且商业新闻网站和官方新闻网站的议程存在相互影响——这表明，中国的新闻媒体虽然处于管控之中，但并非完全由官方话语垄断。②

Edy和Meirick在专注于议程设置理论的期刊 The Agenda Setting Journal 上讨论了为何关于新闻的议程设置拓宽了公共议程。这项研究使用了2013年来自美国德州大学奥斯汀分校的Policy Agendas Project的数据集以及Gallup

---

① Luo, Y., Burley, H., Moe, A. & Sui, M.. A Meta-Analysis of News Media's Public Agenda-Setting Effects, 1972-2015[J]. Journalism & Mass Communication Quarterly, 2019, 96(1):150-172.
② Guo, L.. Media Agenda Diversity and Intermedia Agenda Setting in a Controlled Media Environment: A Computational Analysis of China's Online News[J]. Journalism Studies, 2019, 20(16):2460-2477.

的数据集。研究发现1968年至2010年，广播领域的议程设置效果正在逐渐拓宽公共领域的议程，而非使其聚焦。①另一项发表于同一期刊的研究则探讨了议程设置理论在碎片化时代面临的新挑战。②Brosius等研究者提出用"扩散"（diffusion）这一概念去研究议程设置效果。具体而言，相关程度（relevance）可以通过用户对一项新闻产品的点击量、点赞量和分享数进行测量。而反过来，这样的相关性也会影响其他人对新闻产品重要性的评价。这种扩散的过程最终会导致共享的议程（shared agenda）并持续对整个在线社区产生修正和更新的作用。

除议程设置理论的相关效果研究之外，把关人（gatekeeping）理论也有新的发展。以前，媒体在自己的报纸、节目或网站上做信息把关。现在，除此之外，它们还需要在社交媒体上做进一步的信息把关——通过在Twitter等平台上发布消息，他们可以进一步将受众引导向特定的内容，并可以与受众展开互动和讨论。Russell在 *Digital Journalism* 上的研究就关注了Twitter和新闻把关人的关系。这项研究通过内容分析法，研究了26家新闻机构的Twitter使用以及与其官网网站的交互情况，发现：绝大多数新闻机构使用Twitter的方式都是非常传统的：仅仅是通过发布标题、引语等方式将受众引向自己的网站，很少和受众对话。研究者认为：新闻机构没能充分利用社交媒体的互动功能，没能实现"社交把关"的潜力。③

关于把关人还有一个值得注意的概念：gatekeeping trust（把关人信任度）。简单而言，gatekeeping trust是相较于媒体信任度（media trust）提出的概念，它具体衡量的是受众是否信任新闻媒体有能力选出最重要的事件进行报道。在这个新闻媒体信任度不断下降的年代，将媒体信任度拆分开来，具体研究受众信任或者不信任的是媒体的哪一部分操作，这种思路能够给我们提供很多启发。有学者还进一步发展这个概念，提出了"social media

---

① Edy, J. A., Meirick, P. C.. Consensus without focus: Why news agenda setting expands the public agenda[J]. The Agenda Setting Journal, 2019, 3(2):108-122.
② Brosius, H. B., Haim, M., Weimann, G.. Diffusion as a future perspective of agenda setting[J]. The Agenda Setting Journal, 2019, 3(2):123-138.
③ Russell, F. M.. Twitter and news gatekeeping: Interactivity, reciprocity, and promotion in news organizations' tweets[J]. Digital Journalism, 2019, 7(1):80-99.

gatekeeping trust"，也即，人们是否信任社交媒体上的用户会讨论最重要的事件和话题。①

二、Deepfakes vs. Cheap fakes：深度造假，令眼见不一定为实

2017年11月，美国社交媒体网站Reddit上一个名为deepfakes的用户上传了第一个广为人知的换脸视频。随后，这名用户又上传了一系列以女性明星为主的换脸视频。②自此以来，这项深度学习技术被广泛使用在娱乐、政治等各种领域，比如华盛顿大学的研究团队成功制作了美国前总统奥巴马演讲的假视频。③发布于2019年8月的中国手机应用ZAO也让用户可以随意将自己的照片"嫁接"在名人的脸上。

目前，deepfakes尚未有清晰的定义。一些学者将其广泛地定义为一种新型的人工智能形式，认为deepfakes可被视为深度学习的新产品；④另一些学者和媒体则具象地将deepfakes定义为"使用深度机器学习（deep machine learning）技术实现换脸或者其他假结果的一种视频类型"。⑤

2019年，罗格斯大学（Rutgers University）传播与信息学院的助理教授Britt Paris和其同事Joan Donovan在研究机构Data & Society发布了一项名为Deepfakes and Cheap Fakes的报告。在这项报告中，他们将deepfakes与cheapfakes进行了区分，认为deepfakes属于声音和音频（audiovisual，AV）这一更大领域中的深度学习技术，其中包括了生成对抗网络等复杂的技术

---

① Stoycheff, E., Pingree, R. J., Peifer, J. T., Sui, M.. Agenda Cueing Effects of News and Social Media[J]. Media Psychology, 2018, 21(2):182-201.
② Chesney, R. & Citron, D.. Deep fakes: A looming challenge for privacy, democracy, and national security[J]. California Law Review, 2018, 107:1753. ; Paris, B. and Donovan, J.. Deepfakes and cheap fakes, Data & Society[EB/OL]. 2019. https://datasociety.net/output/Deepfakes-and-cheap-fakes/.
③ Choi, C. Q.. AI creates fake Obama, IEEE SPECTRUM[EB/OL]. 2017, https://spectrum.ieee.org/tech-talk/robotics/artificial-intelligence/ai-creates-fake-obama.
④ Chesney, R., Citron, D.. Deepfakes and the New Disinformation War: The coming age of post-truth geopolitics[J]. Foreign Affairs, 2019, 98:147.
⑤ Hasan, H. R. & Salah, K.. Combating Deepfake Videos Using Blockchain and Smart Contracts[J]. IEEE Access, 2019, 7:41596-41506. ; Paris, B. and Donovan, J.. Deepfakes and cheap fakes, Data & Society[EB/OL]. 2019. https://datasociety.net/output/Deepfakes-and-cheap-fakes/.

（generative adversarial networks, GANs）。而cheapfakes则只是简单地由非常廉价、易操作的软件生成，甚至不需要软件。①这一研究型报告的亮点之一在于绘制了一幅关于deepfakes和cheapfakes的光谱。光谱左侧是需要强专业知识和技术能力的deepfakes，其案例包括2017年华盛顿大学制作的奥巴马的嘴唇同步视频以及2019年两位艺术家Bill Posters和Daniel Howe恶搞的Facebook CEO Mark Zuckerberg的假视频等；光谱的右侧是不需要太多专业技术和技术能力就可生成的cheapfakes，其案例包括SnapChat上的诸多短视频。

尽管目前大多数关于deepfakes的文献仍集中于计算机领域，但许多新闻传播领域的学者开始将deepfakes视为虚假信息（misinformation）和假新闻（fake news）的延伸，并涉足该领域的研究。真实性问题是新闻学研究的核心议题之一。随着机器学习的能力日益增强，如果假视频越来越逼真、越来越容易生成，人们将更难区分假新闻和真新闻。

新闻传播学学者和媒体从业者们都对deepfakes的潜在影响表示担心。比如Metz提到，由于deepfakes视频多被应用于色情等领域，将会对个人的声誉造成严重影响。②Hasan和Salah认为，deepfakes会让读者和观众把假的当成现实，进一步削弱真相并降低透明度。有些人或许会对假视频中的内容信以为真，却对真相失去信心。deepfakes还会让新闻记者陷入困境，斯坦福大学的访问学者Van de Weghe提到，我们很快就会进入一个怀疑任何一个视频的时代了，至此之后，我们发布每一个视频前都必须深思。③

我们应如何应对deepfakes带来的挑战？有人提出了一个方向：立法限制。不过，这种提议并没有获得广泛的赞同。2019年6月，美国民主党众议员Yvette Clarke提出了一项名为*DEEPFAKES Accountability Act*的法案。虽然名字里面有"DEEPFAKES"，但它其实不是直接指代deepfakes这种技术，而是一串首字母缩写，全名为：Defending Each and Every Person from False Appearances by

---

① Paris, B. and Donovan, J.. Deepfakes and cheap fakes, Data & Society[EB/OL]. 2019. https://datasociety.net/output/Deepfakes-and-cheap-fakes/.
② Metz, R.. The number of deepfake videos online is spiking[EB/OL]. Most are porn. CNN Business. (2019-10-07). https://www.cnn.com/2019/10/07/tech/deepfake-videos-increase/index.html.
③ Morris, A.. Going deep[J]. The Quill. 2019, 107(2):20-25.

Keeping Exploitation Subject to Accountability Act，大概可以翻译成"通过对利用造假技术的行为进行监督，使得每一个人都可以免于被视觉造假法案"。

事实核查网站Truth or Fiction的编辑Brooke Binkowski在*Columbia Journalism Review*的文章中表示，这项法案看起来是治标不治本。在她看来，deepfakes只不过是诸多造假技术中的一种，如果仅仅针对它，就是只见树木不见森林了。真正的问题在于，要对造成虚假信息泛滥的生态系统进行综合性的监管，否则，下次一种更加新鲜的技术出现时，立法者只能疲于追赶。①

值得一提的是，越来越多的学者倡议大家在提到deepfakes时不需要再加双引号，因为如今deepfakes已经是一个既成事实和既定的概念了。

三、对算法的深度探讨：受众感知及法律责任

随着机器深度学习对新闻业的持续渗透，算法是会增加还是会减少媒体的偏向性（media bias）？是否能够保持去政治化（apolitical）？这些都成为学者们研究的热点。

尽管在算法刚出现时，一些学者提出了"算法中立"（algorithm neutrality）的概念，但这个美好设想迅速受到否定。首先，算法需要大量的训练数据，但数据本身并不是中立或公正的。例如，美国民主党和共和党的媒体报道就大有不同。如果用媒体文章的元数据（metadata）作为数据库，那么无论使用哪一家媒体的数据都可能会导致偏向性的产生。其次，算法依旧需要人工干预（例如在开发和核实等环节）。所以，"算法中立"很难在现实生活中实现。

美国明尼苏达大学Hubbard新闻与大众传播学院的副教授Matt Carlson在*Digital Journalism*上发表的一篇论文，将算法和另一项历史更悠久的技术——新闻摄影做了比较。他援引了"机器中立性（mechanical objectivity）"的概念——无论是新闻摄影还是算法，都是通过机器干预的方式来影响信息从输入到输出的过程。人们似乎天然倾向于认为：被机器干预和处理的信息，在

---

① Ingram, M.. Legislation aimed at stopping deepfakes is a bad idea[J/OL]. Columbia Journalism Review.2019, https://www.cjr.org/analysis/legislation-deepfakes.php.

输出时是会更加客观中立的。不过,随着摄影的普及,人们逐渐意识到:相机拍下来的图像,也并不一定就是客观中立的,它同样是一个充满了主观判断的过程。随着人们对算法的逐渐了解和熟悉,相关的认识和讨论也一定会越来越多。[1]

和Carlson的理论探讨不同,Waddell采用实验的方法做了一项有意思的实证研究。他研究的问题是:当新闻报道的作者栏标注成算法时,人们对新闻的可信度感知(perceived credibility)以及偏向性感知(perceived bias)是否会产生变化?研究采用了3(作者署名:人类 vs 算法 vs 同时出现)×2(不同倾向性的新闻媒体:MSNBC vs. Fox News)×2(新闻报道主题:川普和伦敦市长的冲突 vs. 川普退出巴黎气候协定)组间设计(between-subjects design)。这项发表于*Journalism & Mass Communication Quarterly*的研究发现,相较于署名为人类的新闻,署名算法的新闻降低了人们对媒体偏向性(media bias)的感知,尤其当算法和人类同时出现在作者栏时,人们的媒体偏向性感知显著降低,也就是说,受众觉得算法和人类共同写作的新闻是偏向性最低、最客观的。研究还发现,当署名同时出现算法和人类时,实验参与者们对媒体的偏向性接受度对于媒体信任度有正向的间接作用——也就是说,受众会更加信任发布了算法和人类共同写作新闻的媒体。[2]这项研究的亮点之一是引入了"拟人程度"(anthropomorphism)这一人类学、心理学领域常用的指标,来测量算法来源和人类来源的不同。"拟人程度"被定义为非生物(non-living objects)的拟人化程度,例如是否具备人类的动机、性格或者行为模式。[3]

另一篇同样发表于*Journalism & Mass Communication Quarterly*的文章则更加前沿,作者们探讨了算法尤其是自动化新闻的法律责任(legal

---

[1] Carlson, M.. News algorithms, photojournalism and the assumption of mechanical objectivity in journalism[J]. Digital Journalism, 2019, 7(8):1117-1133.
[2] Waddell, T. F.. Can an Algorithm Reduce the Perceived Bias of News? Testing the Effect of Machine Attribution on News Readers' Evaluations of Bias, Anthropomorphism, and Credibility[J]. Journalism & Mass Communication Quarterly, Vol.96(1), 2019, pp.82-100.
[3] Airenti, G.. The Cognitive Bases of Anthropomorphism: From Relatedness to Empathy[J]. International Journal of Social Robotic, 2015, 7(1):117-127.

liability）——如果算法写出的新闻出现了侵权、违法现象，媒体要为此负责吗？Lewis, Sanders和Carmody在美国诽谤法（libel law）的法律框架下，提出了两个值得深思的问题：一是对基于算法产生的错误定罪的复杂性；二是新闻机构难以使用和Google或者其他算法内容供应商相同的免责辩护理由。①Google经常声称他们的算法仅仅被用于搜索包含诽谤信息的结果，而不会被用于发布诽谤信息。然而，当新闻机构用自动化新闻（automated journalism）算法生成内容时，就很难打出同一张免责牌了。毕竟，新闻机构难以自证这些由算法生成的内容不包含错误或者误导的信息。

如果我们将视野从新闻业拓展到科技行业就会发现，学者们还关注到：人工智能虽然看上去重点在于依赖机器，但它的背后其实有着巨大的劳动力——而且是廉价劳动力作为支撑。也就是说，人工智能有着巨大的"人工"代价。人类学家Mary Gray和Siddharth Suri于2019年出版的著作*Ghost Work: How to Stop Silicon Valley from Building a New Global Underclass*探讨的就是这个话题。这本著作采用民族志的方法，对支持着人工智能发展的底层劳动力进行了深入研究。这些劳动力包括：在社交媒体平台上负责审查色情、暴力等违规内容的人；对内容做人工校对和标注以便机器可以将之作为学习材料的人；等等。这些劳动力获得的报酬极低（往往低于最低工资标准，因为他们往往不是正式雇员），工作内容枯燥乏味且往往超时。研究者将这种工作称为科技业光鲜外表之下隐藏着的"幽灵工作"（ghost work），因为一般人只看到了人工智能的表现，却没看到背后的这些人力支持。两位研究者指出：我们不得不承认，人类劳动者已经处于机器的阴影中，而美国目前已经处于一种新型的资本主义形式——数据资本主义（data capitalism）或者机器资本主义（machine capitalism）之中。②

---

① Lewis, S. C., Sanders, A. K., Carmody, C.. Libel by algorithm? Automated Journalism and the Threat of Legal Liability[J]. Journalism & Mass Communication Quarterly, 2019, 96(1):60-81.
② Gray, M. L., Suri, S.. Ghost Work: How to Stop Silicon Valley from Building a New Global Underclass[M]. Boston:Eamon Dolan Books, 2019.

四、对新闻业与技术、新闻业与变化的深度反思

2019年是万维网（World Wide Web）创立30周年。数字技术已经深度改变了我们的世界，其中就包括深度改变了新闻业。可以说，最近一二十年的新闻业研究基本都是在数字化（digitization）这个背景之下进行的。但是，到底什么是"数字新闻学（digital journalism studies）"？在技术不断发展变化的背景之下，新闻业研究到底应该如何看待新闻和科技的关系？对于这些根本性的问题，学界并无定论，也一直在持续思考。2019年，*Journalism*和*Digital Journalism*这两份学术期刊，就分别推出了一期特刊（special issue），深度反思新闻业与数字技术的关系。

*Journalism*推出的特刊叫作"对新闻学研究中的'变化'进行概念化（Conceptualizing Change in Journalism Studies）"。两位特刊编辑Chris Peters和Matt Carlson说，新闻学研究一直在关注"变化"，"可以说，这是一个聚焦于变化，甚至痴迷于变化的学科"。[1]就像记者不断追逐热点一样，学者们也寄望于从变化之中获得创新、产出成果。然而，两位编辑指出，我们需要反思：如此执着于研究"变化"，到底是使得我们的学术触角更为敏感了呢，还是使得我们的研究欠缺稳定性，甚至也欠缺锋利性呢？他们认为，自然科学的长处在于解释变化、预测未来，但人文社会科学的长处并不在此，而在于阐明我们在哪里、我们希望去向何处、什么是值得追求的。因此，虽然新闻学的学者需要密切关注新的变化和创新，但是不能忘记，要从变化的表面深入下去，揭示更为恒久的问题。

在这期特刊中，Carlson和Lewis的文章提出了"时间反思性（temporal reflexibility）"这一概念。他们认为：应该将"时间"置于新闻学研究的显著位置，应该将时间尺度放大一些，这样就可以让那些静态的东西更多地显现出来。学者们在研究变化的时候，应该注意：我们在强调快速变化的时候，新闻从业者们真的是这样理解自己的日常工作的吗？我们在追逐那些新现象

---

[1] Peters, C. & Carlson, M.. Conceptualizing change in journalism studies: Why change at all?[J]. Journalism, 2019, 20(5):637-641.

（比如记者如何使用社交媒体、如何应用虚拟现实技术）的时候，是不是忽略了那些更重要的决定新闻业的结构性因素？①

Peters和Broersma则提供了另一种思路：用对受众的关注来取代对变化的关注。他们认为，学者们对新闻业变化的关注，往往聚焦于数字技术对新闻文本及新闻操作的影响，而容易忽略另一个更重要的问题：为什么这些变化很重要？因为它们会给受众带来影响。说到底，新闻是一种面向受众的产品，如果忽略了受众，那么对新闻业的研究也就失去了方向。具体而言，两位研究者以饮食作为比喻，提出了三个方面的研究议题：第一，从受众的"媒体食谱"（media diet）出发，也即从人们日常的信息获取和交流出发，去研究新闻业的技术变革；第二，从受众面对的"超级市场"出发，也即从提供给受众选择的各种各样的信息出发，去研究机构的变迁；第三，从受众的"健康饮食"出发，也即从什么样的内容能够提供更加健康、营养的信息出发，去研究新闻业背后的社会和政治的变化。②

在该期特刊的最后一篇文章中，Josephi指出，在新闻业的不断变化之中，有一块重要的基石应该置于学术研究的核心位置，那就是新闻人的能力（skills）。她认为，新闻学研究的出现和发展，本身就是依托于高校里大量设立的新闻学专业，而这些专业就是为了培养新闻人的能力而设置的。而且，将新闻人和其他人区分开来的关键，就在于对信息的获取、查核、传递等能力，在全世界各地都是如此。既然如此，牢牢抓住能力这一点，就可以在不断的变化之中不至于迷失方向。③

*Digital Journalism*推出的特刊，问的同样是一个非常基础的问题，那就是：到底什么是"数字新闻业（digital journalism）"和"数字新闻学（digital journalism studies）"？④宾夕法尼亚大学教授Barbie Zelizer在特刊的论文中

---

① Carlson, M., Lewis, S. C.. Temporal reflexivity in journalism studies: Making sense of change in a more timely fashion[J]. Journalism, 2019, 20(5):642-650.
② Peters, C. & Broersma, M.. Fusion cuisine: A functional approach to interdisciplinary cooking in journalism studies[J]. Journalism, 2019, 20(5):660-669.
③ Josephi, B.. Which bedrock in a sea of change?[J]. Journalism, 2019, 20(5):679-687.
④ Eldridge, S. A., Hess, K., Tandoc, E. & Westlund, O.. Digital Journalism (Studies)–Defining the Field[J]. Digital Journalism, 2019, 7(3:)315-319.

说，数字新闻业绝不仅仅是关于数字技术的。也就是说，她不同意将"数字新闻业"的重点放在"数字"之上，因为：第一，技术总是逐渐地改变新闻业的，今天的新闻业并不是在一夜之间变成数字新闻业的，这个过程是一步步形成的，而且依然有大量的"旧科技"同时被使用着；第二，太强调数字技术，会让人忽略那些技术不足以完成的部分，当大家都去关注记者如何使用多媒体、大数据的时候，更少人会关注技术无法取代的、记者工作中需要经历的"犹豫、专注、成就感、惊喜、意外、更深的理解、忠诚、沉思"；第三，它会让人忘记新闻业在技术革新之下不变的东西，也即，关于"一些被认可的机构里的个人可以被人们信赖，去为了公共利益而收集和传播信息"的理念。

Zelizer教授进一步指出：对于数字新闻业有四种乐观的期待，那就是它会更加民主、更加透明、更加新颖、更加具备参与性。然而，实际情况要复杂得多。并不是所有人都有同样的权利和能力去使用数字技术；数字世界里泛滥的假新闻也让"透明"二字变得有些讽刺；最出色的数字新闻报道很多都并不新颖——他们用的是传统的调查技术，而且往往需要置于历史的语境之下，而不是一味求新；受众虽然有了更多的参与渠道，但是往往被鼓励的参与形式只是更多的点赞和转发，而不是更高质量的互动和讨论。

可以看到，Zelizer教授反对的是一种二元对立式的简单理解。她不认为数字新闻就是一种和其他新闻截然不同的形式，也不认为数字新闻业就必定更加民主、透明、新颖、具备参与性。在文章的最后，她给数字新闻业下了一个很长的定义：

"数字新闻业的意义来自实践和话语两方面。和前数字、非数字的新闻业比起来，它的新闻生产实践包含着一系列不太相同的期待、操作、能力、限度，但是这些不同只是程度上的不同，而不是本质上的不同。它的话语中带有让新闻业有价值地持续下去的期待和焦虑。数字技术来到了新闻业的土地上，数字新闻业是历史上最新出现的一个管道，让我们得以想象新闻业和公众之间的最佳联系方式。"[1]

五、结语

从以上的回顾总结中可以看出，2019年的全球新闻业研究在各个方面都进行了更为深度的拓展。无论是在新的背景下进一步发展旧有理论，是将新现象的研究从表象推向深层，与新闻学的核心问题（如客观性、真实性）相关联，是将深度学习、计算机分析的方法纳入新闻学的研究方法，还是反思更根本性的"新闻与数字技术的关系""新闻学研究如何看待变化"等核心议题，学者们都在提出和试图解决一些更深入也更难回答的问题。这些尝试，也将会使得新闻学这个尚为年轻的学科逐步走向成熟。

（作者方可成为香港中文大学新闻与传播学院助理教授；贾宸琰为美国德州大学奥斯汀分校新闻学院博士生）

---

[1] Zelizer, B.. Why Journalism Is About More Than Digital Technology[J]. Digital Journalism, 2019, 7(3):343-350.

2019年中国新闻业研究十佳论文观点述评

徐桂权　罗琴芝

自2014年以来,《中国新闻业年度观察报告》每辑都从当年的新闻传播学权威学术期刊中遴选出具有代表性的新闻业研究论文,并分主题进行梳理和评述。今年,本刊编辑部继续从2019年刊载于《新闻传播学研究》《新闻记者》《国际新闻界》《新闻大学》《现代传播》《传播与社会学刊》等国内权威学术期刊的论文中初选出20篇新闻业研究论文,然后邀请10位新闻学者和期刊编辑作为评委,在初选的入围论文中投票选出"2019年度新闻业研究十佳论文"(见附录)。

本文对2019年中国新闻业研究年度观点进行综述,以该年度十佳论文为重点,按照"新媒介与新闻机构""新媒介与新闻工作""新媒介与新闻从业者"三个主题进行归类、叙述与评析,力图从中窥见当下我国新闻业研究的格局与图景,并为未来的相关研究提供可借鉴延展的研究思路。

一、新媒介与新闻机构的话语重构

当下,中国新闻业正在经历复杂而急剧的变迁。面对这样的挑战,传统党媒在新媒体平台上进行了各种探索性的策略尝试和制度改革,这也成为新闻业研究持续关注的热点。香港浸会大学博士生胡诗然和中山大学传播设计学院张志安的论文《中国党媒借助社交媒体的政党认同话语构建——以〈人民日报海外版〉微信公众号"侠客岛"为例》,研究党媒如何借助社交媒体平台,利用话语策略建构和引导公众的政党认同,并且将其与传统党媒的话语策略进行比较。作者运用费尔克拉夫的话语分析法,将话语置于文本层面、话语实践层面以及社会实践层面进行分析,以揭示党媒如何借助社交媒体来进行政党认同的话语建构。①

作者在话语特征不重复和典型性原则下选取14篇政治报道进行话语分析,研究发现:第一,"侠客岛"通过对官方话语的选择性摘录和有重点的解读来间接表达党的意识形态;通过建构和评价意识形态的"外部群体"和"内部群体"间接强化公众的政党认同。第二,通过将制度建设置于"历史—现在—将来""中—西"的多维语境中比较分析;并通过话语再现策略建构中国制度建设的持续性、进步性,间接引导公众认同和支持党的制度建设。第三,通过报道框架和用词来塑造领导人的良好形象,从而引导和增加人们的认同。第四,通过语境重构、引经据典对领导人的观点进行论证和阐释,以引导人们理解和认同领导人的观点、方针、精神等。第五,通过论证策略来为党和国家出台的战略、方针、政策及其成效等进行辩护,并引导人们理解和认同。第六,通过对国外的动乱与恐怖环境的负面描述,反观党领导下的中国和平安定,以此引导公众树立政党认同以及珍惜当下和平环境;通过词组、搭配和符号的使用,突出中国在国际事务中的贡献以及其在国际舞台的影响力,引导公众树立国家和政党认同。相较于传统党媒的话语策略,在社交媒体平台的"侠客岛",既有相似之处,也有所不同。社交媒体平台运用的语境更加丰富多元,且在预警重构和话语策略上的使用更加灵活。

文章的最后,作者引用阿尔温·托夫勒说过的"世界已经离开了依靠暴力与钱控制的时代,未来世界政治的魔方将被拥有信息强权的人控制,他们会使用手中掌握的网络控制权、信息发布权,利用强大的文化语言优势,达到暴力和金钱无法达到的目的"。作者将原话中世界政治博弈的语境移植到中国党媒的话语构建下,指出党媒话语策略之于国家公众的强势底色。

除人民日报这样的中央党媒之外,地方的市场化党媒的数字化转型经验也引起研究者的关注。浙江大学传媒与国际文化学院周睿鸣的《"转型":

---

① 胡诗然,张志安.中国党媒借助社交媒体的政党认同话语构建——以《人民日报海外版》微信公众号"侠客岛"为例[J].传播与社会学刊,2019(48):57-91.

观念的形成、元话语重构与新闻业变迁——对"澎湃新闻"的案例研究》，采用从观念和话语切入制度分析的研究路径，指出"转型"的核心是数字传播技术在新闻生产流程中的配置，旨在继续促进实践活动回归新闻本位并为之释放动能；作为话语，它的重构及其实践"由内而外"接受职业力量的主导。作者具体提出三个问题：第一，"转型"过程中，新闻业的新观念如何，怎样形成？第二，上述新观念如何寓于话语、激发新闻业元话语重构并得到实践？第三，如何理解新闻场域中变动的权力关系？作者通过参与观察和深度访谈对东早向澎湃的转型进行了制度分析。①

对新闻从业者来说，"转型"是实用的，有着鲜明"路径依赖"的规范，可被看作中国传媒市场化改革的延伸，不涉及技术引入新闻场域以后权力关系的变动。这为理解中国新闻业变迁过程和后果提供了理论前提。

在传统媒体转型的过程中，以"今日头条"为代表的平台媒体的出现对传统新闻业所构建的新闻边界构成了挑战。中国政法大学光明新闻传播学院刘双庆的《从排斥到分化：基于今日头条的新闻边界工作研究》一文，讨论新闻场域中传统新闻社群如何通过对今日头条的界定与讨论，实现其对今日头条新闻实践正当性的界定。如何界定挑战者，本身是对于自身边界和利益的维护，但与此同时，在挑战者的不断冲击下，也出现了以"转型"为核心的一系列话语表现，通过淡化原有边界以适应新环境中的流量竞争。②

文章指出，今日头条基于数据抓取的新闻聚合与生产模式，以及具有娱乐性、解构新闻专业性的采访模式侵犯到传统新闻专业与职业的边界，并且对其身份的定义经历了由技术公司转向媒体公司的过程。传统新闻机构对于今日头条的态度也经历了从排斥到分化的过程。传统新闻界主要依靠对自身知识产权的保护和对新闻权威的维护来与今日头条进行区隔，从而体现自身的原创性、专业性以及权威性。然而，传统新闻界内部，也随着媒介环境与竞争格局的变化而对今日头条采取不同的态度。一种声音是以《人民日报》

---

① 周睿鸣."转型"：观念的形成、元话语重构与新闻业变迁——对"澎湃新闻"的案例研究[J].国际新闻界,2019,41(03):55-72.
② 刘双庆.从排斥到分化：基于今日头条的新闻边界工作研究[J].新闻记者,2019(07):75-84.

为代表的传统新闻媒体将算法机制融入新闻实践,并且坚称自身的算法有价值坚守,而与今日头条没有价值观的算法机制相区别;另一种声音则以资源相对有限的地方党报与地方市场化媒体为代表,通过"转型"与今日头条达成恰当的合作机制。而出现这样的分化,就在于经济资本占有量的不同,有资本的媒体可以自建有价值的算法机制,而资本匮乏的媒体则选择与今日头条合作的模式。与此同时,政治因素也对媒体行动和态度产生影响,主要表现在国家网信办对于今日头条的批评、党报党媒自身与今日头条进行区隔的话语等。文末作者提示到,无论是对于传统新闻边界的维护,还是对于互联网新闻边界的重塑,我们都需要警惕新媒体环境下正在形成的"用户思维"等商业主义内容对新闻专业边界的侵蚀。

二、新媒介与新闻工作的实践变迁

新媒体技术的发展及其对于中国新闻业的工作实践带来的深刻影响,也持续成为新闻研究者考察的重要对象。复旦大学新闻学院谢静的《新闻时空的转型与"转译"——基于"上观新闻"的移动新闻客户端研究》一文,以新媒体的新闻时空特征为考察对象,借助拉图尔的"行动者网络"和"转译"概念,对移动新闻客户端"上观新闻"在媒体转型过程中的新闻工作实践进行分析。由"中间"(媒体的时空形态)开始,向生产和消费两头延伸,一方面各类行动主体将自身的时空习惯镌刻于新媒体产品之上,另一方面新媒体自有的时空特性又反过来影响其中的行动主体,从而促使其改变自身运作结构和行为习惯。作者力图揭示来自技术、组织和消费者的时空影响机制,有别于以往侧重单一行动者的研究,作者力求开辟一种新的关于媒体转型的关联性研究视角,将消费者、媒介组织与新闻生产者均视为行动者,由此探索一个新的媒体转型分析框架。①

作者指出,客户端时间的可计算性和自我指涉的技术特性,改变了消费

---

① 谢静.新闻时空的转型与"转译"——基于"上观新闻"的移动新闻客户端研究[J].新闻大学,2019(08):61-76+122-123.

者的使用模式,依托移动电子设备和移动新闻客户端,新闻消费将无孔不入地进入消费者的生活中。最后具体地在信息流上表现为阅读流量的高峰与低谷,形成集成性而非个人化的"信息潮汐"。而这成为新闻生产者高度关注的对象并且成为指导生产者在时间"转译"上的重要指针。媒介组织和新闻生产者自觉主动地配合并适应消费者的"信息潮汐",过去的"截稿时间"消失了,取而代之的是随时随地采写、编辑、上线。与此同时,记者还会借助客户端信息流的即时性来彰显自身的专业性与权威。主要表现在"时间拉伸"和"时间整合"策略,改变新闻叙述的时间结构和新闻生产的工作节奏,从而提供比"短平快"消息更具有历史性和前瞻性的报道。

然而,时空属性也会出现不可调和的矛盾现象,这主要表现在"即时性强迫症"和"反即时性"两种对立现象。客户端为了保证用户每次打开都能浏览到最新消息,采取扩大信息数量,增加记者一手采写,增加其他信息源的手段。但与此同时,为了配合消费者的信息潮汐,关注度很高的新闻并不完全遵循即时性原则,而要选择在一个流量集中的高峰时期发布,从而达到流量爆发的目的;相反,关注度较低的新闻则不必在流量高峰期占据一席之地。此外,移动新闻客户端区别于传统报纸,在空间技术上表现出多维性与流动性,"上观新闻"客户端在空间布局上由宏观层和微观层构成。然而,消费者的空间习惯往往与新闻客户端的空间布局相左,他们更习惯聚集在平台型媒体和社交媒体浏览和讨论新闻。这带来"上观新闻"在"空间扩张"与"地方具现"两个方面的"转译"行为。

中山大学传播与设计学院王海燕的《加速的新闻:数字化环境下新闻工作的时间性变化及影响》一文,同样注意到数字化环境下新闻业在时间性结构方面的巨大变化。该文通过对五个城市主要报业集团的田野观察以及92名融媒体新闻工作者的深度访谈,考察了当下媒体实践中的时间性变化,主要表现为加速的时间、提前的时间、拉长的时间、冲突的时间四个典型特征。加速的时间表现为一个单位时间内同一任务的反复次数增加且单位时间内编辑记者接受的任务件数增加;提前的时间则意味着新闻的生产时间被压缩,抢发布、抢独家、抢深度报道的工作竞争越来越激烈;拉长的时间则表现为工作实践上做得越快，做得越早，做得越多的现象；冲突的时间则体现在工作实践与个人时间、不同个体的协调时间上，工作时间的拉长压缩生活时间，而工作节奏的加快带来不同个体之间更加复杂的协调和互动。而这些特征交叉投射在持续时长、先后顺序、更新频次、节奏、协作五个时间性维度上，具体表现为新闻出版周期缩短，新闻工作节奏出现冷热时段，新闻生产的整体链条拉长以及工作与个人私生活的边界模糊、个人之间的协调难度增大。上述每一种变化都切实影响着新闻的工作常规、编辑部文化以及记者编辑的工作状态，并催生"24小时不打烊"编辑部、永动机式工作模式、焦虑的新闻工作文化等。在总结部分，作者提出媒体转型过程中互联网技术飞速发展带来的速度政权——速度掌控一切的危险境况，新闻工作的时间性变化以及由此催生的焦虑文化成为又一次警醒。①

如上文中今日头条通过补贴鼓励垂直领域的内容创作者组织成立小型编辑部，实现从技术平台公司向媒体公司的转变，浙江大学传媒与国际文化学院李东晓的《界外之地：线上新闻"作坊"的职业社会学分析》一文以这类线上生产组织为研究对象，跳出主流"危机—救赎"的话语路径，从职业社会学视角分析线上新闻工作实践的职业状况、专业主义理念以及其践行、产业模式的空间和限制。这类小作坊进行小规模的、非传统新闻机构的新闻实践，持续地生产内容，定期推出调查或深度报道在新闻业之外产生一定影响。作者采取多案例研究，并辅以对从业者的深度访谈来进行研究。研究发现，线上新闻"作坊"的实践策略包括：（1）把握边界——在有限的领域里尽情发挥；（2）变换题材——以非虚构写作逃避风险；（3）身份移植——利用母公司资质，深耕垂直领域；（4）随机应变——临场发挥，并且随时准备着抛却"阵地"。②

在官方资质授予和主流新闻业之外，线上新闻"作坊"主要依靠专业主义以获得其正当性。主要表现在平台和产品中明示"专业性"或"专业主

---

① 王海燕.加速的新闻：数字化环境下新闻工作的时间性变化及影响[J].新闻与传播研究,2019,26(10):36-54+127.
② 李东晓.界外之地：线上新闻"作坊"的职业社会学分析[J].新闻记者,2019(04):15-27.

义"价值理念,并且在工作中践行"专业主义"技术——力求事实与意见分离,追求客观公正的专业报道。而在专业主义与新闻理想之外,新闻生产者本身作为一份职业,职业回报始终是从业者的主要动力来源之一。目前,这类"作坊"主要还是依靠供养模式,这样的"作坊"能否稳定地为从业者提供回报和较大的上升空间,成为制约"作坊"能否做大做强的重要因素。但同时,供养模式也免去新闻实践工作中的一些利益纠葛和"后顾之忧",从而孕育出类似于"公共新闻"的尝试。总之,线上新闻"作坊"在我国当下的新闻职业系统和新闻工作环境下争取到一定的发展空间,为新闻实践带来多元化可能,但是,这样的尝试尚停留在小规模"游击战"状态,还不足以改变或撼动整个新闻职业系统和新闻生产组织。

三、新媒介与新闻从业者的身份认知

伴随新媒体技术发展而兴起的平台型媒体和社交媒体,对于传统记者职业身份的专业性和权威性造成了一定的冲击和影响。中国人民大学新闻学院唐铮的《能动的在场:融合背景下的职业权威性——对近百位中国媒体从业者的深度访谈》一文,考察媒介融合时代媒体从业者如何理解及建构他们在职业认同感中的职业权威性。研究发现:在技术性凸显的融媒体环境下,传统记者的专业"把关人"强势地位被打破,"中央厨房"的新闻生产模式使从业者独立自主的个性化身份变得模糊,并且使记者进一步成为社会化大生产机器中的特定生产环节,在行业的剧烈震荡和变革之中,记者面临对职业身份认知的不确定性。此处作者引入"能动的在场"这一概念,并不是指记者主观上的随意性,而是记者在面临选题、技术管控上主动性受制的前提下所表现出的新闻实践争取,以及对于自身思想主张和新闻专业主义的伸张。与此同时,媒体从业者呼唤更加清晰、固定的职业身份,需要以此重建专业壁垒,从而应对技术冲击下自身的身份模糊和焦虑感。①

---

① 唐铮.能动的在场:融合背景下的职业权威性——对近百位中国媒体从业者的深度访谈[J].国际新闻界,2019,41(06):86-98.

虽然记者群体普遍面临融媒体时代的技术冲击，但是在我国记者群体内还存在具体的群体细分。香港城市大学媒体与传播系王薇的《国家、技术变迁与中国记者群体的分化》一文，从生态学视角运用管辖权冲突理论，探讨中国的不同记者群体在技术冲击和国家管制下的分化生态分布，讨论不同记者群与国家以及其内部相互之间的互动，并且分析分化背后的国家治理逻辑。作者指出，国家对记者群体分而治之的管理方式主要有三种手段：从业资格管理、媒体归属和经济控制。从业资格管理限制媒体的采访和报道范围；媒体归属即媒体属地管理原则，将不同媒体分治于不同行政级别的地区和政府部门之下；经济控制有时能成为媒体的生存命脉，在媒介转型关键期则成为实现新媒体转型的核心物质基础。在此管理方式之下，伴随着新媒体技术的冲击，传统媒体记者群体中，大批调查记者选择撤退，而一些媒体则通过依附政府来改变自身的管辖权，或者发展成为帮助社会各界"牵线搭桥"的平台角色；而网络门户新闻记者，在严格的采编权和内容管制下，一些媒体采取"打擦边球"的策略，或者通过与政府部门的合作扮演"智囊团"的角色。而作为媒体创业者，则往往选择在相对不受到严格管制的垂直领域深度发展。由此，国家在资质准入、行政编制和资金三个维度对记者群体进行分化管理，并且形成了内部分化、迁徙与合作的复杂生态。①

不同于主流结构功能主义的职业社会学研究传统，深圳大学传播学院彭华新以社会阶层作为出发点，对都市记者群体进行人类学研究。《作为社会阶层的都市记者群体：日常生活中的"底层"呈现与抗争》一文通过对S市都市记者群体的深描，详细分析该群体的社会阶层结构。研究发现，随着新媒体技术的兴起，传统都市记者的身份变得边界模糊，过去引以为傲的"专业人士"身份式微，名人萎缩，"交际花"身份比例减少。然而，都市记者依然拥有一定的隐性权力，其中一部分受到民众公共监督的稀释，特权范围也变得窄化。都市记者日常生活中的话语、行为和服装都体现出某种程度的"底层"特征，而在面临"记者被打"或记者重病等问题时能够全程迅速形

---

① 王薇.国家、技术变迁与中国记者群体的分化[J].传播与社会学刊,2019(48):23-55.

成"共情"。在不断规范化和越来越受到管制的工作实践中,记者也会发展出"资源共享"和"有偿新闻"等反抗行为。①

在都市记者身份越来越复杂、媒体环境受到新媒体技术的冲击的背景下,公众对于新闻媒体的批评成为关乎公共利益和维持新闻专业性的重要监督。中山大学传播与设计学院李艳红的《公众批评与记者抗争:社交媒体时代新闻业的问责与自主之辩》提出这样的追问:当公众高度卷入媒介批评,并成为媒介批评的日常形式,情形是否确实可能如"积极问责论"所预期的那样?还是相反,它所催生的只是一种"乌合之众的喧哗式批评"。作者通过对上海外滩踩踏事件和姚贝娜去世事件中媒介报道表现以及其所引发的公众媒介批评进行分析,指出公众批评主要指向对于媒体商业化的反抗,但是在这些批评之中,所表现出的琐碎化、浅表化倾向以及其中关于政治逻辑批评的"盲区",均对公众媒介批评的公共性有所损害。且在公众批评浪潮之中商业力量的渗透——以营利为目的的微信公众号和微博营销号的煽动性表达,使得公众批评体现出被工具化利用的现象。与此同时,这些批评还有可能助长政治力量管控媒体的道德正当性。面对声势浩大的公众媒介批评,记者也通过自我捍卫式回应、弱反思话语以及激进对话进行抗争,由此表现出记者并不理解和认可公众的批评,而将其视为对记者自治的干预。公众媒介批评并未达到促使记者自我反思和提升自身社会责任的良好效果。②

(作者徐桂权为中山大学传播与设计学院副教授;罗琴芝为中山大学传播与设计学院硕士研究生)

---

① 彭华新.作为社会阶层的都市记者群体:日常生活中的"底层"呈现与抗争[J].国际新闻界,2019,41(08):154-176.
② 李艳红.公众批评与记者抗争:社交媒体时代新闻业的问责与自主之辩[J].传播与社会学刊,2019(50):27-58.

附录：

2019年中国新闻业研究十佳论文评选结果

为鼓励和推动中国新闻业研究的发展，《中国新闻业年度观察报告》编辑部今年发起了第四期"中国新闻业研究十佳论文"的评选活动。本刊编辑部先从2019年刊载于《新闻与传播研究》《国际新闻界》《现代传播》《新闻大学》《新闻记者》《传播与社会学刊》等国内权威学术期刊的论文中初选出20篇新闻业研究论文，然后邀请10位新闻学者和期刊编辑作为评委（参选论文作者回避），在初选入围的论文中进行投票，最后由编辑部汇总得票，评出排名前十的优秀论文。优秀论文作者将获得由本刊编辑部颁发的获奖证书，并受邀参加2020中国新闻业研究圆桌论坛。

李艳红：《公众批评与记者抗争：社交媒体时代新闻业的问责与自主之辩》，《传播与社会学刊》2019年总第50期。

王薇：《国家、技术变迁与中国记者群体的分化》，《传播与社会学刊》2019年总第48期。

胡诗然、张志安：《中国党媒借助社交媒体的政党认同话语建构——以〈人民日报海外版〉微信公众号"侠客岛"为例》，《传播与社会学刊》2019年总第48期。

谢静：《新闻时空的转型与"转译"——基于"上观新闻"的移动新闻客户端研究》，《新闻大学》2019年第8期。

王海燕：《加速的新闻：数字化环境下新闻工作的时间性变化及影响》，《新闻与传播研究》2019年第10期。

唐铮：《能动的在场：融合背景下的职业权威性——对近百位中国媒体从业者的深度访谈》，《国际新闻界》2019年第6期。

彭华新：《作为社会阶层的都市记者群体：日常生活中的"底层"呈现

与抗争》,《国际新闻界》2019年第8期。

周睿鸣:《"转型":观念的形成、元话语重构与新闻业变迁——对"澎湃新闻"的案例研究》,《国际新闻界》2019年第3期。

李东晓:《界外之地:线上新闻"作坊"的职业社会学分析》,《新闻记者》2019年第4期。

刘双庆:《从排斥到分化:基于今日头条的新闻边界工作研究》,《新闻记者》2019年第7期。